仙台藩家臣録

第四巻

監修 佐々久
編著 相原陽三

東洋書院

例言

佐々久

仙台藩士の禄高

この侍牒は知行地一貫文（一〇石）以上を与えられた人々について記したものであるが、この外に玄米で支給された人もある。御扶持方、御切米である。やや後になると六〇貫といいながら内十貫文は御蔵米で百俵支給されている例がある（高平氏）。谷田氏は四五〇石五斗と称し四五〇俵半を御蔵米でうけていた。医者も多く蔵米をうけていた。大嶋という医者の家は或は二五貫文と記され、又は一二五俵、一二五石と侍帳に記されている。これも御蔵米支給である。これら知行地をもたず御蔵米をうけた家はこの御知行被下置御牒には記されて居ない。

御歩小姓組＝政宗は文禄朝鮮の役に際し「二十人手明《てあき》」という一隊を作って身のまわりにおいた。即ち専ら政宗警護を目的とする歩《かち》組で、これを俗に二十人衆とよんだらしい。さらに十人ふやし十人衆とょんだらしい。

これは帰陣後御歩小姓組とよばれた。元来一両四人扶持（二貫三七二文相当）であり半人前の武士と見たのか、それとも中国の半子（一段下にへり下り義父に対して婿の位置）の意味をとったのか住んだ町を半子町といった。

朝鮮の役では二〇貫文の牧野大蔵がこれを率いたと見え、大蔵は二〇貫文から帰陣後百貫文に加増されている。そして御歩小姓組頭を命ぜられ。大阪二度の陣に出征しやがて二百貫（二千石）に加増され御番頭に抜てきされた。

御歩小姓組は軽輩の歩組であるが藩主の側近にあって苦労を共にしたので、藩主の意志で増俸や褒美をうける機会が多く、組内の真山内蔵助は朝鮮帰陣後十貫文に加増されて、武士の列に入り、その他にも知行を与えられた者が多く、或は野谷地を与えられて開墾して知行地とされ、御歩小姓を免ぜられて、御番組（武士の格）を命ぜられた者が多い。欠員が出るとまたこれを補充した。即ち組士より武士への登竜門であった。

番頭＝牧野大蔵は二千石（二百貫）になって番頭とされた。後に仙台藩では大番頭十人、その各人に脇番頭をつけ、下に組頭がいて組を組織し、数十人の足軽が附属されて大番頭は三百数十人の一隊を率いた。

この外に一門一家の高禄の輩は家毎に一隊を組織して戦のときにはこれを率いて出た。

元和二年一関二千貫の留守氏武蔵（政景の子）は千貫にへらされて金ケ崎（岩手県）に移された。小勢で出陣したからだとの伝がある。

併し番頭の名称は御小姓組御番頭、江戸御番頭、御留守番頭にも用いられている。

諸役目の高下＝各家には一門、一家、一族等々格の高下があり、さらに城拝領（片倉氏）要害拝領、在所拝領等の土地支配の差があり、行政上の役目にもまた、高下があった。

御奉行（家老）、御宿老、若御年寄、御籏奉行、御評定奉行、大番頭、江戸御番頭、出入司、御小姓組御番頭、御小姓頭、御申次、法橋衣躰、御留守番頭、御鑓奉行、御近習医師　御歩小姓頭、脇番頭、御近習御鉄砲頭、御城番、

御納戸奉行　奥御年寄、御町奉行、御祭祝奉行、御近習目付、御不断頭、御給主頭、御名掛頭、御籏元御足軽頭、御公義使御郡奉行、御近習、御目付御使番、御番医師、江戸番組頭、御小姓組頭、並御足軽頭、御留守番組頭、御勘定奉行、御知行御割奉行、御作事奉行、京都御留守居、竜ヶ崎奉行、御二ノ丸御留守居、御金奉行、津奉行、山林奉行、相去御足軽頭、御祐筆頭、御記録頭、御評定所御役人。

筆者不明　古手控、（佐々蔵）より

組士の序列はここから考えられる。

御小姓組、御歩小姓組、御不断組、御給主組、御名掛組、旗元足軽組、並足軽組、の順で、頭の下に組頭があって組士はその下に属していたことを知る。

江戸詰＝江戸詰を命ぜられると物入りの様子はこの侍牒の各所に見られる。江戸詰については寛永三年十二月に定めが出された。なる程物入りの多いのがうかがわれる。

職名、内ノ者（自分の家来）数、乗馬の順に記すがその職につくと家臣をつれ職によっては馬を率いて出府した。

奉行衆　三三人　馬二頭

若年寄衆　一九人　馬一頭、但し御留守居相勤候節ハ二三人

江戸御番頭
出入司
御小姓組頭御番頭
御小姓頭
　一八人　馬一頭　但し出入司ハ一九人

御留守番頭格　一四人　馬一頭

無役御番頭格　一〇人　馬一頭（御近習目付、御近習、御近習目付御使番、江戸番頭、御小姓組頭、江戸番馬上役）
御勘定奉行　七人
御金奉行　六人
御留守番　八人
御小姓組（三百石以上　六人　但し御供相勤候ハ内ノ者　七人
一五〇石以上　五人
一〇〇石以上　四人
一〇〇石以下　部屋住、無足并に年男まで　二人）
児小姓并子共（千石以上ノ者　百石以上之身持（四人）
千石以下ノ者　百石以下之身持（二人））
侍ノ外は　三〇〇石以上　五人
三〇〇石以下二〇〇石以上　三人
二〇〇石以下一〇〇石以上　二人　但し一人召連御奉公指支無之者は可勝手次第事
一〇〇石以下部屋住、無足共　一人
但　御作事本〆、江洲・常州御代官、深川横目、津方横目、御買物役人、御奥方目付、内ノ者二人づつ、其外何役人にても一人づつ
とあって内の者
衣躰　三〇〇石以上　五人

一〇〇石以上　四人
五〇石以上　三人　内一人ハ留守居為薬拵候
五〇石以下　二人
京都留守居　九人
〃　添役人　五人
竜ケ崎奉行　八人
深川御屋敷役人　四人
潮来御穀本〆　五人
銚子平鴻御穀役人　四人
御茶道頭　三人　但百石以下ハ二人
御茶道組頭　一人
御同朋頭　二人
御同朋組頭　一人
御坊主頭　一人
御値組頭　一人
右ノ外　組侍之分無僕　但シ組外之御用に付従前々内ノ者一人召連候分、御茶道・御同朋も前々之通召連可申事
一、此度之定に馬為率候儀前前の通、六百石以上之者は自分馬にて可相勤、六百石以下は御伝馬可被成下勝手を

以、自分馬為率候はば御借馬同前の喰代可被下候事、

一、何も相定人数之内召連候儀は面々進退従之御奉公可相勤候はば可為勝手次第、定候外に一人も召連候儀は連増判・旅御扶持方共々被下置間敷事、

江戸詰は武士達の財政上の苦難となったために、其後幾分軽減され、更に延宝五年には

二〇〇〇貫（二〇〇〇〇万石）	以上	七五人	乗馬	四
一二〇〇貫（一二〇〇〇〇石）	〃	六五〃	〃	三
八〇〇貫（八〇〇〇〇石）	〃	五五〃	〃	三
六〇〇貫（六〇〇〇〇石）	〃	四五〃	〃	二
四〇〇貫（四〇〇〇〇石）	〃	三四〃	〃	二
三〇〇貫（三〇〇〇〇石）	〃	二八〃	〃	二
二〇〇貫（二〇〇〇〇石）	〃	二四〃	〃	二
一二〇貫（一二〇〇〇石）	〃	一六〃	〃	一
一〇〇貫（一〇〇〇〇石）	〃	一三〃	〃	一
八〇貫（八〇〇〇石）	〃	一一〃	〃	一
六〇貫（六〇〇〇石）	〃	九〃	〃	一
四〇貫（四〇〇〇石）	〃	七〃		
三〇貫（三〇〇〇石）	〃	五〃		

二〇貫（　二〇〇石）〃　　三〃
一〇貫（　一〇〇石）〃　　二〃
一〇貫（　一〇〇石）以下　無足人まで一〃

と大分緩和され、役職でなく、禄高によって召連れるべき下中人数と乗馬が定られた。それにして江戸詰は災難であった。

悪党衆（四二巻九）伊達譜代小野氏の条に「祖父伊賀は政宗が岩出山に移ったとき御供して来て丸赤に住み、悪党衆三百人の指引を命ぜられ、伏見に三年居り、高麗陣にも御供した。関原の戦のとき白石陣に際し、伊達郡に夜討をかけ、伊達郡のうち七ケ村に夜討をかけた……」という。これはラッパ（乱破）、スッパ（素破・出抜）のやることがあり、敵地の民家を襲って敵地の物資を減らす、掠奪であった。

乱破は多く伊賀者であった。これに対し小田原の北条氏の下には相模の風間の一族があった。政宗も相当の伊賀者を使用したものと見られる。その行方は不明である。

虎之間、中之間、広門、御次の間

武士たちが城に詰めるとき勤仕する部屋が定められていた。虎、中、広、次の順であった。巻四二の一七渋田伊右衛門の条に広間から中の間に上げられたなどの記録もある。弟たちは御次の間に定められている。

御買米《カイマイ》御用、四五巻一七の瀬戸伊左衛門の条に父半左衛門は御帰陣之後御買米御用相勤とあり、元和年間、米を買い集めて藩が江戸に運んだことを知る。元和初年石巻に北上川を流しこみ、石巻に米蔵を建てて集積し、ここから運び出したのである。

御目見《おめみえ》＝藩主に謁見すること、寛永十年　寺尾五兵衛（四五ノ二四）は「親存命の内に御目見仕らざる者は跡式相立てられまじき由、兼て仰せ出され候間、名跡下されまじき由にて右知行（二四貫五〇一文）召上げられ候」と進退（秩禄）を召しあげられた。

仙台藩家臣録　第四巻　目次

侍衆（三十九）

侍衆（四十）

侍衆（四十一）

侍衆（四十二）

仙台藩家臣録

第四巻

御知行被下置御帳

侍衆

御知行被下置御牒（三十九）

八貫四百二十八文より
八貫文迄

1　鈴木文左衛門

一　拙者祖父鈴木九郎左衛門相馬浪人御座候。
貞山様御代茂庭石見を以慶長九年に被召出、御知行高四貫弐拾八文被下置御奉公相勤申候処、歳寄御奉公不罷成候故、右石見を以隠居願差上申候処に、願之通に被仰付、親文太郎に跡式右石見を以無御相違被下置候。年月は覚無御座候。寛永拾二年一迫之内野谷地御買新田に、渋谷与十郎・大松沢甚九郎・清野半右衛門・大松沢十兵衛右四人を以申請、寛永拾七年に御竿入、三貫文被下置、右弐口合七貫廿八文に被成下、寛永十八年に惣御検地之時分二割出目共に、高八貫四百弐拾八文に被成下、寛永廿一年
義山様御代之御黒印頂戴仕候。右文太郎病気故御奉公不罷成候付、御同代に茂庭中周防を以隠居願差上申候処に、願之通被仰付、跡式無御相違、右周防を以承応二年に拙者被下置候。御当代御黒印寛文元年に頂戴仕候。生替に御座候故先祖之儀覚無御座候。以上

延宝五年二月廿七日

2　鹿又茂兵衛

一　拙者実父鹿又孫右衛門儀

貞山様御代元和五年に被召出、御切米壱両・三人御扶持方大町駿河を以被下置、御扶持方渡御役人に被仰付、寛永元年迄右之御用相勤、同二年より同八年迄仙台在々所々御普場割御用相勤、同年より御無尽御用被仰付候処に、右之御用首尾能相勤申に付、同九年に為御加増、御切米四両・弐人御扶持方佐々若狭を以被下置、御切米五両・五人御扶持方に被成下候。

御同代に野谷地石田将監を以被下、

義山様御代に御竿入、起目新田代高七拾六文寛永拾九年に和田因幡を以被下置、同年に御切米御知行三貫五百文に直被下旨、古内故主膳を以被仰渡、本地合三貫五百七拾六文と五人御扶持方に御座候。右御切米御知行に直被下度願は不申上候。

御同代明暦元年に御蔵起目新田壱貫四百七拾五文之所右五人御扶持方にて被直下、自分に普請をも仕田に仕度段願申上候処に、右壱貫四百七拾五文は為御加増被下置、御扶持方は本地弐貫二百五拾文に被直下候段、同年に山口内記・真山刑部を以被仰渡候。

御同代同三年に野谷地申請、万治弐年に起目新田代高七貫百弐拾壱文、茂庭中周防を以拝領仕候。内六貫文、次男同苗一郎兵衛無進退に罷有候付分被下度旨、右孫右衛門願申上候処に、如願之六貫文分被下旨、同三年二月古内中主膳を以被仰付、残壱貫百廿壱文と右知行高取合八貫四百弐拾弐文に被成下候。親孫右衛門儀老衰仕候故、御当代寛文十一年に隠居之願古内志摩を以申上候処、願之通隠居被仰付、拙者に家督無御相違被下置候段、同年五月十二日富塚内蔵丞を以被仰渡候。勿論右知行高之御黒印頂戴仕候。以上

延宝五年四月晦日

3 渡辺十蔵

一 拙者曽祖父同氏渡辺今内儀、御知行高六拾貫文余にて

貞山様御代に御奉公仕候。誰様御代先祖被召出、右御知行被下置候哉不承伝候。慶長十四年に右今内病死仕、家督願茂庭石見を以申上候処、其年祖父伝右衛門十三歳に罷成候得共、御目見不為仕候て罷有候付、跡式御減少六貫四拾弐文にて家督被仰付由、奥山出羽を以被仰渡候由承伝候。其節之年号不奉存候。寛永二十一年に二割出目、壱貫弐百八文被下置、合七貫弐百五拾文之高に被成下候。寛永廿年に野谷地和田因幡・武田五郎左衛門書付を以拝領仕候を、慶安弐年に御竿入、此高壱貫百五拾四文同年に被下置候。御申次は不奉存候。取合八貫四百四文之高に被成下候。然処右伝右衛門老衰仕候故、嫡子同氏十蔵に御番代等為相勤申候処、右十蔵寛文七年に病死仕候。同年に伝右衛門隠居之願申上候節、嫡孫拙者に跡式被下置度由、柴田外記・古内志摩・古内造酒祐を以申上候処、願之通無御相違被下置由、同年八月四日に右外記を以被仰渡、当時拙者知行高八貫四百四文に御座候。右之御黒印頂戴仕候。以上

延宝五年五月二日

4　目々沢三内

一義山様御代に拙者親目々沢三内儀、寛永拾七年に御歩行御奉公に被召出、御切米弐両・御扶持方四人分被下置御奉公相勤申候。然処に、深谷之内於川下村に野谷地拝領仕、万治弐年に御竿被相入、御知行高弐貫九百拾九文に被成下候旨、奥山大炊を以被仰渡候。寛文三年に御歩行御目付被仰付、御奉公相勤申候刻右於同所野谷地拝領仕、同九年に御竿被相入、御知行高弐貫五百四拾文に被成下、且亦右御切米二両・御扶持方四人分御知行高に被直下度段願差上申に付、黒川郡大谷於中村、御知行高弐貫九百四拾三文直被下候。右両様共に被下置候旨、同年九月廿五日に古内志摩を以被仰渡候。都合八貫四百弐文拝持仕、右御目付相勤申候処に、親三内同年七月病死仕候付、同年十月朔日柴田外記を以、右御知行高八貫四百弐文之所無御相違拙者に被下置御番所御次之間相勤罷有候。以上

延宝五年二月十一日

5　岩崎正助

一拙者祖父岩崎讃岐儀、大崎栗原郡宮沢に居住仕候。

一貞山様大崎へ御出陣被遊、佐沼之城へ御発向之砌、宮沢之城も御攻可被遊由にて、御馬向候刻、鈴木和泉城内へ乗入、其身儀是非籠城仕、御勢請可申覚悟に候哉、兼日は御手に属申度念願承候。不残心底可申上由被申聞候。讃岐申候は、一往籠城は仕罷在候。縦拙者儀は切腹被仰付候共、当時城中に千人余之人数被相助被下候様に奉願候。御前之儀宜頼入由申上候。和泉右之旨、則相達御耳に、神妙成申上様之由御意之上讃岐被召出、御知行五貫文被

下置候て、御奉公被仰付候砌、嫡子主水証人に指上申候処に、佐沼へ被召連候由承伝候。其以後老衰仕、讃岐儀病死仕候。右主水儀高麗御陣迄御供仕御奉公相勤申候処に、病人に罷成御奉公不罷成に付、二男拙者親久右衛門に家督無御相違、佐々若狭を以

貞山様御代に被下置候由承伝候。其後久右衛門儀、五島加賀替に大越十左衛門同役御大所頭被仰付候砌、為御加増

御知行弐貫文佐々若狭を以、

御同代に拝領仕、七貫文に被成下御奉公相勤申由承伝候。親久右衛門に家督被仰付、并御加増拝領仕候年号等不承伝候。其以後、寛永年中御検地二割増を以、八貫四百文之高に被成下候。其以後久右衛門慶安三年四月十九日に病死仕候。拙者に右御知行無御相違、同年に古内伊賀を以被下置候。当時御黒印頂戴所持仕候。以上

延宝五年三月六日

6 小々高久太夫

一 拙者高祖父小々高石見相馬之者に御座候。

稙宗様御代被召出、御知行被下置御奉公仕候由申伝候得共、御知行高何程被下置候哉不承伝候。右嫡子曽祖父大炊助に、従

晴宗様宇田庄・上長井庄・下長井庄・道秀庄・在家二ヶ所郷五ヶ所棟役・田銭共に、天文廿二年正月十七日御書判にて御証文被下置候。右曽祖父大炊助実子無御座候故、御代田伯耆次男大炊助名跡に、申立候処に、無御相違祖父大炊助に、

輝宗様永禄十年十月四日に守屋四郎右衛門方へ御直書を以、曽祖父大炊助名跡被下置候。右之御判物御直書両通共に于今所持仕候。

貞山様長井より大崎へ御取移候時分、御供仕候処に御知行七貫文被下置候。右大炊助寛永拾四年六月十日病死仕候。同年跡式親久兵衛無御相違遠藤式部を以被下置候。

義山様御代寛永拾八年御検地弐割出為御加増、同廿一年八月十四日八貫四百文之高被成下候。御黒印頂戴御当代親久兵衛、延宝二年正月廿二日病死仕候。跡式同年三月晦日大条監物を以、右八貫四百文之通無御相違拙者に被下置候。于今御黒印は頂戴不仕候。以上

延宝五年三月廿六日

7　新妻五郎三郎

一　拙者先祖岩城譜代に御座候。曽祖父新妻弾正儀岩城より御当地へ罷越候時分、

貞山様伏見に被成御座候節、片倉備中御取次を以被召出、茂庭石見指南に被仰付、柴田郡之内村田にて、御知行弐拾貫文久荒地被下置候得共、浪人にて取立可申様無御座由申上候得共、伊沢之内下河原村にて御知行弐貫百拾壱文之所、御扶持方分に慶長九年霜月朔日茂庭石見を以被下置候。其已後大坂両度之御陣へ少進御座候得共、右弾正儀馬上、嫡子太郎作歩行にて罷登候。翌年之五月六日・七日に親子共に討死仕候。次男孫四郎儀摂津守殿へ拾二歳より御奉公仕罷在候付、右弾正跡式二貫百拾壱文へ、御加増之地四貫九百九拾九文被下置、取合七貫文之所慶長二拾年茂庭石見を以私祖父右孫四郎に被下置、摂津守殿へ被相付候。摂津守殿御遠行已後、元和弐年

貞山様へ被召出、右御知行無御相違茂庭石見を以被下置候。

義山様御代迄御奉公仕候。寛永廿年右孫四郎儀病死仕、跡式無御相違拙者実父伝左衛門に、寛永廿年六月十五日茂庭周防を以被下置候。然処同廿一年惣御検地に付、右高より二割出目を以八貫四百文に被成下御黒印頂戴取持仕候。親伝左衛門儀延宝四年霜月廿二日病死仕候。右御知行高之通無御相違、拙者に柴田中務を以、同五年六月三日に被下置候。拙者儀幼少候間先祖之儀委細不承伝候。以上

延宝七年二月廿三日

8 赤井弥左衛門

一 拙者先祖葛西譜代に御座候由承伝候。拙者実父赤井弥左衛門儀、貞山儀御代大条薩摩を以被召出、御切米弐両・御扶持方七人分被下置候。年月は覚無御座候。義山様御代慶安五年に野谷地拝領仕、起目高三貫七百七拾四文之所、明暦三年八月十三日に山口内記を以被下置候。御当代寛文元年に御切米・御扶持方御知行に何も被直下砌、右御切米・御扶持方四貫五百七拾九文に被直下、都合八貫三百五拾三文之御黒印同年霜月十六日に於御蔵に頂戴仕候。右弥左衛門儀老衰仕候付、寛文三年に奥山大学を以隠居願申上候処願之通被仰付、跡式無御相違同年二月十三日に右大学を以拙者に被下置候。当時知行高八貫三百五拾三文に御座候。以上

延宝五年三月十八日

9　黒木伝右衛門

一　私曽祖父黒木弾正儀相馬譜代之者に御座候処、貞山様御代私祖父同苗左馬丞九歳にて御当地へ浪人仕、其後津田先豊前を以被召出、御知行高五貫文被下置御奉公申上、
義山様御代寛永十年二月朔日隠居被仰付候。然処右左馬丞嫡子私実父伝右衛門儀、貞山様御代元和九年御歩小性に被召出、御切米三両・御扶持方五人分被下置、御奉公申上候得共、右之通祖父左馬丞隠居被仰付候付、実父伝右衛門御歩小性組御免被成下、家督に御知行高之通無御相違、右伝右衛門に津田中豊前を以、寛永十七年二月朔日に被下置御黒印頂戴所持仕候。其上伝右衛門御切米は被召上、御扶持方五人分斗其節御加増に右同人を以被下置候。且又
義山様御代惣御検地之時節、何も並に二割出目高壱貫四拾六文之所、正保元年八月十四日拝領仕候。
御当代寛文元年十一月十六日奥山大学被申上、右五人分之御扶持方御知行弐貫弐百五拾文何も並に被直下、惣高合八貫弐百九拾六文之高に被成下御黒印頂戴所持仕候。其後親伝右衛門隠居仕度旨、津田玄番を以申上願之通被成下、柴田外記を以寛文九年四月五日拙者に家督被仰付、右御知行高八貫弐百九拾六文無御相違拝領御黒印頂戴仕候。以上

延宝七年二月廿四日

10　渡辺弥左衛門

一　拙者儀渡辺助左衛門実弟に御座候処、要山様へ寛永十七年に成田木工を以御小性組御奉公相勤、義山様御代同十九年に右同人を以、御切米四両・五人御扶持方被下置候。其後右助左衛門知行所桃生郡深谷之内福田村にて、久荒所高壱貫四百八拾八文被下置度段奉願候処に、右高之通明暦四年成田木工を以拝領仕、同年同所野谷地拝領仕、右之起目二貫弐百五拾九文、万治三年茂庭周防・富塚内蔵丞を以被下置候。寛文弐年御知行・御切米所持仕候は、御知行高に被直下候並を以、右四両五人御扶持方御知行四貫五百三拾六文に直被下置候。右久荒野谷地新田起目共に、御知行高八貫弐百八拾三文被下置候。

御当代寛文元年霜月十六日之御黒印頂戴仕候。先祖委細之儀は同氏助左衛門申上候。以上

延宝七年六月廿一日

11　猪苗代三右衛門

一　拙者先祖曽祖父猪苗代紀伊と申者、輝宗様御代に被召出、御知行四貫三百七拾五文被下置御奉公仕候。紀伊嫡子右衛門と申者、貞山様御代に名改紀伊に被仰付、右紀伊跡式御知行右之高無御相違被下置由申伝候。右年号誰を以被下置候哉承伝不申候。右紀伊嫡子勘右衛門

義山様御代に御国御勘定御用被仰付、父子共に御奉公仕候付、勘右衛門にも御切米弐両・四人御扶持方被下置、父子進退に被成下候処に、紀伊慶安二年八月六日に病死仕、跡式御知行高無御相違、右勘右衛門に被下置候。誰を以被仰渡候哉、勘右衛門儀男子持不申、女子壱人持申候付て、拙者儀内馬場伊予三男に、御座候処に内々聟に仕

置候付て、右勘右衛門御切米・御扶持方は聟拙者に被下置度旨願申上候処に、如願之被仰付之旨、山口内記を以慶安弐年十月六日に被仰渡候。父子進退にて御奉公相勤罷有候処、右勘右衛門同三年六月廿九日病死仕候付、跡式御知行高之通并御切米二両四人御扶持方共に、御取合拙者に無御相違被下置旨、山口内記を以同年十月六日に被仰渡、

義山様御代に御黒印頂戴仕候。寛文元年に御切米・御扶持方何も御知行に被直下候節、拙者御切米・御扶持方も高弐貫九百四拾三文に被直下、右二口合七貫三百拾八文之高に被成下、

御当代御黒印頂戴仕候。右知行所にて切添之起目六百二拾七文之所、延宝三年九月朔日に柴田中務を以被下置旨被仰渡、都合七貫九百四拾五文被成下候。于今切添之御黒印は頂戴不仕候。以上

延宝五年四月廿六日

12　大内正三郎

一　拙者親大内甚兵衛

貞山様御代寛永八年に和田因幡御申次を以被召出江戸定詰御作事御用被仰付、五人御扶持方・御切米壱両八匁被下置御奉公相勤、

義山様御代寛永十四年に御国へ被相下、則御村御用并惣御検地御用、且又御普請方上廻御用相勤申候節、正保四年正月廿一日に野谷地拾町分拝領仕度段申上候処に被下置、此起目三貫九百九拾六文之所、慶安五年四月六日に山口内記を以被下置候。承応三年五月十三日に、三町五反歩明暦元年六月四日に弐町弐反歩二口合此起目壱貫三百

六拾六文之所、万治三年二月十日に茂庭周防・富塚内蔵丞を以被下置候。

御当代に御扶持方・御切米持添之分御知行に被直下砌、甚兵衛にも寛文元年十一月十六日に奥山大学を以被下置、御扶持方・御切米直高弐貫八百九拾三文に被直下、起目高五貫三百六拾弐文、取合八貫二百五拾五文に被成下御黒印寛文元年十一月十六日に頂戴仕候。甚兵衛儀延宝三年六月病死仕、跡式無御相違被下置之旨、於江戸に小梁川修理御披露之上、延宝三年九月九日に柴田中務を以拙者に被下置御奉公相勤罷有候。以上

延宝五年三月五日

13

御歩小性　我妻三郎左衛門

一　拙者先祖葛西譜代御座候。祖父我妻喜左衛門儀、
貞山様御代に御歩小性組に被召出、御切米壱両・四人御扶持方被下置大坂御陣へ御供仕候。寛永二年野谷地拝領、起目壱貫弐百三拾弐文拝領仕候。右新田拝領仕候年号・御申次、且又祖父喜左衛門何年に誰を以被召出候哉不承伝候。寛永八年九月四日祖父喜左衛門病死仕に付、嫡子拙者親六兵衛に跡式無御相違同年に被下置候。御申次不承伝候。

義山様御代寛永年中惣御検地之節二割出共に壱貫五百四拾文に被成下候。

御同代寛永拾九年野谷地申請、起目九百九拾六文正保三年山口内記・真山刑部を以被下置候。慶安元年野谷地申請、起目七百三拾三文同五年山口内記を以被下置、都合三貫弐百六拾九文に被成下、小島加右衛門手前御普請方上廻御用被仰付、引続江戸御国共四拾ヶ年御奉公相勤申候。然処に実父六兵衛儀延宝三年正月廿六日に病死仕候付、

跡式無御相違拙者に被下置候旨、同年四月廿二日に柴田中務を以被仰渡候。亡父六兵衛代に野谷地拝領仕候起目四貫九百弐拾六文、延宝五年二月十日に柴田中務を以被下置、都合八貫百九拾五文と御切米壱両・四人御扶持方に御座候。以上

延宝五年四月廿二日

14　伊藤久兵衛

一　拙者儀

義山様御代明暦三年九月廿八日に山口内記以披露被召出、御切米三両・御扶持方四人分と起目新田四貫六百五拾八文被下置候。寛文元年惣侍衆御知行と御扶持方持添之分御知行に直被下候付、右御切米三両・四人御扶持方三貫五百拾四文に直被下、取合八貫百七拾弐文之高に御座候。右御黒印頂戴仕候。以上

延宝五年二月廿五日

15　鴇田惣兵衛

一　拙者先祖黒川譜代に御座候。私儀

貞山様御代寛永八年に鴇田駿河を以被召出、御切米四両・御扶持方四人分被下置、御歩行御奉公仕候。義山様御代正保元年に於賀美郡大村に野谷地新田申請自分開発、高壱貫九百弐拾九文之所、同三年二月四日山口内記を以被下置御黒印頂戴仕候。明暦弐年に御歩行組御免被成下、江戸御作事御横目被仰付相勤申候。御当代寛文五年に御免被成下、御国御番被仰付相勤申候。

御同代寛文二年三月十八日惣侍衆知行へ御扶持方御切米持添之衆御知行に被直下候並を以、御切米・御扶持方四貫八拾六文に直被下、本高合六貫拾五文に被成下候。其砌は仰渡無之御黒印頂戴仕候。同十二年十月十六日右大村知行所之内に切添出目、高弐貫百弐拾八文之所大条監物御披露を以被下置、都合八貫百四拾三文之高に被成下候。以上

延宝五年二月廿日

16 小梁川善六

一 拙者先祖小梁川孫四郎と申候。右孫四郎儀稙宗様へ無余儀御奉公申上候由にて、任其旨大町参河守所帯長井庄内之地不相除被下置之由、従稙宗様孫四郎に天文十四年五月廿八日之御日付にて御黒印被成下候。于今拙者所持仕候。拙者曽祖父小梁川弾正と申候。右孫四郎改名仕弾正と申候哉、孫四郎子共に御座候哉、且又長井庄内之地如何様之品にて相伝不仕候哉、拙父甚内五歳に罷成候節、祖父甚内病死仕候付、委細之儀不申伝候故具書上不仕候。貞山様御代拙父甚内、御知行高六貫七百七拾文にて御奉公仕候。此貫高何之祖より拝領仕来申候と申儀不申伝候。然処義山様御代寛永十八年惣御検地之砌二割出被下置候付、御知行高八貫百三拾四文に被成下候。寛文弐年九月拙父甚内六十八歳に罷成候故、隠居願申上、同年十月願之通甚内隠居被仰付、家督無御相違拙者に被下置候由、柴田外記・大条監物を以被仰渡候。拙者知行高八貫百三拾四文御座候。以上

延宝四年十二月十一日

17　四竈弥惣右衛門

一　拙者先祖伊達御譜代之由承伝候。御先祖誰様御代先祖誰を被召出御奉公仕候哉曽祖父より前之儀不承伝候。尤進退何程被下置候哉、其段も相知不申候。曽祖父四竈外記と申者、御先祖様へ御奉公仕、右外記跡式祖父同氏越中相続仕、於伊達永井長手と申所にて御知行被下置、晴宗様・輝宗様へ御奉公仕候由承伝候。家督相続之年号・知行高も相知不申候。晴宗様御隠居被遊、杉之目に被成御座候時分右越中被相付、御遠行以後御前様根白石へ被遊御移候時分、御供仕罷越候由承及候。右祖父跡式拙者親同氏利右衛門に被下置、貞山様へ御奉公仕候由、是又継目被仰付候年月進退高等相知不申候。其後利右衛門儀、従貞山様伊達河内殿へ被相付、河内殿にては御知行壱貫五百文・三人御扶持方被下、拙者には別て御切米二両・四人御扶持方被下、父子共に河内殿へ御奉公仕候。然処河内殿御死去御遺迹無御座候付、右進退被召上候処、義山様御代寛永十五年七月三日、古内故主膳を以拙者を被召出、御切米壱両弐分・四人御扶持方被下置候。親理右衛門儀は病死仕、苗跡不被立下候。其後野谷地拝領開発仕候新田六百文之所、寛永廿一年八月十四日富塚内蔵丞・奥山大学を以被下置候。正保二年要山様御部屋へ御納戸御用被仰付被相付候付、御切米弐切同年五月十三日右主膳を以御加増被下置候。且又野谷地拝領開発之新田八百六拾六文、明暦二年五月廿五日右主膳を以被下置、知行取合壱貫四百六拾六文之高に被成下候。

御当代御家中並を以、寛文元年十一月十六日右御切米・御扶持方御知行弐貫九百四拾三文に被直下、取合四貫四百九文之高被成下候。其後拙者家督之子無御座候付、才藤丹波次男宇右衛門を拙者聟苗跡に被成下、丹波拝領之新田起目三貫七百四文之所、拙者知行高に被成下度由、寛文八年に奉願候処、如願被仰付旨、同年八月廿九日原田甲斐を以被下置、都合拙者知行高八貫百拾三文之所拝領仕罷有候。以上

延宝七年九月廿九日

18 坂本杢右衛門

一 御知行高五貫六百六拾四文之所、
御先代に祖父同氏左内に被下置、引続
御当代迄親杢兵衛に右高之通被下置御奉公仕候所に、寛文七年三月右杢兵衛病死仕、跡式無御相違拙者に被下置之旨、柴田外記を以被仰渡候。祖父左内儀
誰様御代如何様之品にて被召出、御知行被下置候哉、親同氏杢兵衛実子所持不仕候付、私養子に仕跡式被下置候故、他名之儀にて先祖之品委細不存候。以上

延宝四年極月十四日

19 鎌田覚兵衛

一　鎌田孫九郎次男同覚兵衛儀
貞山様御代蟻坂丹波を以、江戸御勘定御奉公に被召出、御切米弐両・御扶持方四人分被下置候。
義山様御代御納戸御用被仰付、数年相勤申之上、為御加増御切米七切・御扶持方三人分被下置、本進退合御切米拾五両・御扶持方七人分に被成下、以後野谷地御新田に拝領仕度由願上候処に、此起目弐貫七百七拾三文之所、正保二年十月廿八日真山刑部を以被下置御黒印拝領仕候。同四年八月十三日親四拾八歳にて病死仕、拙者七歳にて跡式無御相違被下置旨、同年十月十七日山口内記を以被仰付、
御当代に罷成、右御扶持方・御切米之所御知行五貫弐百九拾三文に何も並に被直下之旨、寛文元年十一月十六日奥山大炊を以被仰付、本地合八貫六拾六文高に被成下候。御黒印頂戴仕候。先祖之品委細鎌田杢右衛門方より書上仕候。拙者儀遠山次郎兵衛御番組中之間御番相勤申候。以上

延宝五年三月二日

20　中目太郎右衛門

一　拙者親中目助左衛門儀寛永十一年
貞山様御代御給主組に被召出、御知行壱貫三百文被下置候処、
義山様御代に右知行被召上、御切米三切銀十二匁八分・御扶持方三人分被下置御奉公仕、正保四年に相果申候。跡式引続拙者に被下置、慶安弐年に御割衆に被召出、新規御切米弐両・御扶持方四人分被下置、右組付之御切米・御扶持方は被召上候。万治三年
綱宗様御代御奉公之勤功を以、御切米壱両御加増被下置、御切米三両・御扶持方四人分に被成下候。同年二月十日

自分才覚を以致開発候新田起目二貫三百文、茂庭故周防・富塚内蔵丞を以被下置候。寛文二年三月十八日御切米・御扶持方へ御知行持添之衆何も地形に被直下候並を以、右御切米・御扶持方四人分を御知行三貫五百拾四文に被直下、奥山大炊を以被下置持添之地取合五貫八百拾四文之高に被成下候。寛文五年に統取役目被仰付候付、同七年に為御加増御扶持方五人分被下置候。統取役目数年相勤候者には、従御先代御加恩被下置候間、右御扶持方を地形に被相直、其上御加恩迄被成下度由、延宝四年三月松林仲左衛門・永島七兵衛願申上候付、右御扶持方五人分を地形に被相直弐貫弐百五拾文、同年九月廿五日小梁川修理を以被下置、本地取合当時八貫六拾四文之高に被成下候。以上

延宝四年十二月十六日

21　横山又左衛門

一　拙者先祖横山上総儀、晴宗様御代遠藤山城を以被召出、御奉公仕由承伝候。被召出候年号不承伝候。引続輝宗様御代に右上総実子源兵衛に右山城を以御知行五拾貫文、米沢之内萩野と申所にて被下置、貞山様御代迄御奉公仕、三拾五歳にて死去仕由御座候。右源兵衛実子千松三歳に罷成候に、源兵衛跡式無御相違被下置候。其節親類共申上候は、幼少に御座候間成長御奉公仕時分被下置度候。先以差上申由申上候。然処千松幼少之内御国替就被遊、其以後右源兵衛知行之品親類共不申上由に御座候。
貞山様岩出山御在城之時分、右千松名改又作奥山出羽を以被召出、御切米弐両・四人御扶持方被下置御奉公仕候。

其後改名又左衛門に被成置、御領中始て御村横目拾人被相出刻又左衛門も被仰付相勤、引続御郡代官相勤中内、義山様御代寛永拾九年に山口内記を以野谷地拝領、自分開発高五貫九拾七文被下置候。承応元年右又左衛門死去申に付、跡式御知行高御切米・御扶持方共に無御相違、同年十一月十二日に於江戸奥山大学を以拙者に被下置、寛文二年御知行持添御切米・御扶持方御知行に何も直被下砌、右御切米・御扶持方二貫九百四拾三文に被直下取合当時八貫四拾文之高に御座候。以上

延宝四年十二月九日

22　堀野市郎右衛門

一　拙者養曽祖父堀野源左衛門儀、晴宗様御代天文廿二年伊達郡六丁目被下置候。御黒印当時堀野五右衛門所持仕候。源左衛門以前より被下成候哉、御知行高等然と相知不申候。同人嫡子同氏源左衛門、輝宗様御代右御知行不相替被下置由にて、御書右五右衛門所持仕候。年号・御申次は相知不申候。御奉公之儀御中間奉行仕候由申伝候。

御同代後源左衛門病死仕、同人嫡子辰蔵に右御知行御役目共被仰付候由申伝候得共、年号・御申次不承伝候。其節辰蔵幼少に御座候故、御中間差引之趣、従輝宗様後家名付に被下置候御書五右衛門所持仕候。

貞山様岩出山へ御移被遊候節、右辰蔵助左衛門に致改名御城御番仕、高麗御陣へも御供仕候由申伝候。其以後為御

仕置之湯村信濃へ深谷を被下置候砌、右助左衛門儀佐渡と改名被仰付、右信濃へ被相付候由、夫より引続於于今
佐渡次男堀野五右衛門、三沢頼母殿御預給主に罷成居申候。佐渡嫡男拙者養父同氏助左衛門儀
貞山様御代寛永十年之比、御割屋へ罷出御奉公仕、御扶持方・御切米被下置候由申伝候得共、年月御扶持方・御切米等員数不承伝候。
義山様御代御扶持方・御切米御知行に被直下、高四貫五文寛永廿一年八月十四日御日付御黒印所持仕候。御知行に直被下候品、誰を以被下候哉不承伝候。承応四年野谷地被下置、起目高壱貫五百七拾弐文寛文元年十一月十六日奥山大学を以被下置、都合五貫五百七拾七文御黒印所持仕候。拙者儀加藤喜右衛門四男に御座候て、右助左衛門に因御座候付て養子に罷成候処、寛文元年に養父助左衛門隠居之願申上、拙者に苗跡寛文弐年四月廿三日奥山大学を以被仰付、右御知行高五貫五百七拾七文御黒印奉頂戴候。寛文拾年に野谷地被下置、自分開発高壱貫六百八拾文、延宝五年二月十日柴田中務を以被下置候。右起残谷地追て拝領起目高七百五拾四文、延宝六年十月十九日黒木上野を以被下置、取合当時拙者御知行高八貫拾壱文に御座候。御黒印于今頂戴不仕候。養祖父佐渡家督次男同氏五右衛門に被下置候。先祖之儀五右衛門方申上儀に御座候得共、五右衛門儀在郷御給主にて此度書上不被仰付候間拙者申上候。以上

延宝七年四月九日

23　河野加右衛門

一　拙者先祖伊達御譜代に御座候由承伝申候得共、

誰様御代に先祖誰を被召出候哉承伝不申候。
貞山様御代に拙父河野清七に御切御米・扶持方被下置御奉公仕候由、員数并年号・御申次は承伝不申候。然処御同代右之御切米・御扶持方御知行弐貫九百文に被直下、右清七に被下置候由承伝申候。年号・御申次は承伝置不申候。
貞山様御代に右清七野谷地拝領、起目二貫七百弐拾四文拝領仕候。年号・御申次は承伝置不申候。右合五貫六百二拾四文に被成下候。拙者兄文六郎右清七嫡子に御座候。拙者儀次男故進退無御座候付、
義山様御代寛永十四年に白石越後を以、御国御勘定御役人に被召出、御切米弐両・御扶持方四人分被下置御役目相勤申候。然処兄文六郎儀病死仕、清七家督無御座候付、
御同代に清七儀年罷寄候故、存生之内拙者を家督に被成下度由、山口内記を以願申上候処に、寛永年中惣御検地之節、二割出目共に右本地新田高六貫弐百四文之所拙者に被下置候。右之御切米・御扶持方之内御切米は被召上、御勘定御用首尾能相勤申候付、四人御扶持方共に、如願無御相違家督拙者に被下置、父清七に隠居被仰付之旨、寛永廿一年三月廿五日右内記を以被仰渡拝領仕、引続御国御勘定御役目相勤罷有、歳罷寄申に付、明暦元年六月右御役目御免被成下、父御番所御広間へ被仰付候。
御当代寛文元年御知行之上持添之御切米・御扶持方御座候者之分、御知行に被直下候並を以、拙者四人御扶持方も壱貫八百文に被直下、当知行高八貫四文之御黒印奉頂戴候。以上
延宝五年四月廿八日

24　吉川伝左衛門

一　拙者兄吉川六兵衛儀、
貞山様御代被召出、御切米弐両・御扶持方五人分被下置御奉公仕候。
義山様御代罷成、和田因幡出入司御役目被仰付候砌、右六兵衛事因幡手前物書御用被仰付、御切米三両・御扶持方七人分に被成下候。右御用相勤申候内、
義山様へ因幡被申上、六兵衛儀数年御奉公仕候間、御切米三両・其外野谷地拝領新田起目三百拾六文之所御座候間、御知行直被下置度段被申上、御前相調其外御加増被下置、四貫九百五文に被成下、七人御扶持方へ右知行高之通にて相勤申候。其已後物書御用御免被成下候砌、因幡知行高之内新田起目二貫文六兵衛に為取申、持来七人御扶持方御知行被直下候様にと被申上御前相調、右四貫九百五文取合十貫五拾五文に被成下候。
御同代兄六兵衛病死仕子共無御座、依之拙者に跡式被下置候様にと、山本勘兵衛を以右因幡被申上候付、右知行高之内二貫五拾五文被召上、八貫文拙者に被下置跡式被立下之由、右勘兵衛を以承応元年九月五日被仰付候。以上
延宝四年極月十五日

25　山元宗順

一　拙者儀
義山様御代江戸より罷下、古内故主膳格米相受罷有候処に、御家中小児医師稀に御座候間、手前新田起目之内為分取、御奉公可為仕由被申置候段、古内造酒祐被申に付、任其意新田起目八貫文為分取申度旨、

綱宗様御代造酒祐方より古内志摩を以茂庭中周防へ右之通被申達候処に、万治三年六月願之通に被成下之旨、右周防在江戸之節被仰渡候付、同年七月上旬為御目見江戸へ罷登、鈴木主税を以御目見、寛文元年十一月十六日御黒印頂戴仕候。以上

延宝五年三月十日

26　朴沢理兵衛

一　拙者先祖代々宮城郡国分之内朴沢村其外数ヶ所知行仕罷有候処、祖父朴沢長門代属国分盛重へ罷有候。然処盛重没落以後、右長門儀

貞山様へ被召出、御知行七貫文被下置候。年号并誰を以被召出候哉不承伝候。拙者親同氏蔵人儀長門長子御座候付て、右知行七貫文無御相違被下置候。年号誰を以被下置候哉不奉存候。

義山様御代寛永廿一年御検地相入、二割出目壱貫四百文其外野谷地拝領、新田起目弐貫文被下置、拾貫四百文之高に被成下御黒印頂戴仕候。右新田起目誰を以被下置候哉年号も不奉存候。右蔵人儀承応三年九月二日病死仕候。拙者儀蔵人嫡子に御座候付て、右御知行十貫四百文無御相違、同年十二月廿一日茂庭先周防を以被下置候。然処拙者弟同名道無に、右拾貫四百文之内弐貫四百文被分下、医道之御奉公為仕度段願申上候処、寛文十年五月廿八日如願被成下旨柴田外記を以被仰渡候。拙者儀当知行高八貫文御黒印頂戴仕候。以上

延宝七年二月廿五日

27　沼辺源十郎

一　拙者又伯父沼辺次助儀
義山様へ鈴木和泉を以御小性組に御部屋へ被召出、御切米三両・四人御扶持方被下置候。其後
義山様御代初に御切米増被下、六両四人御扶持方に罷成候。三拾年余御奉公相勤候処、寛永廿一年二月廿九日古内
故主膳を以御知行三拾貫文被下置、御小人頭被仰付拾弐ヶ年相勤病死仕候。次助子共沼辺久太夫四歳に罷成候得
共、跡式無御相違山口内記を以明暦二年に被下置候。右久太夫儀、
御当代に拾五歳より御国御番仕、拾六歳にて御小性組に被召出、六ヶ年御奉公相勤候処、於江戸に寛文拾二年九月
十一日病死仕候。子共無御座候付、拙者儀は沼辺甚左衛門次男に御座候。右久太夫には従弟に御座候。親類共願
を以右跡式八貫文、寛文十三年七月十三日に油井善助を以拙者に被下置候。右次助并久太夫代之儀も承伝候通有
増如此御座候。先祖之儀は沼辺甚左衛門方より申上候。以上
延宝五年二月十九日

侍衆

御知行被下置御牒（四十）

七貫九百七拾壱文より
七貫三百八拾文迄

1　白石与四郎

一　拙者祖父白石十郎左衛門儀は、白石豊後次男に御座候。豊後儀、貞山様御代最前御金山御本判役仕候得共、伏見・江戸御奉公相勤申候に付て、十郎左衛門無足にて、御本判御役数年相勤罷在候所に、寛永拾年貞山様御意に、豊後儀度々御奉公仕、其上其身迄大分之役目無滞指引仕候段神妙に被思召候。依之御知行高五貫五百八拾三文之所佐々若狭を以被下置、御本判御役目引続被仰付候。右御用相勤罷在候内、拙者親同氏文左衛門儀義山様定御供衆に被召出、御切米四両・御扶持方四人分山口内記を以被下置候。其後綱宗様御部屋へ被相付御奉公弐拾ヶ年余相勤罷在候所、拙者祖父十郎左衛門年七拾に罷成候付て、寛文弐年隠居仕度旨、品々奥山大炊を以願申上候に付て、十郎左衛門御知行弐割出目共に高六貫七百文并知行付之新田起目壱貫弐百七拾壱文合七貫九百七拾壱文所嫡子文左衛門に被下置、文左衛門御切米・御扶持方は次男同苗正兵衛に被下

置、曽祖父豊後文録三年より御奉公仕候。御本判御役目被仰付候共、又別て御奉公被仰付候共、御塩味を以何之道にも被召仕被下置候様にと、十郎左衛門奉願候処に、御知行之分は申上候通文左衛門に被下置、文左衛門御切米四両・御扶持方四人分は次男正兵衛に被下置、先祖より仕来候御本判御役目引続右正兵衛に被仰付由、大炊を以被仰渡候。年月は不奉存候。拙者親文左衛門儀引続江戸御奉公相勤申候所に、年寄申候故訴訟申上、江戸御番寛文八年に御赦免被成下、御国中之間御番相勤罷在候。文左衛門儀は延宝元年霜月六日病死仕、同弐年二月三日柴田中務を以、無御相違家督拙者被下置候。先祖之品々は豊後惣領跡目に御座候に付て、白石甚之助方より書上申候間、拙者方よりは委細不申上候。以上

延宝五年四月八日

2 真山久兵衛

一 拙者先祖は大崎御譜代之由承伝候。私親真山久右衛門儀

貞山様御代に長尾主殿を以被召出、御知行六貫六百九文被下置、江戸御勘定御奉公仕候所に寛永三年相果申候。其節拙者儀四歳に罷成幼少に御座候付、拙者従弟真山久左衛門・蟻坂丹波を以右同年御披露、御番代被仰付十三ヶ年仕同拾六年

義山様御代に真山刑部を以古内故主膳頼入御披露之上、右御番代之御知行六貫六百九文、同年二月十三日故主膳を以被返下置、御国御番致勤仕候。其以後同弐拾壱年之御検地弐割出壱貫三百弐拾文被下置、高七貫九百弐拾九文之御黒印頂戴仕候。以上

3　石田源内

一　拙者祖父佐藤丹波と申者、伊達御譜代御座候。右丹波次男石田源兵衛拙者実父御座候。石田は在名に御座候由申伝候。祖父丹波儀は親源兵衛三歳之砌死去仕付、知行高委細之儀不承伝由申伝候。親石田源兵衛儀は、貞山様御代被召出、御知行弐貫六百文被下置、其以後寛永十九年惣御検地二割出目被下置、三貫弐百八拾五文之高に被成下由御座候得共、拙者未生以前之儀に御座候故、誰御申次・何時被下置候哉委細不承伝候。右源兵衛嫡子同氏新兵衛と申者、貞山様御代寛永二年に御歩小性に被召出、御切米五切・御扶持方五人分被下置、義山様御小座之砌被相付、弐拾ヶ年御奉公申上候に付、為御加増御切米拾切・御扶持方七人分并御歩小性組御免被成下由、正保元年霜月十日に成田木工を以被仰付候。同弐年に親源兵衛隠居之願、右木工を以申上候処に、嫡子新兵衛に父子進退共に被下置旨、同年三月廿日に御取次木工を以被仰渡候所、同四年兄新兵衛病死仕男子無御座候付、跡式無御相違拙者に被下置旨、慶安元年霜月七日古内故主膳を以被仰渡、其以後御当代寛文弐年五月二日に御切米・御扶持方持添御知行に被直下候並を以、御切米拾切・御扶持方七人分四貫五百七拾九文に被直下、本地取合七貫八百六拾四文に被成下御黒印頂戴仕候。以上

延宝五年二月二日

延宝五年正月廿九日

4　門田市之丞

一　親門田四郎左衛門葛西浪人に御座候所に、元和六年御不断組に被召出、御切米三切・御扶持方三人分被下置、寛永二年御歩行組に被成下、御切米銀五拾目・御扶持方四人分被下置御奉公仕、其後御加増弐両四人御扶持方被下置御奉公相勤申候処に、
義山様御代に内馬場蔵人方へ御横目に被仰付相勤、以後御番所被仰付御番相勤申候由、四郎左衛門存生之内咄承申候。慶安五年に四郎左衛門相果申候。実子勘助幼少に御座候に付跡式不申上、拙者を聟苗跡に、御切米御扶持方御同代成田木工を以右同年に被下置候。

義山様御代悪地永荒之所壱貫六百三拾文、野谷地拝領起目壱貫百八拾壱文右弐口合弐貫八百拾壱文山口内記を以明暦三年被下置候。

綱宗様御代野谷地拝領、起目三貫八百四拾五文茂庭中周防・富塚内蔵丞を以、万治三年に被下置候。右高合六貫六百五拾六文と御切米弐両・四人御扶持方被下置候。

御当代願覚書指上申候は、拙者儀四郎左衛門聟苗跡に御切米・御扶持方被下置候。然処に四郎左衛門男子勘助幼少に御座候得共、拙者に被下置候御切米弐両・御扶持方四人分は勘助被下置、拙者は右新田御知行を以御奉公可申上候。内々勘助成人仕御奉公申上候時分、右願之段申上度奉存候得共、勘助母病人に御座候間、存生之内被下置度旨、奥山大炊方へ願指上申候処に、願之通御切米・御扶持方同苗勘助に寛文弐年大炊を以被下置候。且又拙者訴訟申上候品、神妙に被召置由に御座候て、何も新田知行に候間、苗代目に為御加増壱貫弐百文右大炊を以寛文弐年十二月十七日に被下置候。右高合七貫八百五拾六文之御黒印頂戴仕候。以上

延宝四年十二月十九日

5　宮沢安右衛門

一　拙者先祖伊達御譜代に御座候由承伝候。貞山様御代に、親同苗八左衛門儀御不断組に被召出、何程之御切米・御扶持方被下置候哉、勿論年数之儀誰を以被召出も覚不申候。然所年久色々御役目御奉公仕候所、其後柴田郡大河原村・同郡平村・同郡沼辺村・黒川郡大平村右四ヶ所にて野谷地開発、新田起目高七貫七百八拾八文之所、正保弐年十月十八日山口内記を以被下置候。明暦弐年之比新田切添起目へ御竿被相入、高四拾五文之所万治四年拝領仕候。御取次覚不申候。右八左衛門儀年久御奉公申上候付組御免被成下、御切米・御扶持方は被召上候。右八左衛門儀年罷寄申候付、隠居之願奥山大炊を以申上候処に願之通被仰付、跡式無御相違拙者に被下置之旨、右大炊を以寛文三年十二月六日に被下置候。当知行高七貫八百三拾三文御黒印頂戴仕候。以上

延宝五年三月二日

6　矢内太右衛門

一　拙者祖父矢内喜右衛門儀伊達御譜代御座候。貞山様御代被召出、御知行三貫三拾三文被下置御奉公仕候由承及候。委細不奉存候。祖父喜右衛門慶長四年病死仕候間、親同苗弥兵衛、屋代勘解由を以申上候得ば、跡式無御相違、右勘解由を以年月は覚不申候被下置御奉公仕

候。寛永弐拾壱年惣御検地之節弐割出目拝領仕、三貫六百三拾三文被成下、親孫兵衛寛文元年八月廿七日病死仕候付て、長江主計を以家督願申上候処に、同年十月廿二日奥山大学を以、跡式無御相違被下置御黒印頂戴仕候。且又芦名刑部新田起目、延宝四年御竿入高之内弐貫三百八拾壱文分被下度段、刑部方より被申上候付、願之通分被下、延宝六年五月廿七日に黒木上野を以被仰渡候。右刑部新田起目延宝五年御竿入高之内壱貫八百弐拾文、右同願に付延宝六年十月十八日右上野を以被仰渡、右弐口へ本地取合当知行高七貫八百三拾四文に御座候。以上

延宝七年九月二日

7 多川利兵衛

一 拙者養祖父多川利兵衛儀同名主膳実弟に御座候。貞山様御代被召出、御知行六貫五百弐拾壱文拝領仕候由承伝候。義山様御代寛永弐拾壱年之御検地に弐割出目被下置、七貫八百弐拾五文之高に被成下、御黒印頂戴仕候。且又拙者儀は只野図書三弟に御座候所、右利兵衛男子持不申、女子之孫御座候に拙者を取合家督に仕度旨、明暦元年山口内記を以申上候処に、願之通に被成下段、右内記を以被仰付候。其後綱宗様御代万治三年三月十八日右利兵衛病死仕、同年五月廿五日跡式無御相違奥山大炊を以拙者に被下置候。当知行高七貫八百弐拾五文に御座候。先祖之儀は惣領筋目同苗伊左衛門方より可申上候。以上

延宝五年四月廿一日

8　須江源之丞

一　拙者儀須江故六右衛門次男に御座候に付、
義山様御代承応弐年奥山大学を以被召出、無足にて御国定御供御奉公相勤申候所に、兄同氏六右衛門寛文元年八月九日病死仕候付て、右六右衛門御知行高三拾六貫文之内六貫文は、拙者儀無足にて数年御奉公仕候間被分下、其上四人御扶持方被差添、
御当代右大学を以同年九月三日被下置、江戸定御供被仰付相勤申候。寛文弐年四月廿七日右御扶持方御下中並を以御知行に被直下由、右大学を以被仰渡、都合七貫八百文之高に被成下御黒印頂戴仕候。寛文九年に御免被成下、御国御番相勤申候。先祖之儀は惣領筋目同氏六右衛門可申上候。以上
延宝七年四月四日

9　小島市兵衛

一　拙者先祖伊達御譜代之由承伝候。
義山様御部屋住之時分、元和元年拙者亡父小島伝右衛門儀、津田古豊前を以被召出、御切米三両・御扶持方四人分被下置、御小性之間にて被召使、其以後江戸表御番相勤申候処に、稲富一夢・井上外記殿へ被相付鉄炮稽古仕、御鉄炮御薬込御役目被仰付数年致勤仕、寛永二年右豊前を以御知行十弐貫文并右御扶持方被下置、右御切米は被召上候。同七年白津宇兵衛に被仰付、御取立被成候三十人衆支配、右伝右衛門・市川惣右衛門両人被仰付候。江戸御国共御番替仕相勤申候所に、同拾弐年九月廿八日伝右衛門病死仕候。其節拙者三歳に罷成候。跡式之儀古内

故主膳を以申上候処に、
義山様御意には伝右衛門儀幼少より御奉公無懈怠相勤候条、御取立可被下由被思召候所に相果候儀、不便に被思召候。子市兵衛幼少に候間、右知行高之内五貫文并四人御扶持方被下置候。其余は先以被召上候。以来成長仕御奉公仕候はば返可被下置由、寛永拾弐年極月被仰付候。同弐拾壱年惣御検地之刻、弐割出目壱貫文被下置、都合六貫文并四人御扶持方知行に被直下候並を以、壱貫八百文に被相直之由、柳生権右衛門・堀越甚兵衛寛文弐年六月十四日に申渡、取合七貫八百文之高に被成下候。拙者儀慶安元年五月十二日より御国御番相勤、明暦弐年四月十三日
綱宗様へ被相付、定御供御奉公江戸御国共に相勤、
御当代迄致勤仕候処に、寛文拾弐年極月御番替之定御供衆御免被成候並に御免被成下、延宝元年七月九日より御国御番相勤申候。以上
延宝五年三月廿九日

10 山田弥惣右衛門

一 拙者先祖伊達御譜代之由承伝申候得共、誰様御代先祖誰を被召出候哉不承伝候。高祖父山田右近儀進退被召放、相馬へ浪人仕候。右先祖進退高何程被下候哉不承伝候。相馬に罷在候内遭火事、先祖御黒印焼失仕候由承伝申候。其砌相馬へ被遊御発向候時分被召返、相馬御案内被仰付、金山之内一山岸と申所にて、天正拾四年従

貞山様御知行田四千刈・畑弐貫地被下置候。御朱印奉所持候。右近子曽祖父太郎左衛門白石御陣にて討死仕、出生之子無御座跡式相禿、太郎左衛門百ヶ日に懐腹之子出生仕、藤左衛門と申候。藤左衛門子拙父惣右衛門父子共伊達筑前殿へ被召出御奉公仕候。其後筑前殿御死去之後、貞山様御代寛永年中に中島監物を以、拙父惣右衛門被召出、御知行四貫七百九十弐文被下置候。義山様御代寛永弐拾壱年惣御検地之砌、弐割出目共に五貫七百五拾文に被成下候。御同代野谷地新田拝領仕、起目壱貫百四拾四文之所父惣右衛門に被下置之旨、承応三年四月十三日真山刑部・山口内記を以被仰渡、右合高六貫八百九十四文に被成下候。惣右衛門儀老衰仕候故、存生之内家督願申上候処に、明暦四年六月廿八日山口内記を以、如願家督無御相違拙者に被下置候。御黒印頂戴仕候。以上

延宝五年四月廿日

11　斎藤正左衛門

一　拙者養父斎藤正左衛門儀、御先代より御知行七貫七百五拾弐文被下置、貞山様御代より引続御奉公仕罷在候所、実子無御座候付、養父正左衛門娘に拙者取合名跡に被成下度段、義山様御代慶安弐年山口内記を以申上候得ば、如願被仰付候付、承応三年より御番代仕罷在候所に、養父正左衛門寛文拾弐年正月病死仕候。跡式拙者に被下置度段、故古内志摩を以申上候得ば、如願被成下、右御知行高七貫七百五拾弐文之所無御相違被下置之旨、寛文拾弐年四月廿三日に右同人を以被仰渡候。当知行高七貫七百五拾弐文

に御座候。先祖に御知行被下置候儀、尤家督段々被下置品々不承伝候間不申上候。拙者実父は斎藤八左衛門に御座候。以上

延宝五年二月十八日

12 福地金左衛門

一 拙者先祖須藤刑部俊通、鎌倉山之内に罷在候節は山之内刑部と申由御座候。鎌倉浪人罷成、其以後葛西三郎覚悟を請罷在、桃生郡福地村横川之城主に罷在候。拙者曽祖父福地刑部と申候。刑部死去、嫡子右衛門跡式相続仕候。葛西没落に付浪人に罷成、右衛門子福地久右衛門

貞山様御代に御歩小性に被召出、御切米四切・四人御扶持方被下置、江戸御国共御奉公相勤申候処に、

義山様御代に本栗原之内小野村にて野谷地拝領自分造作を以開発、高四貫三百五拾文正保弐年六月三日山口内記を以被下置候。其後

綱宗様御代右於小野村野谷地拝領、自分起立、弐貫六百八文万治三年富塚内蔵丞・茂庭中周防を以被下置、取合六貫九百五拾八文へ右御切米・御扶持方持添御奉公仕候。然所久右衛門御歩小性組之進退は甥十兵衛に被下置右組へ被相加、久右衛門は組之御奉公御免被成下度旨、石母田権兵衛を以願申上候所、柴田外記・原田甲斐・富塚内蔵丞を以如願御徒小性組は甥十兵衛に被下置候間、知行六貫九百五拾八文にて久右衛門御奉公可仕由、寛文五年八月十七日被仰渡候。寛文九年霜月廿二日に久右衛門病死仕候付、柴田外記・原田甲斐を以跡式無御相違、寛文拾年三月廿七日拙者に被下置候。御黒印奉頂戴候。以上

延宝五年二月十八日

13　懸田九十郎

一 貞山様御代拙者親同氏長左衛門被召出、御切米弐両・御扶持方四人分御仕着共に被下置御奉公仕候。寛永拾壱年右御切米・御扶持方御仕着共に御知行に被直下度由申上候得ば、願之通被直下、高六貫四百五拾文に被成下旨、茂庭先周防・伊藤肥前を以被仰渡候。其以後義山様御代同弐拾壱年御検地之節、弐割出目合七貫七百弐拾文に被成下候。右長左衛門慶安弐年七月十五日病死仕候。家督無御相違拙者に被下置候由、同年に山本勘兵衛を以被仰渡候。以上

延宝四年十二月廿三日

14　小泉清六

一 拙者祖父小泉惣兵衛儀大崎殿下中にて小泉村居住仕候処に、大崎殿滅亡以後、貞山様御代被召出、御切米弐両・五人御扶持方被下置御奉公仕、元和五年病死仕候。右進退嫡子拙父孫右衛門引続被下置候。寛永拾弐年十二月十三日右御切米・御扶持方御知行三貫四百弐拾六文被直下之由、奥山古大学・湯村勘左衛門・和田主水を以被仰付候。

御同代御買新田野谷地拝領、起目高弐割出目共に四貫弐百八拾文本地へ取合七貫七百六文、寛永弐拾壱年八月十四日富塚内蔵丞・奥山古大学・山口内記・和田因幡を以被下置候由承伝候。拙者幼少にて親相果申候故委細不奉存

候。右孫右衛門承応元年病死仕候。

義山様御代家督無御相違七貫七百六文之所拙者被下置之段、同年九月廿九日山口内記を以被仰付候。尤御当代迄之御黒印頂戴仕候。以上

延宝五年三月六日

15 井上茂作

一 拙者先祖米沢御譜代之由承伝候。私祖父井上茂作、貞山様御代屋代勘解由を以被召出、御知行六貫四百弐拾壱文被下置寛永元年相果申候。親茂作儀山岸飛騨を以右進退被下置候。同弐拾壱年御検地相入、弐割出目壱貫弐百八拾文被下置、本地合七貫七百壱文に被成下候。寛文弐年病死仕候。右進退拙者に同年五月十日奥山大学を以被下置御国御番相勤、同六年二月新田御役目被仰付相勤、延宝四年三月御免被成下御国御番相勤、当知行七貫七百壱文御黒印頂戴仕候。以上

延宝五年二月八日

16 大石四郎助

一 私高曽祖父大石備後儀伊達御譜代御座候付て、稙宗様御代被召出御知行被下置、伊達之内大石と申所に住居仕候。晴宗様御代迄引続被召仕候。併其砌被下置御知行之儀は如何程に御座候哉、不奉存候故不申上候。于今先祖之舘大

石に御座候由申伝候。右備後嫡子四郎兵衛儀
輝宗様・貞山様御代迄御奉公相勤、勿論
貞山様岩出山へ被遊御移候刻御供仕、御知行拾五貫文被下置御奉公仕候所に、遠江守様与州へ御入国之節、四郎兵衛被相付被遣候付て、嫡子十右衛門に右之進退被下置、御家にて御奉公仕候。四郎兵衛儀遠江守様より御知行三拾貫文之御積被下置被召仕候処、与州於宇和島病死仕、苗跡相継可申筋目之者無御座候付、遺跡不被仰付候由御座候。十右衛門儀
貞山様御代、拾五貫文之高にて江戸馬上並之御奉公相勤に付、
貞山様御意に少身にて数年馬上並之御奉公相勤申儀神妙に被召置之旨度々御意御座候付、弥有難奉存御奉公仕候所に、江戸に相詰申内、不図病気指出御奉公難相勤節、
貞山様御意に十右衛門儀相煩候事不便に被召置候。早々御国許へ罷下後々養生可仕旨御意に付て、則罷下色々養生仕候得共、本復仕兼久敷相煩申候内嫡子十兵衛成長仕候付、十右衛門名代被仰付、御国御番等相勤申由に御座候。寛永十八年惣御検地之節弐割出目三貫文御座候所、十右衛門儀数年江戸御番相勤申に付進退相叶不申、御知行御役金指上兼罷在候付、右三貫文之内弐貫六百文指上、残四百文之所は被下置、本地取合拾五貫四百文にて御奉公相勤、勿論御役馬等相出申付、
義山様御意に少進候得共、毎年馬鞍綺羅々敷仕相出申儀奇特に被召置候。早速御加増をも可被下置候得共、明地無之候間御覚牒に被成置、以来は御加増被下置可被召仕旨御意之趣、其節之御番頭奥山与市左衛門方より祖父十右衛門所へ被申渡候書状于今取持仕候。十兵衛慶安三年九月早世仕候。十右衛門事万治三年極月病死仕候。拙者儀

十兵衛嫡子に御座候付、祖父跡式
御当代万治四年於江戸柴田外記・茂庭周防披露之上、同年四月廿三日奥山大炊を以無御相違被下置、於御国佐々織部御番頭相勤罷在候処に、寛文五年二月御納戸御用被仰付江戸へ罷登、半年代り之御番無懈怠相勤中候得共、御馬道具之内久敷御道具之由にて浜御屋敷御土蔵に御座候を、拙者其砌若輩御納戸方初心之儀御座候故、首尾仕様に不届御座候て相損申候。依之無念仕候由、原田甲斐・古内志摩方秋保刑部を以寛文六年九月六日被仰付、進退高拾五貫四百文之内半分被召上、当時は七貫七百文之御知行被下置御奉公申事に御座候。右之通書上可申由被仰付候間、
御当代之儀は委細申上候。
御先代先祖之儀は具に不奉存候得共、承伝之通有増申上候。以上
延宝五年三月九日

17　須田三右衛門

一　拙者祖父須田讃岐儀伊達御譜代に御座候。併於伊達誰様御代私先祖誰に御知行高何程被下置如何様に被召仕候哉承伝無御座候。右讃岐儀
貞山様御代御知行五貫拾壱文に御座候て、御奉公仕候由御座候。何年に誰を以被仰渡候哉承伝無御座候。

義山様御代惣御検地之刻弐割出目被下置、取合六貫拾壱文之高被成下、御国御番相勤申候所、讃岐儀年罷寄申に付て嫡子太郎右衛門に御番代為相勤申候。然処太郎右衛門儀、久々相煩御奉公相勤兼既死去仕躰に御座候砌、太郎

右衛門男子太兵衛儀は幼少に御座候に付、太郎右衛門娘に松坂故源右衛門弟十兵衛取合讃岐名跡に奉願候所に、中島監物を以願之通被仰付、御奉公相勤申候。年号之儀は覚不申候。其以後太郎右衛門病気段々得快気申候付、無足にて数ヶ年御村御用相勤罷在申付、於黒川郡北目大崎村に久荒新田致拝領起目へ御竿入、弐貫七百七拾壱文之高に被成下之旨、慶安元年四月十九日山口内記を以被仰渡候。其後御郡代官役被仰付相勤申内、

義山様御代遠田郡大沢村・馬放村・中目村右三ヶ村にて野谷地拝領仕段々起立申内、承応三年十月廿八日病死仕候。嫡子太兵衛に跡式無御相違被下置之旨、山口内記を以明暦元年六月二日に被仰付候。以後右新田へ御竿入右三ヶ村高拾弐貫五百六拾七文に罷成候を右高へ被結下、取合拾五貫三百三拾八文之高に被成下之旨明暦四年二月十日山口内記を以、

義山様御代に被下置御奉公相勤申候所に、寛文四年五月廿四日に右太兵衛三十二歳にて病死仕候。男子無御座女子御座候付、幸私儀無足にて御村御用相足罷在候故、右娘に取合太兵衛苗跡親類共奉願候処に、伊達兵部殿・田村隠岐守殿御後見之砌、於江戸原田甲斐披露之上、右之高半分七貫六百六拾九文を以拙者に被立下之旨、寛文四年九月廿五日大条監物を以被仰渡候。拙者儀右太兵衛実弟に御座候。以上

延宝五年四月十日

18　奈良坂市郎左衛門

一　拙者祖父奈良坂惣助嫡子同氏正三郎儀、

貞山様御代慶長拾六年御歩小性組に大町駿河を以被召出、御切米・御扶持方被下置御奉公仕候処、元和年中右之組

被除下、御切米・御扶持方御知行に被直下、高三貫拾五文に被成下候。右御切米・御扶持方員数、且又御知行に被直下候品々・年号・御取次等も若年之節に候得ば不承伝候。右惣助跡式正三郎相続仕儀御座候所に、病人に罷成御奉公勤兼申躰御座候付、正三郎子共惣助嫡孫之儀御座候間、祖父惣助苗跡相続為仕、正三郎跡式は次男拙者に被下置、正三郎儀は隠居仕度由、

義山様御代寛永弐拾年に親類共願申上候処、同年十月六日に願之通、鴇田駿河を以惣助跡式は孫惣助に被下置、正三郎跡式は拙者に家督被仰付御黒印頂戴仕候。寛永十七年惣御検地之節弐割出目、同弐拾壱年に被下置、取合三貫六百拾五文に被成下候。

御当代寛文元年知行切添之地弐百五十七文之所、柴田外記を以右同年に被下置候。且又大立目隼人知行高之内、起目新田三貫七百七拾三文之所拙者に別て懇者に御座候条、小身に付御奉公相続為仕度旨、右隼人依頼右起目拙者に被下置由、延宝六年四月廿二日黒木上野を以被仰渡候。都合七貫六百四拾五文に被成下候。先祖之儀若年にて相続仕候条、承伝を以如斯御座候。委細之儀は惣領筋目半兵衛方より可申上候。以上

延宝七年六月廿九日

19　及川平右衛門

一　私先祖及川相模儀先年は葛西奉公仕候処、葛西退転以後気仙郡致居住候。然処貞山様御代元和九年に被召出、名取之内植松村飯名坂村・笠島村・小豆島村右四ヶ村にて野谷地三拾町御印判を以被下置候付、御礼金小判拾六両指上申候。右拝領之野谷地開発仕候所、其比百姓不足に付年々荒所に罷成、内之

者起目五貫七百四文に罷成候。拙者親及川七左衛門儀、佐々故助右衛門四男に御座候処、
御同代寛永九年右相模名跡佐々若狭を以被下置、右起目并荒所九貫弐百九拾六文之地取合拾五貫文之高に被成下、
寛永九年より同拾四年迄は御知行御役金上納仕、尤御国馬上並之御奉公相勤申候。
義山様御代寛永拾五年に荒地之谷地被召上候付、御役金等上納不仕候。然共御知行高不被相減候付、御奉公之儀は
同様に引続致勤仕候。正保元年に惣御知行御割之時分弐割出目之御積拾八貫文と御割相済申候所に、荒所高之通
六ヶ年中御役金指上不申付被召上由にて、下中之者起目斗弐割出目共に六貫四百三拾四文伊貢郡小斉村にて被下
置候。其後
綱宗様御代万治三年流之内中村にて、新田壱貫弐百拾三文之所富塚内蔵丞を以被下置候。
御当代寛文元年に右所御用地に被召上、御替地同年秋御割司堀越甚兵衛・柳生権右衛門方より御触にて、伊貢郡枝
野村にて被下置、都合七貫六百四拾七文に罷成候。親七左衛門儀去年九月隠居願申上、同年霜月九日小梁川修理
を以願之通被仰付、右知行高之通無御相違拙者に被下置御黒印頂戴仕候。以上
延宝五年正月廿八日

20　紺野弥右衛門

一　拙者舅紺野釆女御知行三貫七百拾五文伊達河内殿より被下置御小性奉公仕候所、河内殿御死去付て追腹御供仕候。
釆女儀男子無御座娘壱人御座候に、拙者聟苗跡に申合、
義山様へ鴇田駿河を以奉願候所、願之通被仰付、寛永十九年四月十二日右駿河を以被仰渡、三貫七百拾五文被下置

候。寛永十八年惣御検地之砌、弐割出目七百四拾文被下置、都合四貫四百五拾五文之御黒印頂戴仕候。
御当代三迫之内若柳村にて野谷地新田拝領、開発之地三貫百五拾七文之所被下置之旨、古内志摩を以寛文九年五月廿五日被仰渡、都合七貫六百拾弐文御黒印頂戴仕候。右之采女儀従
貞山様被召出候哉、河内殿より被召出候哉不承伝候。以上
延宝五年三月九日

21　大内甚七

一誰様御代拙者先祖誰を初て被召出、御知行何程拝領仕候哉、代々御奉公相勤候様に承及候得共、高祖父以前之儀は相知不申候。
輝宗様御代高祖父大内内蔵丞御奉公仕候由、御知行高等は相知不申候得共、馬上にて相勤申候由承伝申候。右内蔵丞子曽祖父同氏内蔵丞儀引続馬上にて御奉公仕、
貞山様塩之松御退治被遊候節、能御奉公仕候由被成御意御加増両度に御知行拾貫文被下置、本進退取合御奉公仕、岩出山迄御供仕候処、岩出山にて如何様之品に御座候哉、進退被召放候。右拾貫文之御朱印弐通大内茂兵衛方に于今所持仕候。右内蔵丞子拙者祖父同氏喜右衛門儀、
貞山様葛西御退治之以後為御仕置、湯村美濃深谷へ被遣候砌、御給主拾六人被指副被遣候付、伊達故安房殿にて大内内蔵丞子喜右衛門浪人にて罷在候、御奉公も能仕候者之末に御座候間、右喜右衛門御給主之内に被相加被遣候様に被成度由、

貞山様へ被御申上候付、御給主之内に被相加、御知行五貫文被下置、深谷へ被遣候。右喜右衛門子拙者親同氏利兵衛儀、喜右衛門嫡子に御座候得共、
義山様御部屋之時分御奉公申上度由類願差上、寛永五年に古内故主膳を以御徒衆に被召出、御切米六切・御扶持方四人分被下置、
義山様御代始に、御徒衆何も並に三切之御加増被成下、御切米弐両壱分・四人御扶持方にて御奉公仕、同十一年に木村久馬御側小性に被召使候節被相付候故、御徒組御免被成下候処、同十五年に水沼十郎右衛門女房仲人仕、婚礼相済候処不調之儀御座候上、同年春
義山様江戸へ御登之砌、右十郎右衛門御供不仕候に付切腹被仰付、利兵衛儀は江戸にて進退被召放御領内へ被遣、承応三年正月右故主膳を以被召出、本進退御切米弐両壱分・四人御扶持方被下置、万治元年八月病死仕候。右喜右衛門御給主家督は次男同氏求馬に被下置度由申上候処、願之通被成下、于今求馬子同氏茂兵衛深谷御給主御奉公相勤、三沢頼母殿へ被相付罷在候。拙者儀親同氏利兵衛病死、家督無御相違万治二年正月御切米弐両壱分・四人御扶持方、
綱宗様御代奥山大学を以被下置、同年二月江戸御作事方御日牒目付役被仰付、翌年二月迄当番にて御用相勤御番明候処、小石川御普請御用被仰付、同四年六月迄相詰罷下、其より隔年に罷登、寛文五年より江戸御国共に御作事目付役被仰付、右御用首尾能相勤候に付、寛文六年和田織部・田村図書・内馬場蔵人申上候付て、於江戸兵部殿・右京殿へ柴田外記・鴇田次右衛門引副遂披露、為御加増御切米七切被下置、四両四人御扶持方に被成下由、原田甲斐・古内志摩を以被仰渡候。同五年に氏家木工兵衛・鎌田杢右衛門・吉田図書・近藤平内・沢部新右衛門

組合にて、栗原之内富村野谷地拝領仕、同七年に御竿入、起目三貫四百八拾八文之所、於江戸兵部殿・右京殿へ柴田外記・津田玄蕃遂披露、右起目被下置由、同年に原田甲斐を以被仰渡候。江戸御国共に御作事方諸事手廻首尾能相勤候条、御心付をも被成下度由、鴇田淡路・和田半之助・田村図書被申上候に付、御披露之上同拾弐年は御切米・御扶持方御本地四貫八拾五文に被直下由、古内志摩を以被仰渡候。右新田起目取合七貫五百七拾三文に被成下、御黒印頂戴所持仕候。以上

延宝七年四月十九日

22 佐々作右衛門

一 拙者養父佐々万右衛門寛永十六年九月御馬乗に被召出、御切米弐両・御扶持方四人分被下置候。拙者儀正保弐年二月右万右衛門聟名跡に被仰付御目見仕候。同四年五月万右衛門病死仕候付、万右衛門御切米・御扶持方之通、拙者に同年六月廿三日成田木工を以被下置、御馬乗御奉公仕候。明暦弐年五月於江戸に為御加増、御切米弐両・御扶持方壱人分右同人を以被下置候。寛文六年十月馬達者に乗御奉公勤仕申由にて、為御加増御切米壱両・御扶持方壱人分茂庭主水を以被下置候。寛文四年五月野谷地拝領、自分開発高壱貫九百五拾壱文之所、寛文八年八月原田甲斐を以被下置御黒印頂戴仕候。延宝六年七月晦日富田二左衛門を以御厩頭被仰付候節、右御切米五両・六人御扶持方御知行に被直下、五貫五百六拾文且又為御役料壱ヶ年に玄米五拾石宛被下置之旨、同日に右同人を以被仰渡候。右持添之新田へ御加増之地取合知行高七貫五百拾壱文玄米五拾石拝領仕候。以上

延宝七年三月九日

23 佐伯権右衛門

一拙者親同氏左門儀伊達河内殿御取立にて、御知行四貫文被下、御小性之間にて被召仕候処、河内殿御他界之節右左門は殉死之御供仕候。御後嗣無御座候に付、拙者事は義山様へ被召出、跡式無御相違本地四貫文古内主膳を以被下置候。悴之時分にて年号は覚不申候。其以後惣御検地之砌御家中並に、弐割出目被下置、四貫八百文之高に被成下候。以上
延宝四年十二月十三日

24 鎌田次兵衛

一御先代様より拙者先祖誰を被召出候哉不承伝候。拙者曽祖父鎌田次兵衛性山様二本松御陣に三拾三歳にて、天正六年九月廿三日討死仕候。祖父次兵衛貞山様高麗御陣に御供仕、并最上義光様へ御加勢に被遣節、御弓衆頭被仰付、御陣場となみ山と申所にて、敵に東条源右衛門と申者討捕申候由申伝候。祖父次兵衛三十二歳、慶長九年七月廿五日病死仕候。親次兵衛二歳之時引続名跡被下置候。御知行高は何程に御座候哉不承伝候。其以後品御座候て進退被召上候。御同代右次兵衛被召出、元和四年十一月廿三日上郡山内匠を以、御切米本代壱貫弐百五拾文・五人御扶持方被下置江戸御奉公相勤申候処、元和九年四月十六日伊藤肥前を以御前へ被召出、先祖御奉公之品々被仰立、右御切米・御扶持方御知行に被直下、六貫弐百五拾文之地御加増拝領仕候。寛永十八年御検地弐割出目壱貫弐百四拾六文、取合七貫四百九拾六文之地拝領仕、御黒印頂戴所持仕御奉公仕候処、親次兵衛老衰申に付隠居仕度段奉願、寛文

七年六月十六日に願之通被仰付旨柴田外記を以被仰渡、右七貫四百九拾六文之地引続拙者に被下置御黒印頂戴仕候。以上

延宝五年二月廿一日

25 小林半之丞

一 拙者曽祖父小林掃部儀飯坂御譜代にて伊達河内殿へ御奉公仕、嫡子惣太郎・其子同氏八兵衛代迄引続御奉公仕候。河内殿寛永十弐年に御死去、以後牢人に罷成渡世可仕様無御座候間、古内故主膳を以品々申上候得ば、従義山様寛永十五年七月右主膳を以同氏右八兵衛被召出、御扶持方四人分・御切米壱両弐分被下置、御広間御番所被仰付、年久御国御番相勤罷在候。右八兵衛儀男子持不申候に付て、拙者儀中沢伊兵衛弟に御座候処、明暦元年聟名跡に申合、同弐年三月十四日に右主膳を以御目見被仰付候。以後拙者御番代相勤申候処、万治二年より当座御用并定御役人被仰付、今程御本穀御用并御繻賦加役被仰付相勤罷在候。寛文八年野谷地拝領開発、以後御竿入、高五百五拾三文之所同拾三年六月十八日に小梁川修理を以被下置候。養父八兵衛儀病人、其上歳六拾六に罷成御奉公不罷成候故、隠居願申上候処、願之通隠居被仰付、跡式御切米壱両弐分・御扶持方四人分・御知行高五百五拾三文無御相違拙者に被下置旨、延宝弐年二月三日柴田中務を以被仰付候。寛文十一年野谷地拝領開発、以後御竿入高壱貫三百拾壱文之所延宝六年霜月十八日黒木上野を以致拝領候。芦名刑部拝領新田起目高之内弐貫八百三文之所、親代より別て出入仕候其上小進に御座候間取立申度奉存候、条被分下度旨右刑部奉願付て、願之通拙者に被分下旨、延宝六年霜月十八日黒木上野を以被仰付候。伊達将監殿御知行高之内、新田起目弐貫八百四拾四文

之所年久被懸御目付て分可被下由、故上野殿御代より被仰合候間、拙者に被分下度旨、将監殿より御願被相出に付て、延宝七年四月十五日佐々伊賀を以被下置候。都合七貫五百拾壱文・御切米壱両弐分・御扶持方四人分に御座候。以上

延宝七年七月十八日

26　鳥海善右衛門

一　拙者親及川小兵衛儀

貞山様御代津田故豊前を以被召出、其節御切米・御扶持方被下置、義山様江刺中御部屋分之御知行に付、同郡に被差置、御金請取渡方之御役人に被仰付候。其後御同代津田中豊前を以御切米・御扶持方被召上、御知行弐貫七百六拾文被下置右御奉公相勤申候。親に被下置候御切米・御扶持方何程に御座候哉、如何様之品を以御知行に被直下候哉、勿論年号等不承伝候。然処右小兵衛、寛永廿一年六月病死仕候。依嫡子拙者兄源吉に家督無御相違、同年に右豊前を以被下置段被仰渡、御国御番相勤申候。

御同代正保二年豊前を以御加増三貫弐百八拾八文被下置候。都合六貫四拾八文罷成御黒印頂戴仕候。如何様之品を以右御加増被下置候哉不承伝候。其以後右源吉儀慶安三年七月病死仕候付、跡式無御相違拙者に被下置旨、同年八月右豊前を以被仰付、右六貫四拾八文被下置、御黒印頂戴仕候。

御当代知行所にて切添起目壱貫四百弐拾九文、延宝元年十月廿五日に被下置旨、小梁川修理を以被仰付候。都合七

貫四百七拾七文に被成下候。且又拙者事本苗鳥海に被成下度旨、御番頭葛西藤右衛門・佐藤右衛門を以願覚書指上申候処に、右修理を以同年十一月廿七日於江戸鳥海に被成下候。以上

延宝五年四月廿一日

27 吉川正左衛門

一 拙者親同氏正左衛門儀

貞山様御代御歩行組に被召出、御切米拾切・四人御扶持方被下置御奉公仕候。義山様御代山口内記を以野谷地拝領仕、起目三貫弐百八拾七文之所、右内記を以被下置候。其節之年号は拙者幼少故覚不申候間承伝を以如斯御座候。右新田地付に切添九百三拾七文之所、明暦弐年八月九日に山口内記を以御加増被下置候。弐口合高四貫弐百弐拾四文に被成下、御切米・御扶持方共に被下成候。御当代罷成、御知行并御切米・御扶持方被下置御奉公仕候者には、何も御知行に被直下候。其砌右御切米拾切・四人御扶持方之所、三貫弐百弐拾九文に被直下候。右之段奥山大学を以、寛文元年十一月十六日に被仰渡、都合七貫四百五拾三文之知行高に被成下候。親正左衛門寛文四年病死仕候に付、跡式知行高之通拙者に被下置度段、柴田外記を以願申上候処に、右願之通無御相違拙者に被下置候旨大条監物を以、寛文五年三月十三日被仰渡候。勿論拙者知行高七貫四百五拾三文之御黒印頂戴仕候。以上

延宝五年四月十四日

28 赤井清右衛門

一 拙者養父赤井清右衛門儀、貞山様御代牧野古大蔵を以被召出、御知行四貫百六拾七文・四人御扶持方被下置候。寛永弐拾壱年に弐割出被下置、御知行五貫文・四人御扶持方被成下候。御同代御知行・御扶持方被下置候品相知不申候。万治二年極月十二日右清右衛門病死仕、実子無御座候付、拙者儀為古清右衛門には甥に御座候。伊藤新左衛門を以家督に申立、万治三年二月十九日大条兵庫を以右清右衛門跡式無御相違拙者に被下置候。寛文弐年三月十八日何も御切米・御扶持方御知行持添之衆地形に被直下候節、右四人御扶持方御知行壱貫八百文に被相直、奥山大炊を以被下置、六貫八百文之高被成下候。在郷除屋敷へ御竿入、高六百四拾三文之所、延宝三年十一月廿三日柴田中務を以被下置、当時七貫四百四拾三文之高に御座候。以上

延宝五年三月廿六日

29 遠藤三郎右衛門

一 拙者養父遠藤又吉儀同氏出羽三男に御座候て無進退にて罷在候処、貞山様へ被召出、御知行高三貫文被下置、義山様御部屋住御近習御奉公被仰付候。如何様之品誰之御申次にて、何時被下置候儀不承伝候。右又吉儀寛永八年四月五日に病死仕候。男子無御座候故、拙者儀高城伊与次男にて、又吉甥に御座候き。右之知行高拙者に被下置度旨親類共願申上候条、同年十二月佐々若狭を以無御相違被下置候。拙者両祖父遠藤出羽・高城式部少輔

貞山様へ忠節申上候に付、有難御直書致頂戴于今所持仕候。

義山様御代寛永十八年惣御検地之砌弐割出目拝領仕、高三貫七百三拾文被成下候。承応弐年に野谷地五町歩山口内記を以拝領仕開発、起目高五貫七百三文明暦三年十一月右同人を以被下置候。都合九貫四百三拾三文之所御黒印奉頂戴候。以上

延宝五年四月十八日

30 菊田市右衛門

一 拙者高祖父菊田若狭、

晴宗様岩城、

杉目御前様御祝言之砌、御供仕罷越由御座候。進退何程被下置候哉不承伝候。若狭子曽祖父菊田甚次郎、

貞山様御代伏見へ御供仕相詰、御番牒に相付御奉公致勤仕、祖父菊田助左衛門代迄御奉公仕候由に御座候得共、如何様之儀にて伊達へ罷越候哉、於伊達相果申由承伝候。以後親菊田善右衛門幼少之節、母召連伊達より罷越致養育、永沼丹後御申次を以、元和四年

貞山様御大所衆被召出、御切米七切銀拾五匁・四人御扶持方被下置候。正保元年飛驒守様御祝言に付奥様へ被相付、右御切米・御扶持方は嫡子茂太夫被下置、善右衛門には別て八人御扶持方・御切米拾五石被下置、江戸へ罷登、廿ヶ年致定詰御奉公仕候処、寛文三年飛驒守様御隠居被成置候付奥様より御暇被下、同年六月罷下、御次之間御番所被仰付、其以後右御扶持方・御切米之所地形被直下度由、品々願指上申候処、古内志摩・古内造酒助御披露

之上御知行に被直下旨、寛文七年三月六日原田甲斐被申渡、高七貫四百拾三文之所拝領仕、御黒印頂戴仕御番等相勤、彼是五十六ヶ年御奉公仕、延宝元年七拾三歳にて病死仕候付、実子次男拙者に善右衛門跡式被下置度旨親類共奉願付、右跡式御知行高七貫四百拾三文之所、無御相違御番所御次之間不相更被仰付之由、同弐年二月三日柴田中務を以被仰付候。以上

延宝七年五月廿九日

31　松原加兵衛

一　拙者先祖伊達御譜代之由承伝候得共、誰様御代先祖被召出候哉、曽祖父以前之儀は不承伝候。曽祖父松原薩摩儀は、輝宗様へ御奉公仕由承伝候。進退何程被下置候哉、其段相知不申候。拙者祖父は主計と申候て、薩摩子に御座候。然処主計三歳に罷成候時、薩摩病死仕候に付て、薩摩弟伊賀と申者主計拾五歳に罷成候迄、御番代為仕指置申度旨、五十嵐信濃を以、輝宗様へ願申上候得ば、伊賀御番代に相立指置可申由被仰付、伊賀御番代に相立申候処、主計三十に余申候得共、何角申進退相返不申候内、伊賀病死仕に付て進退相禿申、貞山様伊達より此方へ御移之時分は、主計浪人にて罷越、以後病死仕由承伝申候。其後貞山様へ親加兵衛御不断御奉公に本内与兵衛を以被召出、御切米五切・御扶持方三人分被下置、大坂御陣へ両度御供仕罷登申候由承伝申候。右御切米・御扶持方被下置候年号相知不申候。元和七年に宮城之内小鶴村・余目村に

て野谷地御蔵新田に取立可申由、蟻坂善兵衛を以被仰付候処に、御新田起申に付て、寛永元年に御竿被相入候節、起目にて壱貫八百九拾五文被下置、右御切米・御扶持方之分御知行壱貫八百八文に被直下、弐口合三貫七百三文、寛永元年右善兵衛を以拝領仕候由承伝候。

義山様御代惣御検地之節弐割出目、七百四拾文寛永弐拾壱年八月十四日に被下置、高四貫四百四拾三文拝領仕、明暦弐年迄御奉公相勤申候。拙者儀寛永廿一年三月十八日武田五郎左衛門・和田因幡を以御勘定衆に被召出、御切米弐両・御扶持方四人分被下置、親子面々に御奉公仕罷在候。然処親加兵衛儀老衰仕、御番等相勤兼申に付て隠居被仰付、跡式御知行四貫四百四拾三文拙者御切米・御扶持方共に被下置度旨、古内治太夫・山口内記を以明暦弐年三月廿四日に願申上候処願之通隠居被仰付、跡式四貫四百四拾三文・御切米・御扶持方共拙者に被下置候旨、同年四月三日山口内記・真山刑部書付を以被仰渡御黒印頂戴仕候。惣御家中持添御切米・御扶持方地形に被直下候時分、寛文元年十一月十六日に、右御切米弐両・御扶持方四人分御知行弐貫九百四拾三文に被直下、当時高七貫三百八拾六文之御黒印頂戴仕候。以上

延宝五年四月十一日

32 原市左衛門

一 私祖父原市左衛門白川一家之者御座候。

貞山様御代被召出、御知行高六貫百五拾四文被下置御奉公仕候。市左衛門儀病死仕、跡式無御相違拙者親権右衛門被下置候。年号・御申次承伝無御座候。

義山様御代惣御検地之砌、弐割出目壱貫弐百三拾壱文被下置、高七貫三百八拾五文に結被下候。御当代私親権右衛門隠居之願申上候処、如願御知行高七貫三百八拾五文之所、無御相違被下置之旨寛文弐年霜月十九日古内志摩を以被仰付候。以上

延宝五年十月廿八日

33　油井十郎兵衛

一　伊達右衛門殿へ、拙者伯父油井五郎助知行高五貫八百四拾文被下被召仕候処、右衛門殿寛永三年八月十七日御遠行被成候に付て、右五郎助二世之御供仕候。実子無之に付、弟拙者親同氏主馬に右御知行高之通無御相達被下置、貞山様へ中島監物を以被召出御奉公仕候。年号は不承伝候。義山様御代惣御検地之刻、弐割出目壱貫四百六拾文被相加、七貫三百三拾七文に被成下候。明暦弐年に切添畑高四拾三文之所被下置、合七貫三百八拾文に被成下候。御申次は相知不申候。右主馬儀年寄申候に付隠居仕度旨寛文拾年に願之書物指上申候処に、願之通隠居被仰付、跡式無御相違拙者に被下置旨、同年九月柴田外記を以被仰渡候。以上

延宝五年四月十八日

侍衆

御知行被下置御牒(四十一)

七貫三百四拾五文より
七貫文迄

1 氏家市太夫

一 拙者曽祖父氏家左近儀
貞山様御代被召出、御知行六貫百廿五文被下置御奉公仕候処、寛永十五年病死仕、跡式嫡子九右衛門に無御相違被下置之由承及候。右御知行被下置候年号は相知不申候。
義山様御代寛永廿一年惣御検地之時分弐割出目、壱貫弐百弐十文被下置、取合七貫三百四十五文に被成下候。右九右衛門儀男子無御座候付、九右衛門娘に拙者親伊兵衛取合、聟苗跡に被成下度段、承応三年三月願指上申候処、
茂庭故周防遂披露、
義山様御前如願相済申候所御書付延引仕候付、右九右衛門引続御奉公仕候。然処万治三年四月右九右衛門病死仕候付、追て願申上候得ば、最前
義山様御前相済候得共、其節書付延引申候内、

御当代に罷成候付、兵部殿・右京殿へ申上候処、如願跡式無御相違引続伊兵衛に被下置由、万治三年十月朔日茂庭故周防を以被仰付候。右伊兵衛儀寛文十年霜月病死仕、同十一年五月廿九日富塚内蔵丞を以、跡式無御相違拙者に被下置、当時知行高七貫三百四十五文に御座候。尤御黒印頂戴仕候。以上

延宝五年二月廿一日

2　吉田三之丞

一　拙者祖父吉田春可儀

貞山様御代被召出、御知行四貫六百弐十文被下置、御茶道御奉公相勤申候。春可嫡子拙者親吉田清衛門儀、寛永弐年に

貞山様へ虎之間御小性に被召出、御切米弐両・四人御扶持方被下置御奉公仕候処、春可儀寛永九年四月廿一日病死仕、跡式無御相違被仰付、且又清右衛門御切米・御扶持方之内御切米は被召上、御扶持方は本知行へ被相添被下置之旨、寛永九年伊藤肥前を以被仰付候。其後寛永弐十壱年惣御検地之節、弐割出目共五貫五百四十文に罷成候。

御当代御家中御知行へ御扶持方被下置候衆並にて御知行に被直下候節、四人御扶持方壱貫八百文に直被下、都合七貫三百四十文に被成下候。先祖召出候年号・御申次等承伝不申候。右清右衛門儀延宝元年霜月八日病死仕、跡式無御相違拙者に被下置旨、延宝弐年二月三日柴田中務を以被仰付、右七貫三百四十文之所引続拝領仕候。御黒印は于今頂戴不仕候。已上

延宝五年三月二日

3　松本七左衛門

一　拙者高曽祖父松本備後・曽祖父同氏弥平左衛門迄会津にて盛氏・盛興・盛隆へ奉公仕候。右備後儀於会津宿老職仕候。松本故図書助実弟に御座候。庶子に御座候得共不劣領地被下奉公仕候由申伝候。然所天正十弐年六月十三日に後之同姓図書助嫡子松本太郎滅亡之砌、同氏一類右備後・弥平左衛門共に浪人仕候由申伝候。拙者親松本弥左衛門儀寛永元年四月会津より御当地へ罷越、同年七月十四日
貞山様へ於中途に会津浪人之品々直訴申上則被召抱、同年八月廿八日に於御本丸蟻坂善兵衛を以御目見仕、御切米弐両・五人御扶持方被下置、奥山故大学御番組御番所中之間被仰付御奉公仕候処に、寛永四年右善兵衛を以奉願候は、小身に御座候得共、御国馬上役之御奉公可仕由申上御奉公相勤申候故、寛永八年十一月四日に湯村勘左衛門を以被仰渡候は、御奉公能相勤候条、物成三十貫文に懸合申程之上地被下置由仰立之御意に御座候て、加美郡沼ヶ袋村にて御知行十貫文被下置、右御切米・御扶持方は被召上候。寛永弐十壱年惣御検地之砌弐割出目被下置、十弐貫文に罷成候。

義山様御代加美郡鳥屋ヶ崎村にて野谷地申請自分開発仕、起高弐貫六百五十文之所、正保三年六月廿三日山口内記を以被下置、十四貫六百五十文之高に被成下御黒印頂戴仕候。然処右弥左衛門儀慶安弐年細倉鉛山御役目紺野九助同役にて相勤申節、気仙片浜中本判御用佐野与兵衛同役に役替被仰付、右鉛御役目右九助に引渡、九助御勘定相極申候目録に、鉛払不足御座候所、右九助并其節之山下代等迄病死仕候故、寛文五年三月より右弥左衛門に御穿鑿被成置候得共、右九助に引渡九助御勘定相極申儀に御座候条、計方無御座候。依之寛文六年八月朔日小梁川市左衛門・只木下野同所に逼塞被仰付候所、延宝弐年三月六日以国安半兵衛被仰渡候は、弥左衛門儀役目替被仰

付、紺野九助に鉛御勘定仕置候段被聞食分候得共、右之目録に判形仕候儀越度に被召置候条、右知行高之内半分被召上、残七貫三百弐十五文之所被下置、逼塞御赦免被成置之旨被仰付候。右弥左衛門儀御四代御奉公相勤老衰仕候付、延宝三年隠居被仰付被下置度旨申上候所に、同年閏四月廿八日柴田中務を以隠居被仰付、跡式無御相違拙者に被下置候。当時知行高七貫三百弐十五文にて御奉公仕候。已上

延宝五年三月四日

4　浜田弥兵衛

一　拙者親浜田弥兵衛儀同氏四郎兵衛次男に御座候処、義山様御代正保三年四月二日古内伊賀を以要山様御勘定屋へ被召出、御切米壱両弐分・四人御扶持方被下置候。要山様御遠行以後、引続江戸御勘定御用致勤仕候内、真山刑部手前物書御用被仰付、明暦三年十二月晦日山口内記・右刑部を以為御加増、御切米・御扶持方被下置候。取合御切米五両・七人御扶持方に罷成候。且又義山様御代新田野谷地拝領仕、起目高壱貫弐百九十七文之所、万治元年九月十三日右刑部を以被下置候。然所綱宗様御代親弥兵衛儀万治三年十一月七日病死仕候付、跡式無御相違拙者に被下置度由、親共願申上候処、如願之御切米五両・七人御扶持方并知行壱貫弐百九十七文拙者に被下置候由、富塚内蔵丞を以被仰渡候。然処御当代御切米・御扶持方持添之分御知行に被直下候節、右御切米・御扶持方六貫七文に被直下、都合七貫三百四文に被成下之旨、寛文元年十一月十六日奥山大学を以被仰渡候。勿論御黒印頂戴仕候。先祖之儀は惣領筋目に御座候間、浜田五右衛門方より委細可申上候。已上

延宝五年四月十七日

5
御歩小性
坂本文左衛門

一　拙者親坂本仲右衛門儀、田村御譜代御座候。貞山様御代御歩小性衆御作立之時分被召出、大坂両度之御陣に組頭被仰付御供仕候。御切米本代壱貫三百文・四人御扶持方被下置候処、牧野大蔵御披露を以御知行高弐貫弐十文に被直下、其已後壱町壱分之野谷地新田申請、起目高四貫六拾四文右高合六貫八十四文
貞山様御代被下置候所、年久儀其節拙者若輩に御座候故、年号等委は覚不申候。
義山様御代惣御検地之砌弐割出目被下置、高七貫弐百八十四文に被成下候。寛永弐十壱年八月十四日御黒印親仲右衛門頂戴仕、正保四年迄御奉公仕、年罷寄御奉公不罷成候条、家督拙者に被下置度旨願申上候付、山口内記御披露を以、跡式無御相違正保四年六月六日に被下置候。尤御黒印頂戴仕候。已上
延宝五年正月十七日

6
浦山七右衛門

一　拙者先祖最上譜代御座候。私曽祖父浦山弾正儀義光君より御知行七千石余拝領、御後嗣修理殿へ被相付後見相勤申候所、修理殿御生害之節弾正儀も及殺害候付て、拙者祖父同氏与左衛門儀、御家を奉慕御当地へ罷越候由承伝候得共、委細之儀相知不申候。右与左衛門儀御奉公仕度段可申上因も無御座候故、年久浪人にて罷在候内病死仕

候。然所
貞山様御代私親同氏善左衛門六歳罷成候砌、拙者祖母御奥方へ伺候仕、中と申女中衆を以右之品々申上母子共被召使被下度由奉願候処、右善左衛門に御切米六切・四人御扶持方被下置、祖母には御仕着被下置、母子共御奥方にて可被召使由、慶長十四年右中を以被仰付候。其後善左衛門儀成長仕候付て、於御表可被召使候間、御奉公之品望上可申由依御意、御歩小性に被召使被下度旨申上候得ば牧野大蔵組に被仰付、江戸定詰定御供仕候。然処義山様御代新田野谷地拝領仕、善左衛門自分取立、起目十貫七百五十弐文所被下置之旨、万治元年正月廿二日山口内記を以被仰付、御切米六切・四人御扶持方并右知行十貫七百五十弐文之高に罷成候。且又御当代善左衛門奉願候は、右御切米六切・四人御扶持方之所養子同氏仲右衛門に被下置、御歩小性御奉公為仕、善左衛門儀は右自分取立新田起目高を以御奉公可申上候条、組御免被成下度候。且又善左衛門已後高十貫七百五十弐文之内七貫弐百五十弐文は惣領同氏七右衛門に被下置、残三貫五百文之所は次男同氏彦兵衛に被下置度由申上候付て、如願被仰付之旨、寛文五年正月廿七日茂庭中周防を以被仰渡候。右善左衛門儀寛文九年四月七日病死仕候付て、右奉願相済申候通、跡式知行高十貫七百五十弐文之内七貫弐百五十弐文は拙者に被下置、残三貫五百文之所は私実弟同氏彦兵衛被下置度由、親類共願申上候所、如願七貫弐百五百弐文を以、拙者に跡式被相立候。残三貫五百文は彦兵衛に被下置之旨、寛文九年八月十九日古内志摩を以被仰付候。已上
延宝五年三月八日

7　日生又兵衛

一　拙者先祖御譜代之由承伝候得共、祖父已前之儀は不承伝候。祖父日生太郎兵衛儀貞山様米沢に被成御座候時分、御知行十五貫文被下置、幼少之砌御奥小性仕候由承伝申候。其以後御役目数ヶ条相務申、為御加増弐十貫文被下置、三十五貫文に被成下、御中間奉行被仰付、弐十ヶ年余右御役目相勤申候。寛永五年霜月十一日病死仕候。右太郎兵衛実子拙者親同苗又兵衛に跡式無御相違右御役目共引続、貞山様御代奥山大学を以被仰付候。寛永八年二月十六日に右又兵衛病死仕跡式無御相違拙者に被下置候。其節拙者儀六歳に罷成候故、伯父同性又吉に私十五歳迄御番代可仕之由、右大学を以被仰付候処、同年七月十四日に右又吉病死仕候。依之三十貫文被召上、残五貫文幼少之内御扶持方分に被下置候。拙者十五歳に罷成候はば右知行高可被返下置旨、奥山大学を以被仰付候。祖父太郎兵衛に段々御知行被下置候品・御取次衆・年号は相知不申候。義山様代惣御検地之砌弐割出目拝領仕、六貫百六十壱文に被成下御黒印頂戴仕候。尤拙者親又兵衛跡式被仰付候時分之儀は、私幼少に御座候故年号は覚不申候。以上

延宝五年二月廿九日

8　本郷利右衛門

一　拙者儀先祖国分譜代親本郷三郎衛門代迄国分能登守へ御奉公仕候て、能登守御死去已後浪人にて罷在、右三郎衛門寛永三年六月十九日病死仕候。拙者儀其刻幼少に御座候故承伝にて委細之儀不奉存候。拙者儀は寛永十五年要山様へ御歩行衆に被召出、御切米壱両弐分・四人御扶持方被下置、同年より正保元年迄七ヶ年江戸定詰仕御奉公相務申候。其已後御国御番仕罷在候所、慶安三年に柴田郡御代官御用被仰付、小進にて右御役目十五年諸事首尾

能御奉公勤仕申段、寛文四年に佐藤平助・桑原覚左衛門・鹿又五郎衛門右之品々富塚内蔵丞・柴田外記・原田甲斐へ申達候所、古内治太夫・茂庭大蔵・遠山勘解由・和田織部相談之上柴田郡大谷村御蔵新田之内野谷地八町分被下置、寛文六年に御竿相入、高七貫弐百五十壱文に罷成、同七年四月古内志摩在江戸之砌、古内造酒祐・田村図書引添御披露之上右起目為御加増被下置、并本御切米壱両弐分・四人御扶持方共に被指添被下之旨、古内志摩・原田甲斐を以寛文九年十二月廿二日被仰渡、御黒印奉頂戴所持仕候。以上

延宝五年二月十三日

9　師山次郎兵衛

一　拙者先祖大崎譜代御座候。祖父師山次兵衛儀御切米・御扶持方被下置、貞山様御代被召出候。其後寛永十三年に野谷地拝領、起目壱貫弐百弐十三文、御切米・御扶持方知行に被直下、取合高四貫五百四拾六文に被成下候。次兵衛儀寛永十四年正月病死仕候に付、嫡子師山次左衛門苗跡被下置候。其後惣御検地弐割出目共に五貫四百四十六文に被成下候。次左衛門儀御作事横目御奉公相勤申に付、慶安四年極月廿八日山口内記を以為御加増、御扶持方四人分被下置候。其後、寛文弐年三月十八日惣侍衆知行へ御扶持方持添之分御知行に被直下並を以、右御扶持方壱貫八百文御知行に被直下、高本地取合七貫弐百四十六文に被成下候。次左衛門儀子共無御座候付、郷六又兵衛三男次郎兵衛由緒御座候付、幼少より養子に仕指置申候処、次左衛門儀寛文十壱年六月八日病死仕に付、願之書物を以家督被下置度奉存候由申上候処、願之通家督無御相違拙者に被下置之旨、同年八月廿八日富塚内蔵丞を以被仰付御国御番相勤申候。当時知行高七貫弐百四十六文に御座候。祖父

代之儀具に不奉存候間、承伝之通は申上候。已上

延宝五年二月廿五日

10 中沢十兵衛

一私親中沢四郎左衛門、私兄彦五郎に家督相渡隠居仕候以後彦五郎相果、間も無御座親四郎左衛門元和元年病死仕候。四郎左衛門次男幼少にて跡式相禿申候。親已前之儀中沢伊兵衛方申上候間委細に不申上候。私十七歳罷成候時、寛永元年御不断衆に、貞山様へ被召出、翌年御歩行衆に被成下、御扶持方四人分・御切米四切被下置、其後御切米弐両に被成下候。義山様御代寛永弐十年名取之内小塚原村野谷地新田に申請、正保弐年御竿入高四貫弐百八十六文に罷成候。同三年成田木工を以被下置候。御当代寛文元年右御切米・御扶持方御知行に被直下並を以、高弐貫九百四十三文に罷成、都合七貫弐百弐十九文に被成下御黒印致頂戴候。万治元年に御番所御広間被仰付候。已上

延宝五年四月五日

11 鈴木源太郎

一貞山様御代祖父鈴木惣右衛門被召出、御切米弐切銀十弐匁・四人御扶持方被下置、御花壇御仮屋御番被仰付之由、其後野谷地拝領、新田起目四貫三百弐十文、外四百八十九文は御切米被直下、合四貫八百九文と四人御扶持方に

被成下之旨、中島監物を以被仰渡之由承伝申迄に御座候て、委細之儀年号不承伝候。且又御同代嫡子同氏源太郎不断組に被召出、御切米三切銀十弐匁・三人御扶持方被下置由、已後野谷地拝領仕、起目六百四文被下置由承伝仕迄に御座候。是又年号委細之儀は不奉存候。然処に、祖父惣右衛門承応弐年九月廿二日病死仕、跡式四貫八百九文・四人御扶持方并嫡子拙者親源太郎持来候高六百四文共に合五貫四百拾三文・四人御扶持方之所、右源太郎

義山様御代被下置旨、右同年霜月廿五日に戸田故喜太夫被申渡候。勿論右組付之御切米・御扶持方は被召上候。以後改名惣右衛門に被仰付候。右之四人御扶持方寛文弐年に惣御家中御扶持方持添被申候衆御知行に直被下候節、高壱貫八百文に被直下候て、惣合七貫弐百十三文に被成下候。

御当代親惣右衛門老衰仕、御番等御奉公不罷成に付、隠居奉願候処、古内志摩御披露を以右之高七貫弐百十三文之所拙者に被下置之旨、寛文八年十二月廿七日原田甲斐を以被仰渡御黒印頂戴仕候。已上

延宝五年四月十一日

12　葛岡十郎兵衛

一　拙者親葛岡源内儀

貞山様御代少分之御切米・御扶持方にて被召出、段々上げ被下、八切に五人御扶持方にて御歩行御奉公仕候由承候。年久敷儀に御座候故委細不奉存候。且又寛永十弐年正月十七日佐々若狭を以御加増十弐切被下置、合御切米弐十切・五人御扶持方にて、御歩行御番頭被仰付候。其後

義山様御代黒川郡味明村にて野谷地拝領、正保三年六月廿三日弐貫八十六文之御知行高に被結下、真山刑部・和田因幡・山口内記を以被仰渡候。右弐貫八拾六文と御切米五両・五人御扶持方に御座候処、寛文元年何も御切米・御扶持方御知行に被直下砌、同年十一月十六日磐井郡下奥玉村にて、右御切米・御扶持方御知行に直被下、本地五貫百七文新田弐貫八十六文都合七貫百九拾三文之御黒印頂戴仕候。
綱宗様御代万治四年三月廿三日富塚内蔵丞・奥山大炊を以組御免被成下、御国御番被仰付候。従
貞山様御代御当代迄、
御四代年数六十ヶ年御奉公仕候。然処に親源内延宝弐年六月廿三日八十弐歳にて病死仕、同年十月廿八日小梁川修理を以家督無御相違拙者被下置候。同年極月より引続御国御番相勤申候。以上
延宝五年三月五日

13　里見久兵衛

一　拙者先祖父最上浪人に御座候由承伝申候。
義山様御部屋住之時分、拙者親里見久兵衛御歩行御奉公に被召出、御切米弐両・四人御扶持方被下置、其後御歩横目被仰付候故、為御加増金弐両被下置、合四両四人分に被成下候。誰御申次を以被召出候哉、尤年号等相知不申候。

御同代寛永十七年同弐十壱年両度に江刺郡於柏原村野谷地拝領仕自分開発、三貫五百六拾弐文之高被下置候。且又正保三年明暦弐年にも両度に桃生郡深谷於北村に野谷地拝領、自分開発之高壱貫五百三十三文之所為御加増拝領

仕候。是又誰御申次を以被下置候哉、勿論年号不奉存候。寛文弐年に御扶持方・御切米御知行に持添之衆何も御知行に被直下候砌、右御扶持方・御切米直高四貫八十八文に被直下候。奥山大学を以拝領仕候。都合高九貫百八十三文之所被下置御黒印頂戴所持仕候。然所寛文三年五月三日親久兵衛病死仕、跡式拙者幼少に御座候故親類共願申上、伯父里見源右衛門に御番代被仰付、拙者成人御奉公仕候砌、右御知行高之内弐貫文右源右衛門に分被下度段申上候所に、右同年七月右願之通奥山大学を以被仰渡候。依之延宝三年十二月十一日小梁川修理を以、右高之内弐貫文は源右衛門に被分下、残七貫百八十三文之所拙者に被下置、去年より御国御番被仰付相務申候。以上

延宝五年三月二日

14　栗村長兵衛

一　拙者祖父栗原加左衛門儀若松譜代御座候処、貞山様御代被召出、御知行弐貫百六十文被下置候。義山様御代加左衛門老後仕、同子次兵衛寛永十七年に田中勘左衛門を以無御相違家督被仰付由及承候。御同代次兵衛野谷地申請開起仕、御知行高弐貫文右同年に同人を以拝領仕候由承伝候。本地高に取合四貫百六十文に被成下候。御同代次兵衛病気にて御奉公不罷成、拙者を聟名代に仕、御番代為仕度段願指上、承応元年二月山口内記を以願之通被仰付候。御当代次兵衛老後仕隠居之願指上、寛文三年十二月廿八日大条監物・茂庭周防を以無御相違拙者に家督被仰付候。

御当代拙者五十余に罷成候得共男子持不申、石田帯刀弟孫之丞聟養子に仕、右帯刀御知行之内三貫文分遣拙者御知行へ取合御奉公為仕度段、双方奉願候所、延宝元年八月廿八日願之通被成下之旨、柴田中務を以被仰渡、当時御知行高七貫百六十文に被成下候。以上

延宝五年三月十一日

15 桑島太郎左衛門

一 拙者祖父桑島太郎左衛門

貞山様御代に被召出、御知行十五貫文被下置御奉公相勤罷在候処、太郎左衛門病死仕候付て、拙者親勘之丞右太郎左衛門家督被下置度由奉願候処、勘之丞幼少に候間十貫文被召上、五貫文伊貢郡島田村にて被下置候由中島監物を以被仰渡候由承伝候。勿論年号は不承伝候。寛永十八年惣御検地之節弐割出目被下置、六貫六文に被成下候。右勘之丞寛文八年六月三日病死仕候付て、勘之丞に家督被下置度由奉願候処、同九年十月十三日原田甲斐を以拙者に無御相違被下置候。伊貢郡島田村之内郷志内石川口弐ヶ所除屋敷御検地被相入被下置度由奉願候所、延宝元年四月朔日御検地被相入壱貫百六十四文同弐年九月朔日柴田中務を以拝領仕候。右御知行高合七貫百七十文御座候。已上

延宝五年三月廿九日

16 宍戸六兵衛

一　拙者先祖伊達御譜代之由承伝候。曽祖父已前之儀は不奉存候。曽祖父宍戸内匠儀伊達より御知行被下置御奉公仕由に御座候。委細之儀は右家督惣領筋に御座候付て、同苗半衛門方より申上候。祖父平右衛門儀、内匠末子に御座候処、年若御座候節より痰症相煩、御奉公不罷成、無足にて罷在候。私親宗也儀は右平右衛門末子に御座候処に、

貞山様御代寛永弐年牧野大蔵手前御歩小性組に被召出、御切米・御扶持方被下置御奉公申上候。拙者儀は宗也嫡子に御座候所、寛文五年正月和田半之助手前物書に被召出、同年二月廿三日に御切米弐両・御扶持方四人分新規に被下置之旨、富塚内蔵丞被申渡、同八年正月晦日に御加増御切米壱両・三人御扶持方古内志摩を以被下置候。且又寛文六年野谷地新田四町分同八年に同五町分拝領仕、自分致開発候高三貫三百五十七文之所、同十年七月廿九日柴田外記を以被下置、同弐貫七百弐十九文之所、延宝五年二月十日柴田中務を以被下置候。親宗也儀は松本内蔵助手前御歩小性組に御座候所、其身願申上、寛文八年隠居被仰付、家督御切米・御扶持方之所は拙者弟同苗半七に被下置候。拙者進退之都合御切米三両・七人御扶持方・御知行六貫八十六文御座候。寛文十年に被下置御知行高之御黒印は頂戴仕候。已上

延宝五年四月廿日

17　中川権兵衛

一　拙者先祖米沢御譜代之由承伝候得共、誰様御代先祖被召出候哉、勿論先祖誰御知行拝領仕候哉、親より以前之儀は不奉存候。

貞山様御代親中川市右衛門儀御知行高五貫五百六十三文、御切米弐切銀十弐匁八分被下置候処、寛永十八年惣御検地御割之節、弐割出被下置、六貫六百六十三文に被成下候。右市衛門年寄申に付、家督同子長左衛門に被下置候節、右御切米弐切銀十弐匁八分、御知行四百九十文に直被下、取合高七貫百五十三文之所、義山様御代古内故主膳を以、承応三年三月廿六日に右長左衛門に被下置候。然処長左衛門儀承応三年十一月九日病死仕候。実子無御座候付、拙者儀長左衛門実弟に御座候故、長左衛門跡式七貫百五十三文之所無御相違拙者に被下置旨、

義山様御代承応三年十二月十四日右主膳を以被仰渡候。勿論御黒印頂戴仕候。以上

延宝五年三月廿九日

18　岡野三郎兵衛

一貞山様御代拙者親岡野鏡意、慶長十壱年伊藤肥前を以被召出、御切米三両・御扶持方三人分被下置被召出候。貞山様御遠行已後引続、義山様へ御奉公申上候。拙者儀寛永十六年五月十五日古内故主膳を以被召出、御切米四両・御扶持方四人分被下置候。然処親鏡意年罷寄候付て、右被下置候御切米三両・御扶持方三人分拙者進退に取合被下置度旨願上申候所、久敷御奉公無恙相勤申候間、願之通被成下候段、万治四年四月十四日古内中主膳を以被仰渡、御切米七両・御扶持方七人分に被成下、江戸定御供御奉公相勤申候。数十年江戸御奉公申上候に付て、手前困窮仕候間、御評定所へ願之覚書を以被下置候御切米・御扶持方御知行之地被直下度旨申上候処に、久敷江戸御奉公相勤申候条、願之

通被成下、御知行高七貫百五十文被直下之旨、寛文十一年正月十五日古内志摩を以被仰渡、御黒印頂戴仕候。已上

延宝五年三月十七日

19 新藤九右衛門

一 私曽祖父新藤刑部

晴宗様御代に被召出、堀金村・中野村・谷地村三ヶ所にて御知行被下置、御朱印代々所持仕候処、貞山様御代於若林に先祖御尋之砌、寛永十年三月十三日親宮内指上申候右御朱印不被返下候付、貫高不奉存候。貞山様岩出山へ御国移之時分右刑部嫡子宮内御供仕、御知行五貫七十文高野壱岐を以被下置、御奉公相勤候。已後筑前殿へ被相付候所に、寛永三年に右宮内病死仕、跡式無御相違嫡子仁蔵に被下置、改名宮内に被仰付候。筑前殿御死去已後浪人にて罷在候所、寛永五年貞山様御代湯村勘左衛門を以右宮内被召出、御知行右之高被成下、御番所中之間に被仰付候。寛永十六年御買新田壱貫文拝領仕、六貫七十文に被成下、同弐十壱年惣御検地弐割出目共被下置、七貫百三十八文に被成下候。義山様御代承応三年九月親宮内病死仕候付、跡式成田木工を以右之高無御相違同年極月廿日嫡子拙者被下置御黒印頂戴仕候。已上

延宝五年二月廿七日

20 平太郎兵衛

一　拙者親平藤兵衛儀、
貞山様御代、御切米三切・三人御扶持方被下置候。拙者儀右藤兵衛次男にて無足にて罷在候所、茂庭佐月を以御切
　米三切・三人御扶持方被下置被召出候。
御同代佐々若狭を以右之御切米弐両に被上げ下候。
義山様御代御国御番十年仕候付、正保元年八月十一日右佐月を以御切米三両被上げ下候。
御同代玉造郡之内上宮村・下宮村野谷地切起三百六文之所、正保三年六月廿三日山口内記を以被下置候。
御同代宮城郡竹谷村に野谷地切起、弐貫八百九十四文之所、明暦弐年十二月十七日に茂庭古周防を以被下置候。
御同代御扶持方・御切米何もへ御知行被直下候時分、右三両・三人御扶持方亘理郡之内真庭村にて、三貫四百五十
　文右周防を以被直下置候。
御当代玉造郡下宮村に野谷地新田四百七十六文之所、寛文十一年五月八日片倉小十郎を以被下置、都合七貫百弐十
　六文被下置候。
御同代に右玉造郡上宮村・下宮村御金山出来仕候付、右両村替地七百八十弐文之所、亘理郡真庭村にて被下置候。
　拙者儀久敷中気相煩諸事前後仕、
御先代之儀計方無御座候付、有増如斯御座候。已上
　延宝四年十二月十九日

21　飯倉利兵衛

一拙者先祖代々流之内飯倉村城主に御座候所、曽祖父飯倉太郎兵衛代葛西没落仕、引続私父同氏利兵衛儀も浪人にて罷在候所、寛永十八年最上延沢銀山相立申候節、加美郡之内軽井沢より銀山へ入申、炭薪之御役金取納申役人に、右利兵衛無足にて年久敷御奉公仕付、
義山様御代明暦元年山口内記を以申上、野谷地被下置御竿入、新田高七貫百十九文山口内記を以、明暦三年に拝領仕、御番所御広間被仰付、御金山御用相勤、寛文八年親利兵衛相果、家督無御相違寛文八年九月五日に原田甲斐を以拙者に被仰付、当時私知行高七貫百十九文之御黒印奉頂戴候。以上
延宝七年八月廿五日

22　三品彦惣

一義山様御代祖父三品正左衛門被召出、山口内記を以、御村方御借金御役目被仰付、慶安元年野谷地新田被下置、右起目御竿被相入、高三貫弐百弐十九文古内主膳を以慶安弐年極月廿九日に被下置候。承応弐年右野谷地続之内切添仕候処、御竿被相入、高三貫八百五十八文山口内記を以、承応三年八月廿九日に為御加増被下置、都合七貫八十七文被成下候。寛文弐年六月十七日に祖父正左衛門儀年寄御役目御奉公仕兼申に付、御赦免被下隠居被仰付、実子正左衛門に跡式被下置度由、奥山大炊を以願之覚書指上候処、寛文弐年八月七日右大炊を以隠居被仰付、親正左衛門跡式無御相違被下置、御番等御奉公仕罷在候所、寛文五年より定御検地御役目被仰付御奉公仕罷在候処、延宝四年病死仕候付、拙者跡式被下置度由、親類之者共願之覚書指上申候所、同五年四月九日に柴田中務を以無

御相違願之通右御知行高七貫八十七文被下置、御次之間御番所共に被仰付候。前々之儀委細に不承伝候条、如此御座候。以上

延宝五年四月廿七日

23 佐藤万右衛門

一 拙者祖父佐藤主殿儀名取譜代に御座候。

貞山様御代屋代勘解由を以被召出、伏見御時代より当座之御合力を以色々に被召使、白石・福島両度之御陣にも馬上にて、右勘解由手に付御奉公仕候。依之元和五年名取郡閖上浜野谷地弐十五町長尾主殿を以御蔵新田に申立候節、起高之内十貫文可被下置由之御印判被下、自分開発仕候処に、御竿不入已前に、寛永四年祖父主殿病死、跡式新田無御相違親主殿に被下置之由、奥山大学を以同五年三月十九日に被仰渡御目見仕候。右新田同年御竿入、起目高弐十六貫七百四十四文之内、弐十貫八百三十九文は御蔵新田被成置、残る五貫九百五文之所右大学を以親主殿被下置御黒印頂戴仕候。寛永年中惣御検地之節、弐割出目共七貫八十五文被成下候。寛文元年隠居願申上候所、願之通被成下候。跡式無御相違拙者に被下置之旨、奥山大学を以同年九月三日に被仰渡、当時拙者進退七貫八十五文之御黒印頂戴仕候。已上

延宝五年二月十九日

24 大石彦兵衛

一　拙者親大石彦兵衛儀、
貞山様御歩小性組に被召出、御切米・御扶持方被下置御奉公仕候由、右進退高私未生已前之儀に御座候条不存知候。
御同代宮城郡八幡村野谷地御蔵新田御取立申上候付、御役人に被仰付、首尾能御新田開発仕候付、骨折仕候旨被仰立を以、右起目御新田之内を以、御知行三貫五百十九文へ右御切米・御扶持方地形直弐貫三百七十文、取合五貫八百八十九文之所被下置、組御免被成下之旨元和七年七月廿三日に蟻坂丹波を以被仰渡候。
義山様御代惣御検地之節弐割出御加増にて、七貫五十文之高被成下候。慶安五年八月廿三日親彦兵衛病死仕候。跡式願成田木工を以申上候処、拙者に無御相違被下置由、同年十月八日富塚内蔵丞被申渡候。勿論親代より御黒印頂戴仕候。已上
延宝五年四月七日

25　千葉市郎兵衛

一　私祖父千葉久右衛門儀伊達河内殿へ御奉公仕御知行十三貫文被下置候。御遠行以後
義山様御代被召出、寛永弐十一年八月御知行弐貫七百九十五文被下置候。其已後右休右衛門儀隠居被仰付家督無御相違私八歳に罷成候節、津田豊前を以被下置候。私親千葉弥右衛門御奉公不仕候内病死仕候付、祖父久右衛門跡式私に直々被下置候。

義山様御代明暦年中野谷地申諸開発、高四貫弐百三十五文拝領仕候。何年何月誰を以被下置候哉覚不申候。都合七貫三十文之御黒印頂戴仕候。以上

延宝四年十二月十日

26　須田弥五七

一　拙者先祖須賀川盛行之譜代にて、須賀川に住居仕候。曽祖父須田大膳家督同名右衛門貞山様御代須ヶ川乱之時分、右右衛門被召出、岩瀬郡雨田上・小山田両所にて御知行五百弐十貫文天正十七年霜月廿四日被下置、御家中被仰付候。御判物于今頂戴仕候。其後御国替に付、則岩出山へ可罷越所、癰種《ようしゅ》を散々相煩、伊達に壱年余罷在、漸平愈仕候付て岩出山へ遅参仕候。右之通申上候得ば、当座堪忍分に御扶持方被下置由、守屋守柏を以被仰付候。御扶持方何程被下置候哉、尤年号も承伝不申候。白石御陣之節は御借馬にて御供被仰付候由承候。

御同代に惣じて御扶持方・切米之者勝手を以御知行に可被直下由に付、右被下置御扶持方、御知行四貫三百四十八文に相直申由に候。御申次等も不承伝候。寛永十弐年に右衛門死去仕、同氏彦兵衛に跡式中島監物を以同年に被下置候。

義山様御代寛永弐十壱年弐割倍被下五貫四百三十四文之御黒印頂戴仕候。正保三年に遠田郡小松村野谷地新田に弐町七反歩申請、右起目御竿入、高壱貫五百七十三文慶安四年八月廿四日山口内記・真山刑部を以被下置、本地共七貫七文之御黒印頂戴仕候。彦兵衛老衰仕御奉公不罷成候付て、延宝四年二月十七日隠居願上、拙者に跡式無御相違被下置旨、同年三月十三日に小梁川修理・柴田中務を以被仰付候。御黒印は于今頂戴不仕候。已上

延宝五年四月廿四日

27　安藤長右衛門

一貞山様御代慶長弐年於伏見に拙者親犬飼隼人儀、古田伊豆を以、御歩小性組に被召出、御切米壱両・四人分之御扶持方被下置御奉公相勤申候。然所慶長九年より鮭御塩引子籠仕御役儀被仰付、大坂御陣へも御供仕、数年御奉公相勤申に付、右御歩小性組御免被成下候。慶長十八年に御切米・御扶持方御知行に被直下度旨願申上、弐貫百十四文之高被直下候。右隼人儀寛永十壱年霜月病死仕、翌年二月十四日に右跡式無御相違拙者に被下置旨、赤坂玄蕃を以被仰付候。御買新田申請、此起目弐貫六百八十六文之所、寛永十弐年八月六日に赤坂玄蕃を以被下置、右進退取合四貫八百文之高被結下候。同十三年御買新田申請、此起目壱貫百文寛永十八年御竿被相入弐割出之所被指加、都合七貫文之高に被結下置旨、同弐十壱年八月十四日に奥山古大学を以被仰付候。御黒印拝領所持仕候。御当代父方安藤之苗字被仰付被下度段願上申、寛文三年八月古内志摩を以願之通安藤に被成下候。御知行高七貫文に御座候。已上

延宝五年二月十九日

28　大童正右衛門

一　拙者先祖黒川殿へ奉公仕候。祖父大童肥後、貞山様御代中島監物を以被召出、御切米・御扶持方被下置、大坂御陣御供仕候。御帰陣已後御勘定方御用相勤申所、御国中久荒御新田御用被仰付、其上義山様御小座御勘定御用被仰付、江戸御国共隔年之御奉公数年致勤仕候。右御切米・御扶持方御知行十弐貫八百弐十八文に被直下候。其已後江戸御下台所御賄方被仰付、数年相勤申候。拙者親喜衛門、古内伊賀を以虎之間御小

性に被召出、御切米四両・四人御扶持方被下置、親子共に江戸御奉公致勤仕候。
義山様御代寛永十七年右肥後於江戸病死仕候。家督無御相違、古内伊賀を以喜右衛門に被仰付候。同年に御竿被相入候時分弐割出目被下置、高十五貫四百文に被成下、江戸御番相勤申候。以後江戸御番御免被成、御国御番虎之間被仰付致勤仕候。右御切米四両・四人御扶持方に外四人御扶持方被増下、喜衛門弟両人古内伊賀を以被召出、弐両四人分宛被下置候。正保三年に手前百姓慮外仕候付、手討に仕候を書上不申成敗仕候由にて、右御知行を被召上切腹被仰付候。依之拙者も御勘当にて罷在候。十弐歳之時に候間、先々之儀委細承知不仕候。慶安元年
貞山様御法事に付、於松島御勘当御免被成、同三年三月十六日に茂庭古周防を以、御知行高七貫文被下置、中之間御番被仰付致勤仕候。勿論
御当代御黒印頂戴致所持候。以上
延宝五年正月晦日

29 小原吉助

一 拙者先祖伊達御譜代筋目に候。曽祖父小原縫殿助儀小原信濃一生之弟御座候て、信濃知行所之内刈田郡小下倉村にて被分下御奉公仕候所に、縫殿助死去仕候節、進退相禿申候。実子小原助左衛門儀其以後御不断組に被召出御奉公仕候。拙者亡父小原掃部儀右助左衛門次男候所に、祖父縫殿助名跡断絶仕無拠奉存、右掃部儀実孫候間縫殿助名跡に被召出被下置度旨、
貞山様御代奉願候所に被召出、御切米五両・五人御扶持方新規に被下置、御国御番衆に被成下由御座候。其後御無

尽所御横目役被仰付相勤申候。
義山様御代慶安三年御知行高七貫文被下置、御切米・御扶持方は被召上候。其後仙台御作事方会所御横目被仰付相勤申候所、老後病人に罷成候故御役目訴訟申上、御国御番相勤申候。
御当代寛文元年に死去仕候。拙者儀其節十一歳罷成候所に、嫡子に付て奥山大学を以親類共願申上、跡式無御相違被下置御黒印頂戴仕候。拙者幼少之節父死去仕候故、委細之儀不奉存承伝を以如此に御座候。右縫殿助以前之儀は小原惣領筋目候間、小原太郎左衛門方より可申上候。以上
延宝四年十二月十三日

30　岩崎弥左衛門

一　拙者曽祖父岩崎太郎兵衛儀
誰様御代被召出候哉、曽祖父以前之儀不承伝候。

晴宗様御代天文弐十弐年御知行伊達郡東根匁花在家并上長井之庄小菅之内三間・同庄鴇田郷之内四間・信夫之庄石森之内弐間被下置候。御黒印三枚御書一枚於于今所持仕候。

輝宗様御代には如何様之御奉公仕候哉不承伝候。尤御黒印も所持不仕候。

貞山様御代慶長十弐年霜月十五日、拙者祖父岩崎河内御知行五貫三百六十八文奉拝領候。奥山出羽・鈴木和泉書付於于今所持仕候。曽祖父代より引続御知行被下置候哉、河内代被召出御知行被下置候哉、不承伝候。祖父河内病死仕候以後、拙者親弥太郎に、

貞山様御代家督無御相違被下置候。慶長十三年九月十八日御加増壱貫七百五十六文被下置、都合七貫百弐十四文御座候。右之御加増誰を以被下置候哉、何之御奉公にて被下置候も不承伝候。奥山出羽・鈴木和泉書付於于今所持仕候。
貞山様御代御本丸御造作之御普請御用、右弥太郎被仰付候節、同役達崎惣七郎と申者、不調法御座候て切腹被仰付候。同役之儀御座候間、弥太郎御知行被召上浪人にて罷在候所、
義山様御代慶安三年三月十二日に古内主膳を以被召出、御知行七貫文親弥七郎奉拝領候。弥太郎儀老衰仕候付、拙者家督被下置候様に奉願候所、無御相違慶安五年四月五日に戸田喜太夫を以苗跡被下置、御国御番仕候。
御当代之御黒印奉頂戴候。以上
延宝五年正月廿日

31 川村久三郎

一　拙者親川村藤左衛門儀
貞山様御代御給主組に被召出候。御切米・御扶持方何程被下候哉不承伝候。

義山様御部屋住之内御給主組御免被成、御歩行衆被召使候。御切米十三切・御扶持方四人分被下置御奉公相勤申候。

義山様御代罷成御歩行組御免被成、御国御番組に被仰付候。正保三年二月野谷地申請、起高弐貫九百十六文慶安三年に拝領仕候。誰を以拝領仕候哉不承伝候。承応三年四月御切米・御扶持方御知行に被直下、戸田喜太夫を以被仰渡候は、御部屋より数年御奉公相勤申候間、当時御扶持方・御切米被直下儀御法度に被仰出候得共、右之品を

以為御加増四貫八十四文被下置之由被仰渡、高七貫文被成下御黒印頂戴仕候。藤左衛門儀明暦四年七月病死仕候。拙者苗跡被下置度奉存候由、

綱宗様御代古内肥後を以申上候処、苗跡無御相違被下置之旨、同年霜月被仰渡、御国御番相勤申候。拙者儀幼少にて親苗跡被下置候故、先祖之品々具に不奉存候。已上

延宝五年正月廿五日

32　鹿又長吉

一貞山様御代拙者高祖父鹿又大蔵被召出、御知行十五貫文被下御奉公仕候。実子惣九郎引続御奉公仕、女子御座候て病死仕候。山路清右衛門知行五貫文被下御奉公仕候所、惣九郎女子右清右衛門御取合、両進退合御知行弐十貫文惣九郎跡式に被立下候。

義山様御代惣御検地相入候節、弐割出目被下弐十四貫文御座候。

御同代茂庭周防を以右清右衛門願申上、同苗長四郎身(親)類に御座候付、知行高之内三貫文被分下度由申上候所に、願之通被分下、残弐十壱貫文清衛門実子清十郎に跡式被下置候。拙者幼少に御座候故、先祖之品勿論段々家督被下候年号等分明には不奉存候。承伝申通如斯に御座候。右清十郎寛文十弐年七月病死仕候。実子無御座、拙者儀清十郎甥に御座候付、清十郎跡式拙者に被立下度旨、親類共於江戸各務采女・油井善助を以願申上候所、七貫文に跡式被立下趣、同年十月四日渋川助太夫・大町権左衛門を以被仰付候。已上

延宝五年二月廿二日

一 拙者祖父中里玄休儀
義山様御代被召出、御近習御医師相勤申候。何年に被召出候哉不奉存候。御知行弐十貫文古内主膳を以被下置候。
御黒印于今所持仕候。寛永年中御領内御検地被相入候節、弐割出目を以、弐十四貫文被成下候。御黒印所持仕候。
右玄休儀、正保弐年四月五日病死仕、跡式無御相違同年に嫡子同苗道作被下置候旨右古主膳を被仰渡、引続御近
習御医師相勤申候。数年御奉公相勤、其上医道をも能仕候由被仰立、明暦三年十二月廿三日御加増之地六貫文、
古主膳を以被下置候。其後
綱宗様へ引続御近習御医師相勤、
御当代野谷地新田開発、弐貫四百五十八文之所寛文七年十二月四日柴田外記・古内志摩を以被下置、御知行高都合
三十弐貫四百五十八文被成下候。同八年品川定詰被仰付、同年十月廿六日罷登相勤申候所、同九年七月廿二日右
道作於江戸病死仕、男子持不申女子計御座候付、跡式被相禿、同十年六月廿五日柴田外記・原田甲斐を以、道作
後家御扶持方十人分、在郷屋敷壱軒被下置候。拙者儀米山六左衛門七男に御座候。寛文弐年二月十四日奥山大学
を以、
綱宗様御奥小性被召出、御切米六両・御扶持方四人分被下置候。然所
綱宗様御意被成下候付、寛文十二年十一月十九日古内志摩を以、右道作女子拙者妻に仕、中里名跡被仰付、拙者被
下置候御切米・御扶持方被召上、御知行七貫文被下置之由被仰渡候。于今御黒印頂戴不仕候。已上
延宝七年七月二日

34　庄子清助

一　拙者儀
貞山様御代寛永十年御不断組に大和田四郎右衛門を以被召出、御切米三切・三人御扶持方被下置御奉公仕候。
義山様御代同十五年御歩行組に山口内記を以被相付、御切米六切・四人御扶持方被下置、七・八ヶ年御奉公相勤、御切米弐切御加増成田木工を以被下置、弐両四人御扶持方被下置候。
御同代御知行弐貫九百七十文本栗原小野村悪地永荒之所四年荒谷に抱置、荒谷明随て御年貢指上申所、被下置度由御訴訟申上候処に、明暦弐年三月十二日山口内記を以被下置御黒印頂戴仕候。同年御歩目付被仰付、同三年御切米壱両御加増成田木工を以被下置、三両四人御扶持方に被成下候。寛文元年に惣侍持添之者御切米・御扶持御知行に被直下に付、右三両四人御扶持方三貫五百十四文に被直下、取合六貫四百八十四文に被成下、御黒印頂戴仕候。数年御奉公無懈怠相勤申に付、三貫五百十六文御加増、延宝元年十一月十六日に柴田中務を以被下置、取合十貫文拝領仕候。御黒印は于今頂戴不仕候。以上
延宝五年三月五日

侍衆

御知行被下置御牒（四十二）

六貫九百九拾五文より
六貫四百壱文迄

1 緒方清兵衛

一 拙者先祖前々之儀は不承伝候。晴宗様御代天文拾六年七月六日御知行高五貫五百文拙者先祖に被下置候。御直判于今所持仕候得共、親代に火事仕先祖之名本焼失仕候。其刻拙者儀幼少に御座候故先祖誰被下置候哉不承伝候。晴宗様御代拙者祖父緒方四郎兵衛御奉公相勤病死仕候付て、嫡子同苗七郎に家督無御相違被仰付、四郎兵衛に名改、従輝宗様御代貞山様御代迄御奉公仕候。祖父進退何程被下置候哉、尤右七郎に家督被仰付候時節、御申次等不承伝候。緒方四郎兵衛儀拙者親に御座候。然処貞山様御代不慮之不調法御座候て進退被召上候。其後大坂御陣に罷登檀方中島監物を以右之品々御訴訟申上候得ば、無調法無御座段被聞召分、御勘当御赦免被成下候。御下向被遊候はば本進退可被返下之旨被仰付之由右監物被申

渡、則罷下候処、道中にて落馬仕病人に罷成、御奉公不仕相果申に付進退不被下置候故、拙者儀弐拾歳に罷成候
元和七年春
貞山様御代中島監物を以牧野大蔵組御歩小性に被召出、御切米本代七百五拾文・四人御扶持方被下置御奉公仕、其
以後組頭役相勤御切米段々御加恩被成下、高弐両壱分と銀九匁七分八厘・四人御扶持方被下置候。且又
義山様御代正保弐年六月十日和田因幡を以久荒之地申請、起高壱貫三百四拾九文之所慶安三年四月廿五日山口内記
を以被下置、其上慶安五年六月六日真山刑部を以野谷地申請致開発、高五貫六百四拾六文之所明暦四年正月十一
日山口内記を以被下置、都合高六貫九百九拾五文之所致拝領候。
御当代寛文元年十一月十六日之御黒印頂戴仕候。拙者儀老躰に罷成御歩小性御奉公難叶奉存候条、拙者次男清次に
右御切米御扶持方被下置御歩小性被仰付、拙者儀は御知行之分被下置、御歩小性組御免被成下度品々、寛文三年
十一月奉願候処に於江戸に大条監物・茂庭周防御披露を以願之通被仰付、右御切米・四人御扶持方二男清次に被
分下、御歩小性組被仰付、右御知行高六貫九百九拾五文之所拙者に被下置、御番入被仰付候由、同年極月十八日
富塚内蔵丞宅にて被申渡御書付申請候。拙者儀従
貞山様御代当年迄五拾七箇年、御国江戸等之御奉公無恙相勤罷在候。以上
延宝五年四月五日

2　高野伊左衛門

一　拙者親高野権之助儀

貞山様御代に始て被召出、御切米三両弐分・四人御扶持方被下置、御奉公相勤申候由御座候。何時誰を以被召出候哉不承伝候。其後

義山様へ御懐守被相付御奉公相勤申候処、寛永弐拾一年に知行高五貫百七拾六文と四人御扶持方被成下、同年八月十四日御日付之御黒印一通所持仕候。本進退御切米を御知行に被直下、残所は御加増にて右之高に被成下候哉、又本進退は被召上別て右御知行被下置候哉、其品覚不申候。右権之助儀慶安元年八月七日に病死仕候。跡式無御相違拙者兄彦三郎被下置御奉公相勤申候処、明暦弐年四月二日に右彦三郎病死仕、子共無御座候付て、同年五月十二日古内古主膳を以於江戸被仰渡候は、彦三郎知行高御扶持方共に其方被下置候。彦三郎跡式をば不被下置候親権之助御奉公仕候御首尾被思召、権之助跡式被下置候之旨被仰立、右御知行高五貫百七拾六文、四人御扶持方無御相違拙者に被下置、御黒印一通頂戴所持仕候。同年五月より定御供被仰付、

綱宗様御代迄右定御供御奉公相勤申候。寛文弐年に惣て御知行御扶持方添申候分、御知行に被直下候。其並を以右四人御扶持方御知行に被直下、都合六貫九百七拾六文之高被成下、御黒印壱通頂戴所持仕候。以上

延宝七年三月十九日

3　薄木利兵衛

一　拙者儀伊達御譜代誰様御代先祖誰を被召出候哉覚無御座候。柴田郡之内薄木村小山田郷竹之内在家、曽祖父薄木隼人迄拝領仕候処に、隼人病死実子薄木千代鶴幼稚之節小山田郷竹之内在家被召上、残所天文弐拾二年正月十七日に、従

晴宗様被下置候。御判物于今所持仕候。右千代鶴名改日向実子依無之、岩出山御時代仙台南之御郡司仕候後藤三郎右衛門次男拙者実父薄木利兵衛を聟養子に仕、病死跡式無御相違御知行高五貫六拾壱文之所、元和元年従貞山様原田古甲斐を以右利兵衛被下砌も、幼少故養父御知行相減候品覚不申候。貞山様御代寛永六年に、御買新田野谷地御礼金指上高五百文、同弐拾壱年弐割出目高壱貫文、持来候御知行高合六貫五百六拾壱文之所実父利兵衛に被下置、御黒印頂戴仕候。右利兵衛老衰仕候付隠居願申上、寛文三年十二月廿八日に如願、右御知行高之通原田甲斐を以拙者に被下置、御黒印頂戴仕候。知行地付切添新田高三百七拾三文之所、延宝元年十月廿九日大条監物を以被下置、取合高六貫九百三拾四文拝領仕候。以上

延宝五年正月廿九日

4　横沢半左衛門

一　拙者先祖伊達御譜代之由承伝候。曽祖父以前誰様御代被召出候哉、委細不承伝候。曽祖父横沢平左衛門性山様御代御知行七貫三百四拾文致拝領、貞山様御代迄御奉公仕候処、曽祖父病死仕、祖父十左衛門に右御知行被下置、伏見御普請御用相勤、其上大坂御陣へも馬上にて両度迄御供仕罷登候付て、致困窮拝借金仕、倍合可指上様無之付、右御知行之内五貫文指上、残二貫三百四拾文にて御奉公相勤申候処祖父十左衛門寛永七年に病死仕候付て、親伝次に右跡式弐貫三百四拾文、石田将監を以被下置候。指上申候五貫文御知行可被返下候得共、幼少故不被返下由承候。

貞山様御代親伝次十二歳にて御奥小性に被召仕、右御知行之外御切米三両三分・四人御扶持方被下置、引続義山様御代迄表御小性御奉公仕候。右弐貫三百四拾文寛永十八年之大御検地にて弐割出目共に弐貫八百七文被成下御黒印頂戴仕、

綱宗様御代迄御奉公相勤申候処に、万治三年四月親伝次病死仕候。同年極月廿七日古内主膳を以右御知行二貫八百文・御切米三両三分・四人御扶持方無御相違拙者被下置候。寛文弐年惣御家中御知行御切米扶持方持添を御知行被直下候節、三貫九百四拾三文、弐口合六貫七百五拾文御黒印頂戴仕、延宝元年十月廿九日切添百九拾五文大条監物を以被下置、都合六貫九百四拾五文に被成下御書替所持仕候。御黒印は于今頂戴不仕候。以上

延宝五年二月廿五日

5 白石清兵衛

一 拙者祖父白石久太郎儀

貞山様御代御知行六拾貫文被下置御奉公仕候処弐拾六歳にて病死仕、其上久太郎嫡子拙者親円屋儀幼少より病人に御座候に付、家督可申立者無御座候処、先祖より数年御奉公申上候段被仰立を以、右久太郎後家に御知行弐拾貫文被下置、其上舟山越後を右後家御取合、白石之苗跡立被下置候。右越後度々に御加増拝領仕、知行高五拾五貫七百五拾三文罷成候処、

義山様御代右越後願申上候は、右久太郎実子円屋嫡子白石清兵衛儀、白石筋目にも御座候間、私知行高之内五貫七百五拾三文分譲申度旨申上候処、願之通越後知行高之内にて五貫七百五拾三文拙者に分け被下置旨、古内故主膳

を以寛永廿年に被仰渡候。同弐拾壱年八月十四日弐割出目被下置、知行高六貫九百文罷成候。其後切添弐拾九文之所寛文元年十一月十六日に奥山大炊を以拝領仕、知行高六貫九百弐拾九文罷成候。私先祖被召出段々御知行拝領仕候品は、惣領筋目に付、白石孫太郎方より申上候間有増申上候。以上
延宝五年三月廿八日

6　林甚兵衛

一　拙者祖父林甚兵衛伊勢田丸下中、田村浪人にて罷在候処、貞山様御代被召出、御知行五貫五百五拾文被下置、御領内御山奉行并御材木方御用被仰付御奉公相勤罷在候。何之品誰を以何年に被召出候哉、委細不承伝候。数年御奉公相勤年罷寄、寛永九年霜月死去仕、跡式子共甚兵衛茂庭周防を以無御相違被下置、御国御番相勤罷在候。
御同代寛永十三年四月茂庭古周防を以、御扶持方三人分御加増被下置候上意之趣、古周防申渡候は、其身親甚兵衛儀数年御奉公神妙に相勤候条、内々御加増之由可被下置と被召置候処、致死去不便に被召置候。此度其身に御加増之地可被下置被召置候得共、江戸御発駕前候間先以御扶持方被下置候。追て御加増之地於江戸可被仰出上意候間、難有可奉存旨被申渡、右御扶持方拝領仕候。

義山様御代・綱宗様御代御奉公無恙相勤、寛文弐年正月十七日隠居被仰付、家督無御相違柴田外記・富塚内蔵丞を以拙者被下置候。同年御知行持添之御扶持方、御知行被直下節、何も並に右三人御扶持方壱貫三百五拾文に被直下、都合六貫九百文之高被成下候。拙者儀寛文七年より御納戸御用御国江戸共に十箇年相勤罷在候。以上

延宝四年十二月廿五日

7 永田三郎兵衛

一 拙者実兄永田十兵衛存生之内野谷地新田拝領仕、拙者に為取御奉公をも為仕度存入にて、新田申立候内、十兵衛病死仕候に付、右野谷地同子永田市之助拝領開発仕、延宝三年御検地被相入、六貫九百弐拾文之高に罷成候。右新田高十兵衛如願拙者に被下置度由、右市之助願上候に付、願之通起目高六貫九百弐拾六文拙者に被下置今度被召出旨、延宝五年二月十日に柴田中務を以被仰渡奉拝領候。随て御番所被仰付被下度由、同年二月十八日奉願候。于今被仰渡無御座候。以上

延宝五年四月六日

8 松本伊右衛門

一 私親松本半之丞儀葛西譜代に御座候。貞山様御代佐々若狭を以被召出、御切米御扶持方被下置、御裁許所にて御用相勤申候付、元和五年山岡志摩・石母田大膳を以御知行被直下、五貫七百四拾九文被成下候。其後半之丞隠居之願寛永拾弐年右若狭を以中上候処に、同年九月五日若狭を以、願之通私に無御相違苗跡被仰付候。義山様御代惣御検地之時分弐割出被下置、御知行六貫八百九拾七文被成下候。尤御黒印頂戴仕候。右御切米御扶持方之員数不承伝候。以上

延宝五年四月廿九日

9 小野太右衛門

一 拙者先祖伊達御譜代に御座候。
貞山様御当国へ被為移候時分、拙者祖父小野伊賀致御供、伊貢丸森に住所仕、
貞山様伏見に御詰被成置候節、悪党衆三百人指引右伊賀に被仰付、伏見に三ケ年定詰仕、高麗御陣へも被召連、其以後白石御陣可被遊御手立に伊達へ夜討相入可申由被仰付、伊達之内七ケ村夜討仕、白石御陣も被遊御勝利伊達へ之為御用心之、丸森御給主被指置候由承及申候。親小野掃部跡式拙者弟に被下置、丸森御給主御奉公于今仕候。
拙者儀は山口内記に与力奉公仕、
義山様御代に御給主明間御座候。内記披露を以丸森御給主に相加御知行弐貫文拝領仕、御給主並に、
綱宗様へも御目見仕候。然処山口内記相果子共同氏権八弐歳に罷成候節、拙者無他事因御座候付、古内中主膳を以御訴訟申上、御給主進退指上、万治二年より山口権八守立罷在候処、
御当代罷成、寛文四年に野谷地五町権八拝領仕致開起、同八年に御竿相入高六貫八百九拾四文内壱貫六文起過共拙者被下置、御番等も被仰付被下置度旨山口権八御訴訟申上候得ば、寛文八年十二月十六日柴田外記・原田甲斐を以拙者被召出、願之通起過共に六貫八百九拾四文拙者に被下置、御黒印頂戴仕、寛文九年より御国御番相勤申候。
以上

延宝五年正月廿九日

10 安部伊左衛門

一 拙者亡父安部隼人儀伊達御譜代
貞山様御代御知行七貫文佐々若狭を以被下置被召出候。然処御下中御知行御減少被成置候御仕置之砌、右高之内四貫六百六拾六文被召上、弐貫三百三拾四文にて御奉公仕候処、江刺中御新田取立可申由被仰付候。如何様之子細御座候哉、金子入用御座候得共、手前より相出可申様無御座候付、永倉右近と申者を引加、右之右近に斗金子為相出候処、役目御免被成置候以後、壱人にて損仕候儀迷惑之由右近申候得共、手前より損金之加可罷成様無御座候付、右弐貫三百三拾四文右近に相渡、無足に罷成候て、其以後野谷地申請開発、起目壱貫四百五拾三文被下置候。如何様之子細にて、江刺中御新田取立に金子入用御座候て右近を引加進退を相渡申候哉、拙者幼少之砌故委細不存候。右壱貫四百五拾三文之開発起目も、誰を以何時被下置候哉、是又覚無御座候。承伝之通申上候。親隼人儀寛永十九年八月病死仕候。同弐拾年跡式無御相違拙者に鴇田駿河を以被下置、御奉公相勤申候。
義山様御代正保弐年之春野谷地申請開発、起目壱貫三百八拾壱文慶安三年山口内記を以被下置候。承応三年正月廿五日御扶持方四人分山口内記・真山刑部を以被下置候て、
綱宗様御部屋へ被相付御奉公仕候。
綱宗様御代万治弐年四月朔日御扶持方五人分、奥山大学を以被下置、右合弐貫八百三拾四文御扶持方九人分にて御奉公仕候。
御当代持添御切米御扶持方御知行被直下候節、拙者持来候御扶持方九人分、四貫五拾文被直下旨、奥山大学を以寛文弐年三月十八日被仰付候。拙者知行高都合六貫八百八拾四文に御座候。御黒印於御蔵頂戴仕候。以上

延宝五年二月廿九日

11　長谷部久三郎

一貞山様御代拙者亡父長谷部五郎右衛門儀、米沢より御当地へ罷越候処被召出、御知行五貫五百五文之所被下置、佐々若狭手前にて御用相勤申候。大坂御陣之時分馬上にて御供仕候其以来御畳御用被仰付、江戸定詰仕、寛永十三年五月廿三日於江戸病死仕候。
義山様御代同年右五郎右衛門知行高古内古主膳を以拙者被下置候。寛永年中惣御検地之砌弐割出目壱貫三百七拾六文被下置、都合六貫八百八拾壱文之知行高被成下候。右五郎右衛門被召出、御知行被下候時分之御取次衆・年号拙者四歳之節親病死仕候故不承伝候。以上
　延宝五年五月三日

12　前田河助右衛門

一　拙者先祖仙道御譜代御座候て、
尚宗様御代、前田河右馬丞後豊後と申候者被召出候由申伝候。右豊後嫡子右馬丞是も後に豊後と申候由承伝申候。
　先祖之儀は前田河太兵衛・同勘右衛門具に申上候。拙者親前田河平内儀弐代目之豊後三男御座候て、
輝宗様御代御小性組に被召出、引続
貞山様にて被召使、御知行六拾貫文被下置候。拙者儀右平内三男御座候て、

貞山様御代寛永拾弐年片倉備中御申次を以、御扶持方四人分・御切米四切被下置、御歩小性被召出候。義山様御代野谷地被下置自分開発、高六貫八百七拾弐文之所、慶安五年四月六日山口内記を以被下置候。御同代明暦三年五月九日御歩小性組御免被成下、右御切米壱両・四人御扶持方は拙者小舅赤井孫十郎に被下置度旨願申上候に付、願之通被成下、苗字共に右孫十郎に被下置候。拙者儀は右六貫八百七拾弐文之御黒印頂戴所持仕候。以上

延宝五年四月十四日

13 前田河甚右衛門

一 拙者先祖仙道譜代御座候由承伝申候。貞山様御代天正拾九年に米沢より御当地へ御国替之時分、拙者父前田河弥平左衛門御供仕参候。其後伏見へ御供仕罷登、慶長元年閏七月十二日大地震に御屋敷御家共崩申候付、御番衆数多死去仕候。其節弥平左衛門も死去仕、跡式御切米銀六拾目・御扶持方四人分拙者被下置候。誰を以被下置候も覚無御座候。勿論先祖は誰様御代誰を被召出候哉拙者幼少之節弥平左衛門伏見へ罷登定詰仕候上死去仕候間、承伝無御座候。祖父は太郎右衛門と申候由承伝申候。御同代御切米弐両上郡山右衛門・伊藤肥前を以両度御加増被成下候。年号覚無御座候。義山様御代寛永拾九年五月朔日に鴇田駿河・真山刑部・武田五郎左衛門書付を以、名取沖野村野谷地拝領仕自分開発、高壱貫七百五拾三文之所、正保三年六月廿三日山口内記を以被下置候。

御同代御切米壱両・御扶持方壱人分奥山大学を以、寛文弐年五月廿六日被下置候。同年御切米御扶持方に知行持添之衆何も御知行に被直下候。其並に拙者御切米五両・五人御扶持方五貫百八文に被直下、都合六貫八百六拾壱文に被成下　御黒印頂戴仕候。以上

延宝五年三月廿六日

14　成田市十郎

一　拙者祖父成田甚左衛門儀

貞山様御代御歩行衆に被召出、御切米六切・御扶持方四人分被下、数年御奉公相勤申候付、御歩行衆組御免、御切米・御扶持方被召上御知行五貫文被下置、御国御次間御番被仰付、所々御座舗御屛風御絵画奉行等御用相勤罷在候。以後御知行弐割出目切添共に高六貫八百四拾文之所、寛永廿壱年八月十五日奥山古大学を以被下置明暦三年七月六日病死仕候。右祖父甚左衛門切米御扶持方御知行被下置候年号・御申次拙者未生以前之儀御座候故、委細不奉存候。拙者親同名孫市儀は明暦三年九月廿二日に奥山大炊を以、右甚左衛門家督無御相違被下置、寛文十一年正月晦日病死仕、同年六月十八日拙者に家督被立下之由、片倉小十郎被申渡候。以上

延宝五年四月八日

15　牧野三之丞

一　拙者実父牧野半左衛門

義山様御部屋之時分、津田豊前を以御小性組に被召出、御切米七両・御扶持方四人分被下置御奉公相勤申候。明暦弐年加美郡四竈村にて野谷地新田拝領、開発之新田壱貫三拾四文之所拝領仕候。年号・御申次不承伝候。惣御家中御切米御扶持方御知行に被直下候時分、右御切米御扶持方五貫八百文に被直下、寛文元年十一月十六日奥山大学を以被下置候。都合六貫八百三拾四文　御黒印奉頂戴候。然処右半左衛門寛文拾壱年六月二日に病死仕候。同年八月廿一日に片倉小十郎を以跡式無御相違拙者に被下置、御黒印奉頂戴候。以上

延宝五年四月廿九日

16　平喜兵衛

一　拙者儀平吉右衛門嫡子に御座候処、綱宗様代御切米三両・四人御扶持方別て私に被下置、虎之間御小性に万治三年三月十五日和田半之助を以被召出、江戸御奉公相勤申候。其以後御国御番被仰付候。然処御当代に親同氏吉左衛門願申上、其身進退六貫八百七文之御知行私に被下置、拙者御切米三両・四人御扶持方は同氏吉左衛門に被下置度段、寛文七年八月廿六日に右吉左衛門申上、同年十二月四日に願之通被成下之旨、古内志摩被申渡候。拙者知行高六貫八百七文之御黒印頂戴仕候。先祖御知行拝領之品々同氏市兵衛方より可申上候。以上

延宝七年六月廿八日

17 石辺安兵衛

一 拙者高祖父石辺下総儀

貞山様御代会津御陣之節、及川栗村下総分・志んしやうし生江太郎左衛門分・永代無御相違被下置候 御朱印并御直書二通代々只今迄所持仕候得共、御知行高何程御座候哉不奉存候。右下総儀貞山様御代被召出、御奉公仕、隠居被仰付、嫡子二蔵に、御知行拾貫百五拾三文被下置御奉公仕候処病死仕、家督相立可申子共無之候故、弟同氏五兵衛に跡式被下置候。然処右知行高之内川欠地損御座候に付、元和八年之御検地四貫三百五拾六文相減、残高五貫六百五拾六文罷成、右減目之御役は寛永拾五年より御免被成下候。義山様御代弐割出被下置、六貫八百文に被成下候。御当代寛文弐年に右五兵衛隠居之願申上、奥山大学を以如願之同年五月十三日被仰付、嫡子斎兵衛に被下置候。其後五兵衛と改名被仰付候。右五兵衛延宝四年四月廿七日に病死仕、同年九月六日小梁川修理を以跡無御相違拙者に被下置、高六貫八百文に御座候。以上

延宝五年二月九日

18 高崎勘之丞

一 拙者先祖本苗佐々木に御座候由承伝候。曽祖父高島勘左衛門儀、志田郡之内下伊場野村高島と申所に在所仕に付、佐々木を相改高島に罷成由承伝候。

貞山様葛西大崎御退治之時分、右勘左衛門何方へ参候哉行衛不承伝候。祖父高崎円鎮其節弐歳に罷成候。右在所近

所に万年寺と申寺御座候。右住持養育を以成長仕、出家に罷成候。以後十七歳之時
貞山様へ御奉公相出申度旨、湯目民部を以右万年寺奉願所に、法躰仕候間御茶道衆に可被召仕由被仰付。
貞山様御代被召出、御切米六両・五人御扶持方被下置、其後
義山様御部屋之時分被相付御奉公仕、御茶道頭被仰付候。右前々之年号等は不承伝候。円鉄儀寛永元年五月於江戸病死仕候。跡式子共同氏藤兵衛に同年十月津田豊前を以無御相違被下置、御小性組に被召仕候節、右高島相改高崎可罷成由、
義山様御意を以高崎に罷成候。右藤兵衛儀寛永弐拾一年に病死仕、実子無御座候付、弟同氏亡父善右衛門跡式無御相違古内古主膳を以同年被下置候。黒川郡土橋村にて野谷地拝領開起、高壱貫九拾八文之所寛永弐拾壱年山口内記を以、御切米御扶持方へ被相加被下置、同年八月十四日に御黒印頂戴仕候。
御当代寛文元年に御切米御扶持方御知行へ持添之衆は御知行に被直下候並を以、右御切米御扶持方御知行五貫六百七拾九文に被直下、取合六貫七百七拾七文之所同年十一月十六日奥山大学を以拝領御黒印頂戴仕候。亡父同氏善右衛門儀延宝三年五月病死仕候。拙者儀実子に御座候間、跡式知行高六貫七百七拾七文之所無御相違被下置度旨、親類共願差上申に付て、願之通無御相違同年八月十九日に柴田中務を以拙者に被下置候。以上
延宝五年四月十六日

19　大窪長太郎

一　拙者親大窪二兵衛儀寛永九年要山様へ御小性組被召出、従

義山様御切米五両三歩・銀六匁三分・四人御扶持方被下置御奉公仕候。何年誰を以被召出、右御切米御扶持方被下置候哉不承伝候。且又起目新田壱貫六百壱文被下、慶安元年三月晦日に御黒印頂戴仕候。何様之品を以誰御申次にて拝領仕候哉、品々不承伝候。且又御知行へ御切米御扶持方持添之分御知行被直下候節、御下中並を以右御切米御扶持方地形に直被下、五貫百四拾弐文之所寛文元年に奥山大学を以被下置、都合六貫七百四拾三文に被成下、御黒印同年十一月十六日頂戴仕、御国虎之間御番相勤罷在、寛文三年十月拙父二兵衛病死仕候。跡式知行高之通無御相違同年十二月廿八日柴田外記　富塚内蔵丞を以拙者に被下置、同四年正月十八日に御黒印頂戴仕候。拙者五歳之節拙父二兵衛病死仕候間、委細之儀不承置候。以上

延宝七年三月七日

20　御歩小性　惣川次兵衛

一　拙者伯父高橋四兵衛儀、

貞山様御代御歩小性組に被召出、御切米壱両・御扶持方四人分被下置候。大坂両度之御陣にも御供仕候。義山様御部屋之時分より江戸御国共に御供仕、御奉公相勤申に付御加増被下置、御切米弐両三分銀拾五匁・御扶持方五人分に被成下候。然処に寛永十五年に四拾五歳にて病死仕候。実子無之故、拙者兄伊之助兼て養子申立指置申候。跡式無御相違同年十二月十三日瀬上淡路を以被下置、御奉公仕候処に、慶安四年に弐拾九歳にて病死仕候。依実弟跡式無御相違同年十月廿五日山口内記を以拙者に被下置候。加美郡之内王城寺村御蔵新田自分開発之地弐貫五百三拾八文之所、明暦弐年三月廿三日山口内記を以被下置候。右同所野谷地拝領開発之地、弐貫百壱文万治三年二月十日茂庭古周防・富塚内蔵丞を以被下置候。右弐口合四貫六百三拾九文之所

御当代御黒印頂戴仕候。右知行所切添弐貫七拾七文之所、延宝三年九月朔日柴田中務を以被下置候。都合六貫七百拾六文・御切米弐両三分銀拾五匁・御扶持方五人分に御座候。右高橋四兵衛儀拙者母方之伯父に御座候。拙者本苗は惣川に御座候間本苗に相改申度由、火消御番にて江戸へ罷登候節、寛文五年正月廿一日柴田外記を以申上候処に、願之通本苗に被成下候。以上

延宝五年三月廿一日

21 永倉平八

一 拙者養曽祖父永倉右近、伊達御譜代にて永倉と申所に罷在候由承伝候。誰様御代何時被召出、御知行高何程被下置候哉承伝不申候。祖父右近儀貞山様御代御知行弐貫七百九拾六文被下置、御次之間御番相勤、寛文五年五月病死仕、跡式実子同氏伊兵衛無御相違被下置旨、御当代同年八月中茂庭周防を以被仰渡候。右伊兵衛男子持不申、女子壱人持申に付、拙者儀黒沢久左衛門弟に御座候を聟苗跡に願申上候節、久左衛門野谷地新田起目高三貫九百四拾弐文之所拙者に為分取、伊兵衛苗跡に仕度趣、寛文九年六月二日に双方親類共申上候処、願之通被成下之旨同年八月廿日に古内志摩を以被仰渡候。然処伊兵衛儀同拾一年六月五日病死仕候。同年八月跡式無御相違拙者に被下置之旨、大条監物・富塚内蔵丞を以被仰渡候。当御知行高六貫七百三拾八文之御黒印頂戴奉所持候。已上

延宝五年二月十八日

22 御歩小性 遠藤権之丞

一誰様御代先祖誰を始て被召出、御知行何貫文被下置候哉不奉存候。拙者養高曽祖父遠藤左近と申者、
貞山様御代迄志田郡松山に居住仕御奉公相勤申候内、
晴宗様・貞山様より御直書被下置候。于今所持仕候。御奉公に失御座候て、進退被召放以後病死仕候由承伝候。右
　左近孫拙者養祖父遠藤半助儀、
貞山様御代慶長拾弐年十月牧野大蔵を以御小性組に被召出、同拾九年正月迄無足にて御奉公仕候。同年二月四人御
　扶持方被下置同年十月十日
貞山様御供仕、大坂御陣へ罷登候。御陣場にて御切米金子壱両大町刑部を以被下置、其以後色々御奉公仕候。依之
若林御城へ被召出、為御加増弐人御扶持方銀六匁四分佐々若狭を以被下置、六人御扶持方御切米四切と銀六匁四分に被成下候。年号は覚不申候。其後御知行三貫文右同人を以拝領仕、御切米御扶持方は被召上候。是又年号覚不申候。寛永十一年に名取之内根岸村野谷地拝領仕候。同拾五年宮城之内中野村に野谷地拝領仕、惣御検地之節御竿相入、本地共五貫九百八拾三文之所、正保元年八月十四日に被下置候。右知行所切添六百弐拾三文之所、正保四年十月十七日山口内記を以被下置、右高合六貫六百六文に被成下候。其以後知行所切添百五文之所、万治三年二月十日富塚内蔵丞を以被下置、都合六貫七百拾壱文に被成下候。然処病気指出御奉公相勤兼申に付隠居願申上、同年三月八日奥山大学を以隠居被仰付、跡式知行高六貫七百拾壱文之所、無御相違右同人を以実子同氏清右衛門に被下置御奉公相勤申候。右清右衛門儀男子持不申候付、拙者儀小関古権右衛門三男に御座候。聟苗跡に仕度旨、

義山様御代に山口内記を以申上奉願候通被仰付候。然処延宝四年霜月廿四日清右衛門病死仕に付、拙者に右跡式被仰付被下置度旨親類共奉願候処、跡式無御相違延宝五年六月三日御老中被仰付由にて、奥山市左衛門被申渡候。以上

延宝七年八月十八日

23 斎藤八郎左衛門

一 拙者親斎藤次郎作儀、貞山様御代御不断組被召出御奉公仕、御切米金子三分・御扶持方三人分被下置候処、兵部殿へ被進段、佐々若狭を以被仰付、兵部殿にて知行高三貫六百文被下奉公仕候。拙者家督相続仕、以後加増被下百五拾石罷成候。然処寛文十一年兵部殿流人依被仰付に、同十二年六月廿一日被召出、御知行高六貫七百文被下置、御番入迄古内志摩を以被仰付、当年迄五ヶ年相務申候。亡父以前之儀不存候間如此申上候。以上

延宝四年十二月廿五日

24 松木権十郎

一 拙者祖父松木定佐嫡子は同瑞詮・次男同立安・三男拙者親同八郎右衛門と申候。定佐家督は右次男立安に被仰付候時分、定佐知行高之内五貫文親八郎右衛門に被分下度由、瑞詮願を以被分下、伊達河内殿へ御奉公仕候。誰を以被仰付候哉、年号・御申次不承置候。引続伊達兵部殿へ被相付、拙者も正保四年より御合力別て被下置、親子

共に御奉公仕候に付、八郎右衛門寛文五年病死、跡式知行高拙者御合力に被指添、合百五拾石被下置所、兵部殿流人被仰付候以後被召出、右之三ヶ二を以御知行六貫七百文被下置之由、御当代寛文拾弐年六月廿三日古内志摩を以被仰渡候。先祖之儀は立安方より可申上候。以上

延宝五年三月廿九日

25　佐々木喜兵衛

一　私祖父佐々木八右衛門儀御知行拾貫文にて伊達河内殿へ奉公仕候。私父佐々木権右衛門儀右八右衛門二男に御座候付て、従河内殿御知行別て三貫文被下奉公仕候。河内殿御死去以後、従貞山様伊達兵部殿へ被相付、於兵部殿御知行三百石被下候。私儀右権右衛門二男に御座候に付て、従兵部殿別て知行百五拾石被下奉公仕候処、兵部殿御一儀以後、寛文十二年六月被召出旨、古内志摩被申渡、御知行六貫七百文被下置候。御黒印は于今頂戴不仕候。御国御番被仰付、御次之間相勤申候。以上

延宝五年正月十五日

26　国井六右衛門

一　拙者祖父国井丹波御切米弐両・四人御扶持方被下置候得て、田村御前様にて被召使候処、老衰仕御奉公相叶不申候故、子共被召仕被下置候様にと奉願候得ば、跡式拙者親次兵衛に被下置、

貞山様にて御歩行衆に可被召出之旨伊藤左近を以被仰付、御奉公相務申候。其後御歩行筯番頭被仰付、相勤罷在候処、伊達筑前殿へ被相付候由申伝候。筑前殿御遺跡無御座候に付て、伊達兵部殿へ佐々若狭を以被相付候。其砌も御切米弐両・四人御扶持親次兵衛に被下置候。拙者儀は兵部殿小性に被相付、右次兵衛相果申候に付て、跡式拙者相続仕候。兵部殿にて知行高百五拾石被直下候処、兵部殿流人に被仰付候以後、御当代被召出之旨、寛文十弐年六月廿三日古内志摩被申渡御知行六貫七百文被下置、御国御番只野図書御番組御広間相務申候。以上

延宝五年五月六日

27　内田三右衛門

一　拙者祖父内田三左衛門慶長五年に伊達河内殿へ被召出、御知行五貫文被下御奉公仕候。河内殿御遠行以後、従貞山様兵部殿へ被相付、私代迄引続奉公仕候処、兵部殿御改易に付寛文十弐年六月廿三日に父三郎右衛門被召出、古内志摩を以御知行六貫七百文被下置御番入迄被仰付候。父三郎衛門儀延宝五年二月三日に柴田中務を以願之通隠居被仰付、跡式無御相違被下置候。以上

延宝七年十月廿六日

28　大原作左衛門

一　私祖父大原次兵衛儀葛西譜代に御座候。伊達兵部殿局儀は次兵衛妹に御座候。右局事

貞山様御代に只野伊賀を以被相付、其筋目により右次兵衛儀兵部殿へ被召出、知行三貫文被下其後次兵衛儀隠居仕、実子休左衛門に苗跡并為加増、御知行壱貫四百文本地共に四貫四百文被下、其後百五拾石被下、物頭役目加役に郡代相勤申候内、兵部殿一儀以後、御当代被召出、御知行六貫七百文、寛文十弐年六月廿三日古内志摩を以被下置、御番所御広間被仰付、延宝弐年に隠居之願申上候処、如願柴田中務・小梁川修理を以被仰付、跡式同年四月廿二日に大条監物を以、無御相違実子拙者に被下置候。以上

延宝五年二月十七日

29　渡辺九右衛門

一　私儀寛永七年より兵部殿へ奉公仕候。依之知行百五拾石被下相務申候処、兵部殿流人被仰付候付て、寛文拾弐年六月廿一日に被召出、御知行六貫七百文被下置、御番入迄被仰付候由、古内志摩を以被仰渡、当年迄六ヶ年御番相勤申候。以上

延宝五年正月廿二日

30　新藤市郎左衛門

一　拙者祖父新藤伊与儀御譜代に御座候由承伝申候。

貞山様御国替之時分、米沢より御供仕参候。御知行被下置候儀は、何時誰之御申次にて被下置候哉、年久儀御座候

故承伝も無御座候。伊与病死仕候以後、

貞山様御代親同名喜兵衛は伊与嫡子に御座候に付、跡式御知行三貫弐拾四文被下置、御次之間御番被仰付候由承伝申候。

義山様御代迄引続御番相勤申候。寛永十八年惣御検地弐割出目被下置三貫六百弐拾四文拝領仕候。慶安四年八月右喜兵衛病死仕候付、嫡子新藤六右衛門に跡式無御相違、同年十一月十六日に御知行三貫六百弐拾四文と御切米弐両四人御扶持方共山本先勘兵衛を以被下置之由被仰渡、御黒印頂戴仕候。右御切米御扶持方被下置候儀は、

貞山様御代寛永十一年御上洛之節、右六右衛門御大所衆に被召出、京都へも御供仕候故、親喜兵衛跡式御知行之上、右之通被下置候。拙者儀は右喜兵衛次男に御座候。

義山様御代承応三年二月山本古勘兵衛を以御大所衆に被召出、御切米壱両・四人御扶持方被下置相勤申候処、右兄六右衛門儀同年十月病死仕候。男子持不申候付、拙者を家督に願申上候処に、無御相違六右衛門御知行三貫六百弐拾四文と御切米弐両・四人御扶持方共被下置之旨、同年十一月六日山本勘兵衛を以被仰渡、拙者御切米壱両・四人御扶持方は被召上候。寛文弐年三月十八日奥山大炊を以惣侍衆御知行御切米御扶持方持添之分御知行直被下、拙者御切米御扶持方弐貫九百四拾三文直し被下候。并切副起目九拾六文之所も右同年に何も並に被下置、本地共取合六貫六百六拾三文之所御黒印頂戴仕候。右之外切添起目弐拾七文之所、小梁川修理・黒木与市を以御披露仕候処、御加増に被成下之由、延宝元年大条監物を以被仰渡候。于今御黒印には不被相戴、御割奉行衆書付所持仕候。都合知行高六貫六百九拾文被下置候。以上

延宝五年二月廿五日

一義山様御代拙者親伯父同氏内蔵丞跡式、御知行高六貫六百六拾八文之所、親同氏内蔵丞に寛永弐拾壱年八月十四日御日付にて被下置候。御黒印所持仕候。然所親内蔵丞寛文五年九月七日病死仕候付、跡式拙者無御相違被下置之旨、同年十二月廿六日に富塚内蔵丞を以被仰付、右高之通之御黒印頂戴仕候。先祖如何様之儀にて御知行拝領仕候段、拙者生替と申、委細不奉存候間承伝申候通如此御座候。以上

延宝五年正月十三日

31　遠藤三郎左衛門

32　草刈源七郎

一　拙者曽祖父草刈飛驒儀、最上義守御譜代御座候処、義光へ御代被相渡時分、米沢へ参候処、性山様御代遠藤山城を以被召出、御不断衆御預被召使候。進退何程被下置候哉不存候。其後貞山様御代罷成候て、右之通に御奉公仕候。然処米沢御国替之砌、右飛驒病死仕、子共同氏内膳に、従貞山様御知行弐拾貫文被下置、岩出山へ御供仕候。其後岩出山にて御知行三箇二被召上七貫文に被成下候。内膳病死以後、実子外記に右御知行七貫文之所被下置候処、拙者七歳之時親外記病死仕候付、七貫文之御知行被召上候。其以後拙者野谷地拝領自分開発、高五貫四百十九文之所、寛永九年に遠藤式部・奥山大学を以被下置被召出、御国御番被仰付候。以上

延宝四年十二月廿日

33　石田五郎兵衛

一　拙者継父石田伊予儀従先祖伊達御譜代にて、
貞山様御国替之時分米沢より被召連、御知行高三貫文被下置由承伝候。寛永年中惣御検地之時分、弐割出共三貫七百文に被成下候。先祖御知行拝領之品不奉存候。拙者儀青木先下野末子御座候を、寛永十一年之比右伊予聟苗跡被仰付候。右伊予儀は右進退にて御国御番等相務申、拙者儀は
義山様御代無足にて御評定所御留付御用相務申に付、寛永十五年九月之比、御切米弐両・御扶持方四人分、茂庭周防・津田近江・奥山大学を以被下置、其後慶安四年右伊与隠居仕、跡式無御相違、富塚内蔵丞を以拙者に被下置候。年号は病気故失念仕候。其以後御切米御扶持方両様拝領仕候者、押並て御知行に直被下付、寛文弐年三月十八日奥山大炊を以、御切米御扶持方弐貫九百四拾三文之高に直し被下、両高合六貫六百四拾三文之御黒印頂戴仕候。拙者儀中風相煩申に付、為御番代寛文九年に嫡子宇兵衛品川御小性組被仰付、於于今相勤申候。拙者儀病気故物事失念仕候故、覚申候通如此御座候。以上

延宝五年三月四日

34　増子勘之丞

一　貞山様御代拙者祖父増子三右衛門儀、奥山出羽を以御歩行衆被召出御奉公仕候処、御知行高五貫五百十三文之所被下置御奉公仕、以後右御歩行組御免被成下、御広間御番所被仰付候。寛永四年祖父三右衛門隠居仕、右知行高無御相違親三右衛門被下置、御番等相勤申候処、寛永十八年惣御検地二割出目被下置、六貫六百十三文被成下候

由申伝候。然処親三右衛門延宝弐年五月病死仕候。右知行高六貫六百拾三文之所無御相違拙者に被下置旨、同年八月廿八日大条監物宅にて被仰渡候。御番等相務罷在候。以上

延宝五年三月十四日

35 佐藤孫六

一　拙者祖父佐藤三郎左衛門儀、御切米五両・御扶持方七人分被下置御奉公仕候由承伝候。右三郎左衛門嫡子拙者には亡父同氏孫六儀、貞山様御代被召出、江戸御勘定御用被仰付候。其節御切米御扶持方被下置御奉公仕候。何年誰を以被召出候哉、勿論御切米御扶持方之員数等不承伝候。元和五年馬場出雲を以、御切米御扶持方御知行に直、五貫五百文被下置候。右御切米御扶持方如何様之品を以御知行直被下置候哉、幼少御座候て覚無御座候。右之通御知行五貫五百文被下置、御奉公相勤候処、病気に御座候て御奉公仕候儀相叶不申候付、隠居願申上候処、願之通隠居被仰付、拙者に家督無御相違被下置之旨、寛永七年二月二日伊藤肥前を以被仰付候。同弐拾一年弐割出目共に六貫六百文被成下御黒印頂戴仕候。先祖委細之儀惣領筋目罷成候間、同氏三郎左衛門方より可申上候。以上

延宝七年三月廿五日

36 小嶋市太夫

一　拙者曽祖父小島加左衛門会津之者に御座候。

貞山様御代に被召出、御知行五貫弐百三拾壱文被下置候。何年誰を以被召出、右御知行被下置候哉、品々年号・御申次共に不承伝候。加左衛門儀寛永四年十月十六日に病死仕、嫡子源蔵右御知行高五貫弐百三拾壱文、石母田大膳を以同年十二月廿五日に被下置候。

義山様御代惣御検地之砌、寛永弐拾壱年弐割出目共に取合、御知行高六貫五百三拾九文に被成下候。同年八月十四日に御黒印致頂戴候。源蔵儀慶安弐年正月廿二日に病死仕、嫡子源助に家督無御相違、頼親石母田織部を以慶安弐年に御知行高六貫五百三拾九文被下置候。同年霜月廿五日・寛文元年霜月十六日両度に御黒印致頂戴候。右源助儀実子無御座候付、拙者儀浦川五右衛門二男に御座候処、右源助苗跡に被成下度由奉願処に、寛文九年正月廿五日に柴田中務を以願之通に被仰付候。然処に源助儀延宝四年五月十四日に病死仕候。願指上申右御知行高六貫五百三拾九文之所、同年九月六日無御相違小梁川修理を以拙者に被下置、当時御知行高六貫五百三拾九文に御座候。以上

延宝七年十月廿五日

37　村松甚助

一　拙者養父村松左馬丞儀相馬浪人御座候。

貞山様御代中島監物を以被召出、御知行三貫弐百拾文被下置、御番相勤申候。右御知行何年に如何様之品を以被下置候哉不承伝候。

義山様御代寛永弐拾年御検地二割出被下置、三貫六百四拾弐文被成下候。然処左馬丞男子持不申候付、拙者儀牧野

備前次男御座候、聟苗跡

義山様御代古内主膳を以被仰付候。右左馬丞隠居仕度段願申上候処、願之通被仰付、拙者跡式無御相違三貫六百四拾弐文、

義山様御代慶安四年霜月十九日右主膳を以被下置御黒印奉頂戴候。其以後加美郡小野田上野目村にて野谷地拝領、自分開発仕右高弐貫八百九拾四文、

御同代山本勘兵衛を以被下置候。年号は失念仕候。本地合六貫五百三拾壱文之御黒印奉頂戴候。以上

延宝七年二月廿日

38　河村半十郎

一　拙者儀喜多目古彦右衛門三男御座候。然処河村古孫兵衛隠居分に野谷地弐拾町分被下置度段、

義山様御代奉願古内古主膳を以正保二年右野谷地拝領仕、御竿相入不申内に右孫兵衛慶安元年十月相果、以後御竿入起高六貫五百拾壱文に罷成、孫兵衛後家分に同年に前主膳を以被下置候。後家慶安三年三月廿八日死去仕、跡式可申立者無御座候付、河村伊兵衛娘は右孫兵衛孫に御座候を拙者に取合、後家跡式拙者に被下置度旨双方親類共慶安四年に奉願候処、無御相違同年五月九日に、右主膳を以後家跡式拙者に被立下、御黒印頂戴仕候。以上

延宝七年六月十九日

39　白石源太夫

一　拙者祖父白石宮内国分譜代御座候。伏見御時代貞山様御代茂庭石見を以被召出、御知行高四貫四百四拾五文被下置、御納戸御幕奉行色々に被召使候。大坂御陣にも右御役目相務申候。寛永七年右宮内病死、跡式無御相違茂庭周防を以同年六月十日親源左衛門に被下置候。寛永十七年より御検地御用三箇年相務申、寛永年中惣御検地之節、弐割出目共五貫三百三拾文高に被成下候。正保三年より御代官役目被仰付寛文十弐年迄弐拾八年相勤申候。伊達上野殿先年御拝領之野谷地之内拾町、拙者親源左衛門兼て御出入仕候御首尾に被分下度旨上野殿被仰上被分下、自分開発仕、寛文十年に御竿入、起目新田四貫百拾文被下置旨、寛文十弐年正月廿五日に柴田中務を以被仰渡候。取合高九貫四百四拾四文に被成下候。右之内新田三貫文、笹町新左衛門組御歩小性塩沢庄左衛門御切米壱両壱分銀五匁にて御奉公仕候処に実子持不申候付、拙者実弟又右衛門先年願差上申、庄左衛門養子に仕候処に、少分之進退にて御奉公勤兼申候。右新田又右衛門に被分下、庄左衛門知行高に仕度由、親源左衛門願指上申候処に、願之通に被成下旨寛文十弐年三月廿八日古内志摩を以被仰渡候。残六貫四百四拾文親源左衛門被下置候。源左衛門延宝三年隠居仕度段願指上申候処、願之通被仰付、跡式無御相違拙者に被下置旨、小梁川修理を以同年三月四日に被仰渡、当時拙者知行高六貫四百四拾文御座候。御黒印は于今頂戴不仕候。以上

延宝五年二月十三日

40　梅津仲太夫

一　拙者知行高六貫四百三拾文御座候。寛文六年兄梅津三太夫上胆沢相去村にて野谷地拝領仕開発、御竿相入右之高

に罷成候所、拙者無足にて罷在候付、右新田高之通被下置御奉公為仕申度旨、右三太夫願申上候処、願之通被下置、御番所御次之間被仰付段、寛文十年八月朔日に柴田外記を以被仰付、御黒印頂戴仕候。以上
延宝五年三月廿日

41　嶺岸加左衛門

一貞山様御代拙者養父同氏加左衛門儀、御歩行御奉公被召出、御扶持方四人分・御切米弐両被下置候。年号・御取次不奉存候。
義山様御代に田中勘左衛門へ御横目に被仰付相勤申候内、野谷地申請自分開発、新田高五貫三百八拾壱文、正保弐年山口内記を以被下置、其後野谷地申請自分開発、新田高壱貫三拾九文、慶安五年右内記を以拝領仕、都合六貫四百弐拾文御知行高に被成下、御番所広間に被仰付候。且又持来御扶持方御切米は右加左衛門親類鈴木九平次に分譲御歩行御奉公為仕度旨、右加左衛門願申上候処、願之通被分下旨、
義山様御代被仰付候。年号・御申次は不承伝候。拙者儀は右加左衛門甥に御座候処に、実子持不申候に付、弐歳に罷成候時より養子に仕、拾五歳にて、
義山様へ御目見仕候。親加左衛門寛文六年正月八日病死仕、跡式無御相違被下置旨、同年四月十三日富塚内蔵丞を以被仰渡、当時拙者知行高六貫四百弐拾文御黒印頂戴仕候。以上
延宝五年四月廿五日

42　大須賀庄兵衛

一　拙者親大須賀主計岩城より御当地へ浪人仕罷越候処、拙者儀右主計二男に御座候て、無足にて寛永八年より御普請方御割御用相勤申候処、
義山様御代に被召出、御切米壱両・四人御扶持方同拾七年四月十一日に鴇田駿河・和田因幡を以被下置、右之役目相勤申候処、慶安四年御切米金子弐切山口内記・真山刑部を以被下置、御切米壱両弐分四人分に被成下、御分領中御普請方上廻り被仰付相勤申候。然処野谷地四町拝領開発仕、御竿入起高壱貫五百七拾三文、万治三年二月十一日茂庭周防・富塚内蔵丞を以被下置、
御当代寛文弐年三月十八日に御家中惣並御知行御扶持方持副之衆御知行に被直下候節、拙者にも御知行弐貫六百五拾七文に被直下候。都合四貫弐百弐拾文被成下、御黒印頂戴仕候。其後野谷地拝領開発仕、高弐貫百八拾六文、寛文八年三月三日古内志摩・柴田外記を以被下置、都合六貫四百拾六文之知高被成下、御黒印頂戴仕候。以上

延宝五年四月十一日

43　平井彦右衛門

一　拙者亡父平井彦右衛門儀、永井御譜代御座候由申伝候。
貞山様御代親彦右衛門被召出、御切米御扶持方被下置御歩行御奉公仕候。其後御知行四貫三百八拾九文直し被下置、御歩行組御免被成、御広間御番被仰付候由申伝候。

義山様御代御検地被相通候時分、二割出目八百六拾壱文被下置、高五貫弐百五拾文に被成下候。其後於知行所野谷

地拝領切闢、新田高壱貫百五拾壱文正保三年三月山口内記を以被下置候。都合六貫四百壱文に被成下候。然処万治元年八月父彦衛門病死仕候。
綱宗様御代家督御知行無御相違被下置旨、同年十二月山口内記を以被仰付候。拙者知行高六貫四百壱文御当代御黒印頂戴所持仕候。先祖之儀委細承伝無御座候。以上
延宝五年正月十四日

侍衆

御知行被下置御帳（四十三）

六貫四百文より
三貫百六文まで

1 甲田勘之允

一 拙者親甲田十右衛門知行高六拾壱貫四百文之内、嫡子同名弥左衛門に五拾五貫文、拙者に六貫四百文被分下度之旨、右十右衛門申上候付、願之通無御相違右六貫四百文之所被下置之旨、寛文十一年十一月十八日柴田中務を以被仰渡候。同年同日御日付にて御黒印頂戴仕候。先祖之品同苗弥左衛門可申上候間不及申上候。以上

延宝五年二月七日

2 斎藤千之助

一 貞山様御代拙者曽祖父才《ママ》藤助右衛門、米沢依御譜代御知行三貫七百弐十三文拝領御奉公仕候処、義山様御代寛永十七年より祖父斎藤二右衛門御納戸御役目被仰付、年久江戸御国共に御奉公相勤申候。依之義山様より為御加増、右御知行之上に御切米六切・御扶持方四人分両度に被下置候。然処

御当代寛文元年惣侍持添之御切米御扶持方御知行に被直下候節、何も並に、祖父二右衛門代弐貫六百五拾七文に直被下、都合六貫三百八拾文之高に被成下候。祖父二右衛門老後故、去年八月十九日隠居願申上候処、願之通被仰付、父同氏五郎助に家督被下置候。右五郎助延宝四年二月朔日病死仕候付て、跡式願申上、家督無御相違拙者に被下置之旨、当五月十三日に以小梁川修理被仰付候。以上

延宝四年十二月十四日

3　武田五兵衛

一貞山様御代拙者親武田新蔵人儀、中嶋監物を以被召出、御知行三貫文被下置御奉公仕候処、男子持不申候故、門崎左馬允二男甚吉壻苗跡に、右監物を以申上候得ば、願之通無御相違家督被仰付、右三貫文之所被下置候て後、拙者出生仕候。就夫其比御売新田野谷地壱町金子壱切宛被売下候付、寛永十二年に賀美郡平柳村にて、野谷地五町申受切開申候。以後寛永十六年三月御竿被相入、高五貫三百拾壱文に罷成候を、拙者に被下置度由、親新蔵人願差上申候得ば、無御相違中嶋監物を以拙者に被下置、御国御番被仰付御奉公申上候。右御知行被下置候年月失念仕候。然処惣御検地之時分二割出目拝領仕、高六貫三百七拾壱文に被結下、寛永廿一年に御黒印頂戴仕候。先祖之儀は惣領に御座候同苗甚吉子新蔵人方より可申上候。以上

延宝五年三月廿五日

4　沼沢市左衛門

一　亡父沼沢蔵人儀

貞山様御代牧野大蔵手前御歩小性に被召出御切米壱両・四人御扶持方被下置候。寛永七年御買新田三町拝領仕候。

然処右御歩小性之御切米御扶持方壻沼沢喜左衛門に被分下、

義山様御代寛永十五年右蔵人病死仕同年三月右新田三町之地引続拙者に被下候由鴇田駿河を以跡式被仰付、其後御竿被相入三貫六百文之高に被成下候。

御当代拙者親類草刈源兵衛所より、新田壱貫九百九拾五文之所拙者に為分取申度段願差上申候処、願之通被分下之旨、延宝元年十一月廿八日大条監物を以被仰付、都合五貫五百九拾五文に御座候。以上

延宝四年十二月廿日

5　日野又兵衛

一　拙者親日野九郎右衛門儀

貞山様御代被召出、御切米弐両・五人御扶持方被下置、御小性御奉公に被召使候。誰を以被召出候哉不奉存候。

義山様御代寛永廿一年、右御切米弐両御知行弐貫七百文に被直下、和田因幡・山口内記・富塚内蔵允・奥山大学を以被下置候。右御切米御知行に被直下候儀、如何様之品にて被直下候哉不奉存候。承応三年亘理之内真庭村にて、野谷地六町真山刑部、山口内記を以拝領仕、明暦三年に御竿入壱貫四百四文之高に被成下候。年月・誰を以被下置候哉不奉存候。寛文元年右五人御扶持方御知行に被直下、弐貫弐百五拾文之所木村久馬・内馬場蔵人・和田織

部・鴇田次右衛門・奥山大学を以被下置、三口合六貫三百五拾四文之高に被成下候。手前より願上被直下候哉、又其砌先御知行所持仕候付て被直下候哉、実正不奉存候。御当代寛文三年右九郎右衛門儀隠居仕、嫡子市太夫に跡式被下置度旨、以茂庭周防申上候処、同四年七月十三日大条監物・柴田外記を以願之通被仰付候。然処市太夫於江戸同八年五月七日に病死仕子共無御座に付、実弟拙者に跡式被下置度旨、親類共願申上候処、同年十二月廿七日原田甲斐・柴田外記を以、右御知行高無御相違拙者に被下置、御黒印頂戴所持仕候。拙者儀幼少之時分日野正兵衛家督に罷成候処、右市太夫子共無御座候て相果申候付、右市太夫跡式拙者に被下置候様に仕度段、実父九郎右衛門右正兵衛方より願上申候付願之通被成下、右市太夫跡式被下置候故、跡々之品委細不奉存候。以上

延宝五年三月十三日

6　遠藤市右衛門

一　拙者先祖数代御譜代之者に御座候由、承及候得共誰様御代、拙者先祖誰を被召出候哉不承伝候。曽祖父遠藤信濃と申植宗様・晴宗様へ御奉公申上由に御座候。其節之進退高如何程に御座候哉不承伝候。祖父同苗土佐儀は性山様・貞山様へ御奉公申上、知行高六拾貫文に御座候て、高麗御陣へも貞山様御供仕、其後伏見御留守居仕、其以後御当地へ罷下候ては、伊達筑前殿御守に被相付、其上御町奉行も被仰付御奉公仕、慶長十六年九月十九日土佐事六拾一歳にて病死仕由に御座候。死期之砌

貞山様へ申上、知行高之内四拾貫文嫡子彦作に被下置、相残分彦作弟同名九郎兵衛・同平右衛門に被下置度由願上申候処、願之通被成下、四拾貫文は亡父彦作に慶長十六年に奥山出羽を以被下置由承及申候。彦作儀貞山様御奥小性に被召使、其後江戸御番等相勤申候処

義山様御代罷成痰症相煩病人に罷成、嫡子八郎兵衛儀は幼少に御座候付、彦作弟同名九郎兵衛に番代為相務、其後寛永十五年古内故主膳を以、八郎兵衛十五歳より彦作家督被仰付、御奉公仕由に御座候。某儀は実父佐藤杢允次男彦作為には孫に御座候。彦作儀男子八郎兵衛一人御座候故拙者出生則養子に仕置候。八郎兵衛儀廿二歳にて正保二年極月十九日病死仕候。其節某儀五歳に罷成、彦作儀は隠居、拙者は幼少、其上養置申候段御披露も不申上、且父同名九郎兵衛儀は其比御目付役と申旁、養弟に跡式被下置度と申上儀遠慮仕、彦作儀は老後之上一子相果忘却之儀と申、八郎兵衛に被下置候知行四拾貫文差上申候処、彦作夫婦飢に及可申候条為扶助分被下置由にて、正保二年古内故主膳を以御知行五貫文拝領仕、御奉公も不仕罷在候。其後拙者十歳に罷成候砌、正月三日御野初に罷出、彦作養子之段相達

義山様御耳御目見仕、御小袖等拝領仕候。某十三歳之年、彦作儀七拾一歳にて承応弐年三月十五日病死仕候。依之右扶助分に被下置候御知行五貫文、承応二年八月十二日古内故主膳を以拙者に被下置、明暦元年に右主膳を以御番所虎之間被仰付、十五歳より御城御番相勤申候。其以後拙者知行地続にて、野谷地壱町五反歩拝領仕、起目高壱貫三百五拾四文之所、万治三年二月十日富塚内蔵丞・茂庭周防を以被下置、取合六貫三百五拾四文に御座候。拙者儀寛文五年より和田半之助手前物書に被相付、同九年七月二日御扶持方七人分柴田外記・古内志摩を以被下置、当時進退高知行六貫三百五拾四文、御扶持方七人分に御座候。以上

延宝五年四月晦日

7　吉岡源次郎

一　拙者儀亡父吉岡九左衛門次男に御座候。
義山様御代拙者兄源太郎儀御切米三両・御扶持方七人分寛永十八年に和田因幡・鴇田駿河・真山刑部・武田五郎左衛門を以被下置、江戸御勘定衆に被召出、別て御奉公相勤申候。九左衛門家督嫡子源太郎に被下置源太郎に被下候御切米御扶持方、次男源次郎に被下置度旨奉願候得ば、右御切米三両・御扶持方七人分、明暦元年霜月廿五日山口内記を以拙者に被下置、御奉公相勤申候。明暦元年に野谷地申受開発仕候起目壱貫四百八拾文、明暦三年五月山口内記を以被下置候。
御当代持添御切米御扶持方御知行に、惣御家中へ被直下候節、右三両七人分四貫八百六拾四文に被直下候旨、奥山大学を以寛文弐年三月十八日被仰付候。都合拙者知行高六貫三百四拾四文に御座候。御黒印頂戴仕候。以上
延宝五年二月十七日

8　細谷六右衛門

一貞山様御代祖父細谷尾張と申、長井御譜代御座候て、少御知行被下置被由申伝候。拙父善右衛門儀御切米御扶持方別て被下置、在々御諸役取納申御役人に被仰付、数年相務申処に、如何様之品に御座候哉、拙者七歳之時進退被召上候間、何程被下置候も覚不申候。併屋敷は被下置候付無足にて罷在、拙者儀寛永十四年より御郡方手前之御奉

公相務申に付、
義山様御代四人御扶持方・御切米弐両寛永廿年二月和田因幡・武田五郎左衛門を以被下置、其以後明暦三年に野谷地三町被下置御竿被相入、御知行高三貫三百九拾壱文万治三年二月十日富塚内蔵允・茂庭周防を以拝領仕候。其上寛文元年に御切米御扶持方惣御下中御知行に被直下候節、高弐貫九百四拾三文に、右之御切米御扶持方被直下旨、奥山大学を以被仰渡、右弐口合御知行高六貫三百三拾四文、寛文元年十一月十六日に御黒印頂戴仕候。以上

延宝四年十二月廿二日

9 鹿野作兵衛

一 拙者養父鹿野吉右衛門儀相馬浪人御座候処、貞山様御代大町豊前を以被召出、御切米六切・五人御扶持方被下置、豊前手前に被相付、御鉄炮方役相勤申候。何年に被召出候哉不承伝候。右吉右衛門実子無之付、浅川主膳三男清太夫養子に仕度段奉願候処、如願明暦弐年被仰付候。寛文三年に吉右衛門病死仕候付、跡式無御相違、清太夫に同年奥山大学を以被下置候。然処青木下野嫡子伊右衛門同年病死仕実子無御座付、右清太夫下野妻女弟に御座候間、清太夫を養子に仕、鹿野苗跡には拙者儀右吉右衛門親類に御座候条、清太夫跡式御切米六切・五人御扶持方拙者に被下置、鹿野苗跡相続仕候様に被成下度奉存候。若左様不罷成儀にはゞ、下野知行高之内にて右御切米御扶持方に応分渡鹿野苗跡に相立申度段奉願候処、同四年二月九日富塚内蔵允を以被仰付候は、鹿野苗跡に附来候御切米御扶持方は被召上候間、下野知行高之

内三貫七文之所拙者に被下置、鹿野苗跡に被相立、右清太夫下野家督に被召出旨被仰渡候。拙者曽祖父小島二休嫡子宮内、其子作右衛門と申候。右二休儀

貞山様伊達に被成御座候時分、仙道御取合之砌、御理運成就遊候はば小島之庄一宇可被下置由、天正十三年九月十七日

貞山様御朱印片倉小十郎御取次之添状共に所持仕候。御当地へ御国替以後、二休に刈田郡にて御知行廿五貫百四拾文宮内代迄被下置候処、御下中一同に御知行被為借候砌被召上、柴田之内にて、五貫七拾三文被下置候。御目録所持仕、作右衛門代迄所務仕候。寛永七年九月廿九日鹿野権七曲事被仰付、親類迄数多進退被仰付、同十二月十九日に親作右衛門儀も進退被召放浪人仕候処、同十三年六月廿三日に、

貞山様御葬礼之砌親子共に被召返、同十四年七月

義山様へ津田豊前を以、御目見仕候付、拙者儀同十七年七月より、惣御検地御用無進退にて数年相勤申候処、右之通鹿野苗跡に被仰付候。拙者儀実子無御座候付、鴇田淡路三男半左衛門壻苗跡に被仰付、淡路知行高之内三貫文拙者に被分下度段奉願処、願之通被成下旨、寛文六年九月八日に古内志摩を以被仰付、六貫百七文之高に被成下当屋形様御黒印頂戴仕候。同九年野谷拝領、起目高弐拾壱文延宝三年十一月廿三日日柴田中務を以被下置、当時拙者知行高六貫三百廿八文に御座候。以上

延宝七年三月二日

10　郷右近七右衛門

一　拙者親郷右近正右衛門儀
貞山様御代被召出、御切米弐両・御扶持方五人分被下置御奉公仕候。
御同代黒川郡粕川村・同郡山崎村にて野谷地弐町被下置
義山様御代惣御検地被相入候節、右新田高弐貫四百拾壱文、并右御切米右粕川村にて壱貫三百三拾三文御知行に被直下、取合三貫七百四拾四文御知行高に被成下由、寛永廿一年八月十四日故奥山大学・富塚内蔵允を以被仰渡御黒印頂戴仕、右三貫七百四拾四文と五人御扶持方にて御奉公仕候。年久敷儀に御座候故、委細不奉存候。然処正保四年右五人御扶持方、正右衛門弟郷右近正八に被分下御奉公為仕度由、山口内記を以申上候得ば、同年極月廿五日願之通被成下旨右内記を以被仰渡候。正右衛門儀は、三貫七百四拾四文にて御奉公仕候。其以後黒川郡大谷山崎村にて、正保弐年に野谷地弐町山口内記・和田因幡・真山刑部を以被下置、慶安二年・承応四年両度に御竿被相入、高弐貫五百七拾六文本地共都合六貫三百廿文被下置由
御当代寛文元年十一月十六日、奥山大学を以被仰渡御黒印頂戴仕候。正右衛門儀、慶安元年迄山田正右衛門と申候処、本苗にて郷右近正右衛門に罷成度由、山口内記を以申上候得ば、願之通被仰付候。右正右衛門儀、寛文十一年九月十八日七拾七歳にて病死仕候。同年極月廿五日古内志摩を以、家督無御相違拙者に被下置由被仰渡、御黒印頂戴仕、引続御国御番相務申候。以上
　延宝五年三月五日

11　村岡三太兵衛

一貞山様米沢に被成御座候節、拙者祖父村岡内膳被召出、御知行三貫文被下置御奉公仕候処御当地へ御国替以後、右御知行共に五貫弐百七拾五文被下置候。拙者親三吉御切米御扶持方被下置、御納戸御用相勤申内致病死候。祖父内膳儀は寛永十年五月病死仕候付、茂庭佐月・石田将監御披露を以、同年極月十四日に右内膳跡式無御相違拙者に被下置候。其節拙者八歳に罷成候。
義山様御代二割出共に、高六貫三百拾五文に被成下候。拙者事御国御番相務申候。右内膳鮎貝日慶一門に御座候故貞山様米沢に被成御座候時分、日慶嫡子摂津守御敵可仕段承、日慶・内膳両人罷上申候得ば、日慶・内膳御味方仕候由にて被召出、右御知行被下置候由申伝候。慥成証拠は無御座候得共、
御先代より御知行拝領仕候品、有増にも可申上由被仰付候間、承伝之分乍憚如此御座候。以上
　延宝五年正月廿七日

12　牛坂覚右衛門

一　拙者先祖は牛坂内記伊達御譜代御座候。
貞山様御代如何様之品を以被召出候哉、御知行高五十貫文之所被下置、御不断衆扱罷在候処、白石御陣之節討死仕候由承及候。右内記御知行高五拾貫文被下置候を、嫡子牛坂次左衛門儀幼少故御減少を以、慶長五年に御知行高五貫弐百五拾五文之所、鈴木和泉を以被下置候。次左衛門儀拙者祖父に御座候。寛永七年に病死仕候付て、同年に親次左衛門に、中島監物を以、御知行高五貫弐百五拾五文之所無御相違被下置候。寛永十七年惣御検地之節二割

出共に、高六貫弐百九拾五文之所、親次左衛門に被下置御黒印頂戴仕、江戸御納戸御役目廿六ヶ年相勤、年寄病人に罷成候付、御役目御免被成下其上隠居被仰付候。拙者実子に御座候間、寛文二年に富塚内蔵允を以、御知行高六貫弐百九拾五文之所無御相違被下置、中之間御番所相務罷在候。以上

延宝七年十一月晦日

13 作間助惣《眼科医》

一 拙者先祖二本松譜代に御座候処、私実父作間惣作由緒御座候て、御当地へ罷越候以後、銀屋細工人に罷成渡世仕候。然処貞山様御代、長尾主殿を以被召出、御切米六切銀十匁・御扶持方四人分被下置、右御細工御奉公相勤申候。被召出候年号は不承伝候。其後義山様御代御目医師加役寛永年中に山口内記を以被仰付、同廿一年三月十八日、右内記を以、御知行高四貫三拾六文并御扶持方五人分被下置、最初に拝領仕候御切米御扶持方は被召上候。其節惣作儀為御意、衣躰仕名改治安と被仰付、御腰物御金具金銀目数見届御用相勤申候処、承応三年に右御用御免被成下御奥方御目医師相務、元日之御呼懸に右内記を以被仰付候。然ば寛文元年惣御家中並を以、右五人御扶持方之所御知行に被直下、弐貫弐百五拾文に罷成、前度拝領仕候御知行取合六貫弐百八拾六文に被成下候。仍治安儀御当代寛文三年に七十二歳にて隠居願申上候得ば、同年八月廿一日渋川助太夫を以願之通被仰付、跡式無御相違御知行高六貫弐百八拾六文之所拙者に被下置御黒印頂戴仕候。私儀万治二年より無足にて御国御番御次之間相務、

同三年江戸小石川御堀御普請御用被仰付、其後寛文十二年に二才駒定御役目被仰付于今相勤申候。右御奉公之年数廿一ヶ年無恙相務申候。御知行高六貫弐百八拾六文に御座候。以上

延宝七年八月十六日

14　名生次郎助

一　拙者養曽祖父名生宮内儀大崎譜代御座候。

政宗様御代右宮内被召出、御知行五貫三拾弐文被下置候由承伝申候。然処男子持不申候付、拙者祖父源左衛門儀長谷部与惣左衛門次男に御座候を婿養子に仕度段、

御同代茂庭石見を以願申上候処、願之通被仰付候。右源左衛門儀大坂御陣へ馬上にて罷登、其以後江戸御留守御番被仰付候。何年に誰を以家督被下置候哉、年久敷儀に御座候故承伝不申候。

忠宗様御代、寛永年中惣御検地之時分、二割増出目共六貫三拾弐文に被成下候。右源左衛門儀承応元年極月病死仕候付、跡式願申上候処、同弐年四月廿日に如願拙者父源左衛門に家督無御相違被下置之旨、茂庭故周防を以被仰付候。右源左衛門儀老衰仕御奉公相務兼申に付、隠居願申上候処、願之通跡式無御相違、嫡子拙者に被下置旨、寛文十二年六月六日古内志摩を以被仰付候。御黒印奉頂戴候。延宝元年十月廿九日御下中御知行切添有之分被下置候並を以、右御知行切添弐百廿弐文之所拙者に被下置之旨、大条監物を以被仰渡候。御下書所持仕候。当時御知行高都合六貫弐百五拾四文に被成下候。以上

延宝五年三月廿一日

15　安代権兵衛

一　拙者先祖伊達御譜代之由承伝候得共、誰様御代先祖誰を被召出候哉曽祖父以前之儀承伝無御座候。曽祖父小島因幡
貞山様米沢に被成御座候時分、長井之内本郷村にて、御知行三拾貫文被下置御奉公相勤、祖父同名今内に引続湯村右近を以跡式被下置候。年号は不承伝候。右今内儀天正十六年本宮御合戦之節、年廿九にて討死仕、男子乙猿丸三歳に罷成候付、乙猿丸母弟安代与惣左衛門小身にて御奉公仕候処、乙猿丸番代被仰付乙猿丸成人仕候はば苗跡相続可仕由、天正十七年卯月十六日に御朱印被下置、于今所持仕候。
貞山様岩出山へ御国替被遊候節、右与惣左衛門病死実子藤八郎幼少に付、本進退被召上候由承伝候。乙猿丸儀も幼少に御座候故御供仕兼、翌年岩出山へ乙猿丸母召連罷越、右之品々申上候得ば、最早御知行御割相極、其上年越御跡より参着仕由にて不被下置、流浪仕罷在候処、慶長十一年二月御不断組に被召出、御切米弐切と銀十匁・御扶持方三人分被下置、其節は小島権内と名を相改、大坂両御陣へ御供仕　御帰陣之節、右今内米沢より御奉公仕候品申上候得ば、御覚被遊旨御叮寧に御意被成、先以御歩行に被召使、末々は本領可被下置由被仰出、御切米銀七拾五匁・御扶持方四人分被下置、其以後御加増被下御切米三両・四人御扶持方に被成下候。然処右与惣左衛門実子藤八郎、大町駿河手前御勘定御奉公仕、御知行六貫弐百七拾六文被下置相勤申候処、寛永六年二月病死仕実子無御座候付、為
貞山様御意先祖之品々被仰立、同年に佐々若狭を以、右藤八郎御知行高之通拙者親権内に被下置、安代之苗跡被仰付、御国御番相務申候。右藤八郎何年に誰を以被召出、御知行被下置候哉不承伝候。寛永十四年之洪水に、知行

所之内壱貫四百三拾六文川欠に罷成候付て訴訟申上、川欠之高御役金御免被成下候。然処義山様御代寛永廿年惣御検地以後御知行御割之節、御役金除被下候。川欠之高壱貫四百三拾六文之所被召上、弐割出目共五貫八百文に被成下候。権内儀老衰仕に付、慶安元年より拙者実嫡子に御座候付御番代仕、江戸御国共に御奉公相勤、

御当代寛文元年に隠居願差上、同二年二月十六日に奥山大炊を以願之通被仰付、右高五貫八百文無御相違拙者に被下置候。

御当代延宝元年十月廿九日知行地続切添起目高四百弐十四文、柴田中務・大条監物を以被下置、本地合六貫弐百廿四文之高に被成下候。当時柴田郡御代官御用相勤申候。以上

延宝七年二月廿三日

16　阿部弥助

一　拙者祖父阿部源右衛門儀

貞山様御代御切米六切・御扶持方八人分佐々若狭を以被下置、新規に被召出御奉公仕候。然処源右衛門後嗣無御座候付て、拙父原太郎右衛門儀最上浪人に御座候処、婿苗跡に被成下度由、貞山様御代佐々若狭を以申上候付、願之通被仰付、右源右衛門御切米六切・御扶持方八人分太郎右衛門に被下置、義山様御代迄御奉公仕、慶安三年正月十二日右太郎右衛門病死仕候付て、家督御切米・御扶持方之通無御相違拙者に被下置之旨、同年三月十六日以成田木工被仰付候。以後承応三年真山刑部・山口内記を以野谷地三町拝領仕、

明暦三年に御竿被相入、起目三貫弐百六拾五文之高に被成下候。御当代寛文元年に御切米御扶持方之分御知行へ持添申候衆之分は、御知行に被直下候節、拙者御切米御扶持方四貫四百五拾七文に被直下、新田取合七貫七百弐十弐文之高に被成下御黒印頂戴仕候。延宝弐年右高之内壱貫五百文拙弟三郎兵衛に被分下、大沼十郎兵衛婿苗跡に被成下度段、双方願之書物差上申候処、同年十月廿八日願之通被成下旨、小梁川修理を以被仰渡候。残高六貫弐百廿弐文に御座候。右御知行被分下候以後之御黒印は、于今頂戴不仕候。以上

延宝七年十月十五日

17　浜田伊右衛門

一　拙者儀浜田久左衛門嫡子に御座候処、伊達治部殿御小座之時分、拙者叔父浜田八左衛門、治部殿より貞山様へ御所望被成被召使御首尾にて、治部殿より、義山様へ古内故主膳を以被仰立、御知行高六貫弐百五文右主膳を以、正保三年三月廿六日拝領仕御黒印頂戴仕候。同三年より御国御番御広間へ被仰付、寛文三年迄引続相勤申候。同年に江戸御進物御番被仰付、延宝四年迄十四ヶ年無懈怠相勤申候。同年六月右之御役目御免被成下、其上拾四ヶ年首尾能相勤申に付、御番所中之間へ上被下置候。拙者先祖之儀伊達御譜代御座候由、委細同名小左衛門惣領筋に御座候間、可申上候条具不申上候。以上

延宝五年三月晦日

18　村上九兵衛

一　拙者先祖米沢御譜代之由に御座候得共、誰様御代先祖誰を被召出候段は不承伝候。高祖父村上日向儀は御知行三拾貫文被下置、
性山様御代御奉公仕候。
貞山様御代日向実嫡子同名作内十三歳より御小性組被仰付、数年相勤申候処、御加増之地三拾貫文被下置、都合六拾貫文被成下御奉公仕候由承知仕候。委は不奉存候。作内も伏見にて勤番仕罷下に道中にて病死仕候。右日向儀老衰仕御奉公不罷成仕合故、過分之御知行拝領仕罷在候事無拠奉存付奉願候は、六拾貫文之御知行所之内五拾五貫文差上、五貫文被下置、古田伊豆・右作内に別して申合御奉公仕候。末之儀に候間、右伊豆所へ引籠罷在度由奉願候処、右願之通被成下、五拾五貫文被召上残五貫文被下置候。日向儀男子無之娘持申に付、浅野弾正殿下中尾崎源十郎と申者御家を望御下中へ罷越候を、聟苗跡に申立候処、右御知行所五貫文被下置候て、源十郎儀十右衛門と改名仕御奉公仕候。右十右衛門儀老衰仕御奉公不罷成付隠居仕、実嫡子十右衛門に御知行所五貫文被下置候由承伝候。誰を以何時被下置候哉不奉存候。右十右衛門儀御買新田申受為切起申候処、
義山様御代寛永廿一年惣御知行御割之時分、右新田起目高拾弐貫文被相結被下置、本地五貫文二割出にて六貫弐百文、本地新田合拾八貫弐百文被成下御奉公仕候処、
御同代右御知行之内、本地六貫弐百文は、嫡女に星加左衛門子次兵衛取合婿苗跡仕度候。新田之内壱貫文右十右衛門弟青木弥兵衛に為分取、残新田拾壱貫文にて十右衛門御奉公仕、末々は次女に井上九郎兵衛次男権十郎取合跡式被下置候様仕度由、慶安元年に中島監物を以申上候処、同年に願之通右監物を以被仰付、右次兵衛御奉公仕候

処、寛文十一年六月八日次兵衛病死仕に付て、同年八月廿八日富塚内蔵允を以、実嫡子拙者に次兵衛跡式無御相違、六貫弐百文被下置御黒印頂戴仕候。以上

延宝五年三月八日

19 新田弥右衛門

一 拙者先祖伊達御譜代

誰様御代先祖誰を被召出候哉、曽祖父隠岐知行何程被下候哉不存候。祖父玄蕃貞山様御代御知行五貫百六拾四文被下置由承伝候。玄番跡式親右衛門に被下置義山様御代に二割出目被下置、六貫百九拾七文之高に被成下候。右段々家督被下置年号細不存候。御当代親弥右衛門儀寛文二年九月病死仕候。拙者に跡式同三年三月十日奥山大学を以、六貫百九拾七文之所無御相違被下置候。尤御黒印頂戴仕候。以上

延宝五年三月廿九日

20 牧野孫六

一 拙者養父牧野信濃儀米沢御譜代

誰様之御代被召出候哉御知行三貫三文被下御奉公仕候由承及候。右信濃病死仕、跡式無御相違寛永十五年三月二日中島監物を以、養子拙者親同名喜右衛門に家督被仰付候。以後惣御検地之節二割出目寛永廿一年に被下置、三貫

六百三文に被成下候。拙者未生以前之儀に御座候故、委細は承知不仕候。明暦元年に野谷地三町分被下置、右起目弐貫五百九拾弐文、万治元年に柳生権右衛門・堀越甚兵衛を以被下置候。都合御知行高六貫百九拾五文、右之御黒印寛文元年に頂戴仕候。然処親善右衛門寛文四年正月廿四日に病死仕候付、跡式願之儀、茂庭下総を以申上候処、同年四月十七日柴田外記を以無御相違拙者に家督被仰付候。同年に御黒印頂戴仕候。以上

延宝五年二月十六日

21　泉田八右衛門

一　拙者親原田八右衛門儀

貞山様御代先奥山大学を以被召出、御知行三貫四百八拾八文被下置候。如何様之品を以何年に被召出、御知行被下置候哉不承伝候。寛永廿一年惣御検地之刻弐割出目被下置、高四貫百六拾八文に被成下候処、寛永十三年四月五日に野谷地五町、大松沢十兵衛・澁谷与十郎・大松沢甚九郎方へ御礼金五切差上、右野谷地拝領、開発高弐貫拾七文被下置、本地取合六貫百八拾五文に被成下、寛永廿一年八月十四日之御黒印頂戴仕候。寛文元年十一月十六日

当屋形様御黒印奉頂戴候。且亦親八右衛門先年名字原田を名乗申候処、泉田本名に御座候付て、古内志摩を以願申上、寛文十二年四月廿二日に泉田に被成下由、同人を以被仰渡候。同十三年正月十三日親八右衛門病死仕候。跡式御知行高六貫百八拾五文無御相違、同年三月廿二日右志摩を以嫡子拙者に被下置旨被仰渡候。以上

延宝五年四月十一日

22　日野平四郎

一　拙者祖父日野四郎兵衛儀誰様御代被召出候哉、御知行七貫文被下置、御奉公仕候由承伝候。然処四郎兵衛儀病死仕、嫡子拙者親新兵衛に家督無御相違被仰付、其以後摂津守殿へ被相付候。御遠行以後病人に御座候故進退差上、無足にて罷在候。拙者未生以前之儀御座候間、委細承知不仕候。右新兵衛寛永九年八月病死仕候。拙者儀十三歳にて、貞山様御代寛永十二年御買新田野谷地二町分被下置候。右之起目弐貫四百文義山様御代鴇田駿河を以拝領、明暦元年に野谷地壱町五反歩、同四年に野谷地五町歩被下置、右起目弐貫七百四拾九文柳生権右衛門・堀越甚兵衛を以被下置候。右之御黒印寛文元年に頂戴仕候。同九年に野谷地弐町五反歩被下置、起目壱貫弐十三文、寛文十三年六月十八日小梁川修理を以拝領仕候。于今御黒印は頂戴不仕候。合六貫百七拾弐文御知行拝領仕候。以上

延宝五年二月七日

23　小関善次郎

一　拙者祖父小関丹波と申候。拙者親源右衛門は右丹波次男に御座候処、貞山様御代御歩行御奉公に被召出、御切米御扶持方被下置候。何程被下置候哉不奉存候。其後御肴役人に被仰付、右御組御免被成下、御切米御扶持方は被召上、御同代蟻坂丹波を以、御知行五貫百五拾四文拝領仕候。年号は不承伝候。

義山様御代寛永十九年正月六日親源右衛門相果申に付、鴇田駿河・山口内記を以、同年三月十日跡式無御相違拙者に被下置候。
御同代寛永廿一年惣御検地之時分二割出目壱貫文被下置、右合六貫百五拾四文之高に被成下御黒印頂戴仕候。先祖之儀は惣領筋目小関伊衛門方より可申上候。以上
延宝五年三月廿九日

24　伊藤次左衛門

一　私祖父伊藤次左衛門儀は、先祖より国分盛重譜代に御座候。国分断絶付て浪人仕罷在候処、貞山様御代大坂御陣へ右次左衛門馬上にて罷登、於大坂七日之首御牒に相付申に付、佐々若狭を以被召出、御知行高五貫文被下置、
義山様御代迄御奉公仕罷在、寛永十七年歳七十一にて病死仕候。跡式無御相違、私親伊藤次左衛門に被下置候。寛永十八年御検地弐割出目壱貫文外百五拾壱文御竿打出目共に被下置、高六貫百五拾壱文に罷成、御当代迄御奉公仕罷在候処、寛文六年中風仕、其上歳六拾六に罷成候故、隠居願同年に申上候処、古内志摩を以願之通家督無御相違私に被下置候。拙者知行高六貫百五拾壱文に御座候。以上
延宝四年十二月十四日

25　古山次左衛門

一誰様御代拙者先祖誰を初て被召出候哉、亡父已前之儀不承伝候。拙者親古山次兵衛儀貞山様御代御知行五貫文被下置、御奉公仕候由承伝候。寛永年中惣御検地御竿出目壱貫百四拾八文被下置、六貫百四拾八文に被成下候。然処右次兵衛儀正保元年病死仕候付、跡式無御相違拙者に被下置候旨、同年極月山口内記を以被仰渡候。其節拙者儀幼少にて、右次兵衛相果申に付、先祖之品々不承置候。当時知行高六貫百四拾八文之御黒印頂戴仕候。以上

延宝四年十二月十一日

26　手塚善左衛門

一　拙者養祖父手塚三太夫儀は手塚吉衛門嫡子に候処貞山様御代被召出、御切米弐両三歩・御扶持方四人分新規に被下置御奉公仕候。何年に誰を以御切米御扶持方被下置候哉、年号・御申次不承伝候。然処右三太夫儀義山様御代野谷地新田拝領仕開発、高弐貫七百七拾弐文、正保三年六月廿三日山口内記を以、右御切米御扶持方へ被差添被下置候。勿論御黒印頂戴仕候。右三太夫慶安三年に病死仕、実子三四郎に跡式無御相違、同年極月十五日に成田木工を以被下置候処、三四郎儀明暦二年に病死仕、実子無御座拙者従弟に御座候付、三四郎跡式被下置候様に、親類共奉願候処、願之通同年五月廿二日成田木工を以、無御相違拙者に被下置御黒印頂戴仕候。且又惣御下中御知行御切米御扶持方持添之分御知行に被直下候節、右御切米御扶持方三貫三百七拾壱文に被直下之旨、

寛文二年三月十八日奥山大学を以被仰渡、取合御知行高六貫百四拾三文被成下、御黒印頂戴仕候。以上
延宝五年二月廿八日

27　阿部丹六

一　拙者先祖伊達御譜代之由承伝候。
誰様御代先祖誰を被召出候哉、其段は承知不仕候。拙者より六代已前先祖阿部藤十郎儀晴宗様御代御知行拾貫四百文之所被下置候。御黒印于今所持仕候。右藤十郎相果、実子大学に家督無御相違被下置、其上信夫之内和泉村・堀内在家論地之所、弘治三年七月十一日に五十嵐内膳を以被下置候。御書付于今所持仕候。右大学相果、実子参河家督無御相違被下置候処、貞山様佐沼御取合之節、右参河討死仕候。実子三郎右衛門幼少之砌如何仕候哉進退相禿申候由承伝候。三郎右衛門御同代被召出、御知行六貫百三拾七文之所、中嶋監物を以被下置候由承伝候。委細之儀は不奉存候。右三郎右衛門正保四年病死仕候。
義山様御代同年九月廿九日実子丹六家督無御相違被下置候由、以田中勘左衛門被仰付候。其以後改名三郎衛門に罷成候。三郎右衛門男子無之、拙者儀甥に御座候付、壻苗跡に仕候。右三郎衛門寛文十二年病死仕候。
御当代同年三月廿八日古内志摩を以、右御知行六貫百三拾七文之所無御相違拙者に被下置候。以上
延宝五年三月五日

28 福地勘左衛門

一 拙者親福地右近儀右衛門大輔殿御家老職被仰付、御奉公相勤申候処、右衛門大輔殿御死去被遊候節、二世之御供
仕候付て、拙者三歳に罷成候節、
貞山様被召出、御知行高五貫百拾六文被下置候。
義山様御代寛永廿一年二割出目被下置、六貫百三拾六文に被成下、御黒印頂戴仕候。以上
延宝五年三月十三日

29 小梁川十蔵

一 拙者先祖伊達御譜代之由承伝候。高祖父は小梁川上総と申候。嫡男同氏豊後・次男同氏惣右衛門・三男は古田伊
豆と申候。右上総儀
誰様御代御知行何程被下置御奉公仕候哉、其段不承伝候。勿論上総より以前之儀承伝も無御座候。私祖父小梁川式
部儀は、右豊後嫡子に御座候。式部御知行高も何程に御座候哉、拙者親同氏十左衛門幼少にて式部死去仕候故、
分明に不奉存候。大坂御陣之砌
貞山様御供仕式部罷登候処に、於彼地伊達遠江守様へ被相付、予州へ御供にて罷越候。従遠江守様御知行弐百石被
下、于今御黒印所持仕候。於予州五・六ケ年御奉公仕罷在候処、御当地より妻子為相登申度由にて御暇申上罷下、
道中より相煩、御国之内於槻木病死仕候由に御座候。其時分私親同氏十左衛門六歳に罷成候間、伊与へ罷登候て
も御奉公不罷成候故、親類田手故又左衛門継弟田手長四郎と申者、無進退にて罷在候付、親類共其品申上、右長

四郎を名代に為相登申候由承伝候。然処右十左衛門無進退に罷成候付、横山古弥次衛門儀十左衛門伯父に御座候故、年久弥次右衛門介抱にて罷在候処

義山様御代弥二衛門野谷地拝領開発之新田、正保弐年竿被相入、起高四貫三百四拾九文之所、右十左衛門に被下置度旨、弥次右衛門方より鴇田駿河を以願申上候処、同三年四月朔日山口内記を以、右高之通拙父十左衛門に被下置候。同年六月廿三日之御黒印頂戴所持仕候。承応三年に野谷地拝領自分に開発仕、万治元年御竿被相入、起高壱貫百七拾九文之所

綱宗様御代万治三年二月十日茂庭中周防・富塚内蔵丞を以被下置候。右両様合五貫五百廿八文高に被成下、至御当代寛文元年十一月十六日之御黒印頂戴仕候。右十左衛門儀寛文十二年八月十日に病死仕候て、跡式無御相違、同年十月廿八日古内志摩を以拙者に被下置候。其後知行所切添之地延宝弐年御竿被相入、高五百九拾六文之所同三年九月朔日柴田中務を以被下置、都合六貫百弐十四文之高に被成下候。亡父十左衛門跡式被下置以後、于今御黒印は頂戴不仕候。以上

延宝七年三月七日

30　生江清三郎

一貞山様会津御出陣之時分、某之曽祖父生江丹波と申者被召出、御知行六十貫文被下置候由承伝申候得共、年号委細承知不仕候。其後右丹波病死仕、同子清太郎六歳に罷成幼少に御座候故、右御知行御減少被成置五貫文被下置候。是亦年号委細承知不仕候。右清太郎改名仕伊兵衛と申、御奉公仕罷在候処、老衰仕隠居仕度由願上申、家督某親

助右衛門に被下置候。幼少に御座候故、年号覚不申候。右助右衛門儀伊兵衛家督被下置御国御番相勤罷在候処、右御知行高へ

義山様御代惣御検地之時分二割出目を以、六貫百廿弐文に被成下、寛永廿一年八月十四日之御黒印頂戴仕候。親助衛門万治元年五月十七日病死仕に付て、跡式之儀拙者に被下置度由、

綱宗様御代成田木工・伊藤新左衛門を以願上、於江戸大条兵庫・奥山大学を以披露家督無御相違某に被下置之旨、右同年閏十二月朔日に兵庫・大学書状を以、成田木工・伊藤新左衛門方へ被申下之由、木工・新左衛門右之書状を以、某に申渡候。以上

延宝五年三月五日

31 富塚次郎衛門

一 拙者親富塚次右衛門儀関東浪人にて本苗は添田に御座候。然処

貞山様御代富塚新九郎と申者、御知行三貫四拾弐文之所被下置、御奉公仕候由に御座候処、右新九郎儀元和五年四月十六日に病死仕、子共無御座候付右次郎衛門儀新九郎に由緒御座候故、湯村勘左衛門・茂庭釆女両人にて右次郎右衛門を新九郎苗跡に奉願候処、願之通跡式無御相違、右次郎右衛門に被下置旨被仰付由に御座候。仰渡之御申次并年号覚無御座候。寛永二年に黒川郡大谷之内於成田村、御買新田野谷地弐町拝領仕段々起立申候。以後御竿相延

義山様御代惣御検地之刻一同に御竿入、右新田高弐貫四百七拾壱文に罷成候。上納三貫四拾弐文之所へは二割出六

百文被下置、合三貫六百四拾弐文、都合御知行高六貫百拾三文に被成下之旨、鴇田駿河を以被仰付候。年号覚無御座候。右次郎右衛門儀慶安三年閏十月廿八日に病死仕、跡式無御衛相違六貫百拾三文之所拙者に被下置旨、山元古勘兵衛を以、同四年正月廿三日に被仰付候。

誰様之御代右新九郎先祖誰代に御知行何程被下置、何様之品を以被召出候哉一切承伝も無御座候。以上

延宝五年四月晦日

32　松木長兵衛

一　六代已前松木肥前と申者、米沢御譜代御座候。松木と申在所にて、田地拾壱町五反従御先祖様貞山御国替之時分迄被下置候。右之御知行肥前より何代已前拝領仕候哉承伝不申候。肥前儀於米沢病死仕候。五代已前松木五郎右衛門儀右之肥前嫡子に御座候。五郎衛門儀肥前病死以後、右御知行拾壱町五反、年号は承伝不申候。

貞山様御代原田左馬助を以被下置候。依之御国替之以後、宮城郡於利府拾壱貫五百文御割被下置候得共、御国替之時分於米沢大切に相煩申、翌年罷越候付て、右之御知行被召上候。其以後右五郎衛門に、慶長五年御同代に原田古甲斐を以、御歩小性組に被召仕、御切米本代壱貫五百文・御扶持方四人分被下置、御奉公仕候。已後五郎衛門儀慶長十年、

御同代右故甲斐を以、御切米弐切・御扶持方四人分隠居分に被下置、御花壇御番被仰付候。嫡子孫惣には、右五郎右衛門に被下置候御切米本代壱貫五百文・御扶持方四人分被下置、家督被仰付候。五郎右衛門儀改名肥前に被仰

付候。四代以前松木孫惣儀右松木五郎右衛門嫡子に御座候。右孫惣寛永元年十月十五日病死仕候。依之犬飼但馬次男犬飼善内と申者寛永二年四月廿一日

御同代蟻坂丹波を以壻苗跡被仰付、右御切米本代壱貫五百文・御扶持方四人分被下置、御奉公仕候。三代已前松木善内儀右松木孫惣壻名跡に御座候付て、御歩小性組之御奉公仕候処、寛永十弐年三月廿七日

御同代佐々若狭を以、江戸御勘定組に被召使候付て、御加増被下、小判三両銀拾匁・御扶持方七人分に被成下候。義山様御代野谷地申受、慶安弐年極月廿日此起目壱貫三拾文山口内記を以被下置候。寛文元年

御当代に右御切米御扶持方惣並に御知行四貫九百五拾四文に被直下候。同四年五月廿一日切添弐百廿七文富塚内蔵允を以被下、都合六貫弐百拾壱文之高に被成下、右善内隠居申上、嫡子松木市郎兵衛同七年霜月廿日

御当代柴田外記を以右御知行六貫弐百拾壱文被下置、家督被仰付候。二代已前松木市郎兵衛儀右善内嫡子に御座候。右市郎兵衛寛文九年十月三日病死仕、女子一人所持仕男子無之付て、右進退半分を以、兄跡式私に同年極月廿三日

御当代古内志摩を以被仰付、高三貫百六文に被成下候。以上

延宝五年四月晦日

侍衆

御知行被下置御牒（四十四）

六貫百文より
六貫文迄

1　門目十蔵

一　拙者先祖米沢御譜代御座候得共、誰様御代先祖被召出候哉、生替にて委細不奉存候。拙者親門目半兵衛、義山様御代被下置候御知行拾弐貫弐百文御座候。親半兵衛寛文七年二月病死仕付、右御知行拾弐貫弐百文之所、同名惣兵衛・拙者に半分宛被分下度旨奉願、右御知行之内半分宛、願之通惣兵衛・拙者に被分下置旨御意之段、同年八月四日柴田外記被申渡、拙者御知行高六貫百文被下置、御黒印頂戴仕、同年極月、御国鴇田淡路御番組御次之間御番柴田外記を以被仰付相務申候。以上

延宝五年正月十四日

2　及川十郎兵衛

一　拙者祖父及川十郎兵衛葛西譜代御座候。然所天正弐拾年より東山之内藤沢御村御用、并文録元年より御本判御役
目数多之御用被仰付、無足にて御奉公仕候。同元年より弐年迄御本判御役金
貞山様へ被召上候。同三年に
上様へ本判御役金被召上候付、
上使御三人御下向被成、御分領中御本判・御年貢御取立被遊候。右御役金壱ヶ年に三度依被召上候、気仙東山中御
定判持共弐千人余千厩村白山堂に相詰、壱ヶ年に壱度宛御役被召上候様に御訴訟申上候所、気仙沼村新城又三郎
と申者、右
上使へ相付罷在候歟、御村之者共大勢相詰申儀、御訴訟には無御座候。肝煎金掘共に、
政宗・老中底意にて一揆為企申之由御本判に付、
貞山様大事に罷成謀計仕、御目安指上申に付、則千厩村にて発頭人御穿鑿被成候得ば、東山之内横沢村治部、同藤
沢村大隅両人罷出御訴訟御承引不被成候共、壱ヶ年に三度上申儀罷成間敷由申上に付、其身共一揆之由被仰懸、
岩出山へ早飛脚を以御村一揆之由被仰遣候得ば、則黒木肥前御代官にて惣侍衆召懸、右治部・大隅両所なて切に
被成、類人千厩にて磔拾弐丁御懸、
上使岩出山へ御移、御家御老中へ御指図を以被仰渡候は、本判肝煎之内六人伏見へ可被相登由被仰渡、
上使は右又三郎被召連、中仙道御登被成候。御老中より右六人に被仰付追懸申、甲斐国鶴川にて追付申候得ば、
上使被仰候は奥中肝煎金掘共に、
政宗殿老中底意にて一揆企候儀、兼て其身共不存儀有之間敷候。甲斐之府中にて可令成敗由被仰付候。六人之内四

人は御訴訟仕、鶴川より罷下候。祖父十郎兵衛・千厩村十郎左衛門両人は御訴訟も不仕、伏見迄罷登、同四年正月八日
殿様在京被遊に付、則御屋敷へ罷登、鈴木七右衛門を以奥中一揆之品々御披露仕候得ば、翌日七右衛門を以御前へ被召出、御上下并御小袖一重宛拝領仕候。翌夜奥之間へ七右衛門を以被召出、御人払にて葛西・大崎御百姓共一揆之品々御尋被遊付、両人委細御披露仕候。浅野弾正殿より、
貞山様へ被仰遣候は、去年葛西・大崎金掘共御手前御下中侍衆一揆に加之由にて候間、奥より罷登候両人之者共と可致対決由御理に付、弾正殿御宅へ同二月廿一日に古田九兵衛被相添、両人之者共罷出、
上使御三人并又三郎右四人之衆へ対決仕、
貞山様御大事申披候。其節弾正殿より御書付被下置候。拙者于今所持仕候。
貞山様より七右衛門を以被召出、為手作分田千五百苅拝領仕候。其上十郎兵衛を豊前に改名被仰付候。同四年二月廿四日御日付之御黒印、武山修理を以豊前に被下置候。拙者于今所持仕候。其後慶長九年御検地之節、右手作分三貫文に被直下候。御下書同年霜月二日大町刑部を以豊前頂戴仕候。
御同代に私父十郎兵衛寛永六年に野原新田申請、起高弐貫八拾四文拝領仕候。年号・御申次勿論右豊前寛永元年隠居仕、嫡子十郎兵衛に家督相渡申候。御申次衆不奉存候。
義山様御代同十九年御検地之節、二割出目共に六貫百文に被成下候。同二十壱年八月十四日之御黒印、富塚内蔵丞・奥山故大学を以頂戴仕候。承応元年七月十六日に私父十郎兵衛病死仕、家督無御相違古内故主膳を以、同年十二月六日拙者に被下置候。当時拙者知行高、六貫百文之御黒印頂戴仕候。以上

延宝五年二月六日

3　門目惣兵衛

一　拙者先祖伊達御譜代之由承伝候得共、
誰様御代拙者先祖誰を初て被召出候哉、祖父以前之儀不承伝候。祖父門目久兵衛
貞山様御代御歩行御奉公仕候所、関ヶ原御陣之節首尾能御使者相務申に付、御知行弐拾貫文之所奥山出羽を以被下置候由、委細之儀は不承伝候。其後野谷地新田に申請、起目弐拾貫百六拾文之所右出羽を以被足下、四拾貫百六拾文に御座候内、三拾貫文之所は嫡子久兵衛に被下置、残拾貫百六拾文之所次男半兵衛に被下置度由、同出羽を以親久兵衛奉願上、右之通半兵衛に被分下置候。
義山様御代寛永拾七年に惣御竿被相通、二割出弐貫四拾文被足下、拾弐貫弐百文に御座候。半兵衛実子無御座に付、
小島兵助縁者に御座候故、兵助次男拙者を番代に被相立被下置度段、
御同代慶安四年に先古内主膳を以半兵衛奉願上、同主膳を以拙者に番代被仰付相勤申候内、半兵衛実子十歳出生仕、
半兵衛儀寛文七年二月廿八日病死仕候。右高半分六貫百文弟十蔵に被分下置度段、
御当代に原田甲斐を以拙者願申上候所に、右之御知行半分十蔵に被分下置、拙者家督被仰付、御意之段、同年八月四日に柴田外記申渡、拙者御知行高六貫百文に御座候。養祖父同氏久兵衛進退断絶仕候間、先祖之儀拙者申上候。
以上

延宝四年十二月十六日

4 小梁川四郎作

一　拙者先祖伊達御譜代之由承伝申候得共、
誰様御代先祖誰を始て被召出候哉、祖父以前之儀承伝不申候。拙者祖父小梁川丹波儀、
貞山様御代御知行五貫九拾六文被下置、御奉公仕病死仕候付、跡式無御相違嫡子拙父左馬丞被下置候。年号・御申
次承伝不申候。其以後右左馬丞儀筑前殿へ被相付、筑前殿御遠行被遊候に付、
貞山様へ被召出御奉公仕、左馬丞隠居被仰付、右御知行五貫九十六文中島監物を以、寛永九年に無御相違拙者に被
下置候。
義山様御代惣御検地之砌弐割出目壱貫文拝領仕、都合六貫九拾六文に被成下、御黒印頂戴仕候。以上
　延宝五年正月十一日

5 跡部弥左衛門

一　拙者幼少之時分親弥左衛門病死仕、先祖之儀委細不奉存候。伝を以承申儀は、曽祖父跡部加賀、刈田之内曲竹村
と申所古所之由承申候得共、
誰様御代に御知行拝領仕罷在候儀不奉存候。
貞山様御代に祖父跡部治部に御知行五貫文被下置、引続親弥左衛門に無御相違右御知行被下置候。何年被下置候哉、
右之通に御座候故不奉存候。弥左衛門儀伊達治部殿へ御借し人に罷成候内病死仕、治部殿より弥左衛門病死之段、
義山様へ古内故主膳を以御披露被成下、跡式無御相違、右御知行弐割出共に六貫九拾五文寛永弐拾壱年八月十四日、

右古主膳を以被下置候。其以後正保三年四月八日に治部殿より御返し人に罷成、御国御番相勤罷在候。以上
延宝五年三月十八日

6 松木彦右衛門

一 拙者先祖永井御譜代之由承伝候得共、先祖誰様御代被召出候哉不奉存候。祖父は松木図書と申候。御知行四貫八百七拾文被下置、御奉公仕候由承伝候。右図書相果、拙者親図書に引続家督被仰付候。右家督被仰付候年、且又誰を以被仰付候哉不承伝候。義山様御代寛永弐拾壱年惣御検地弐割出目壱貫弐百拾七文被下、都合六貫八拾七文に罷成候。拙者親図書儀病死依仕候、綱宗様御代拙者家督無御相違被下置旨、万治弐年七月廿七日に原田甲斐を以被仰付候。拙者知行高六貫八拾七文に御座候。御黒印頂戴仕候。以上
延宝五年三月十七日

7 渋谷十郎右衛門

一 貞山様御代元和六年に拙者親渋谷善右衛門儀、御不断衆に被召出、御切米之分に御知行壱貫五百文・三人御扶持方被下置候由承伝申候。年久敷御座候故品不奉存候。右善右衛門寛永八年御算用衆に被召出候付、御加増五百文、本御切米壱貫五百文、合弐貫文・四人御扶持方に被成下由、茂庭周防・遠藤式部を以同年五月被仰付、御算用衆

御奉公相勤申候所、同拾年右四人御扶持方御知行七百弐拾文、一ノ迫之内留場村にて被直下、右之所悪地に御座候に付、堰堤之分に同所にて五百七拾五文被下置、高三貫弐百九拾五文に被成下由、奥山大学・和田主水を以、同年二月被仰付候。同十三年
義山様御代高三貫三百六拾五文に被成下候処、七拾文之所被下置候品、御申次衆共に委細承伝不申候。
義山様御代惣御検地之砌、弐割出目壱貫八百六拾文之所、寛永弐拾壱年八月十四日富塚内蔵丞・奥山大学を以拝領仕、高五貫弐百弐拾五文志田郡堤根村・宮城郡福室村にて被下置候。御黒印頂戴仕候。其後一ノ迫照越村・同郡留場村之内にて野谷地拝領仕自分開発、新田高八百五拾三文正保三年六月廿三日和田因幡・山口内記を以被下置、高六貫七拾八文に被成下、御奉公仕候処、右善右衛門儀承応元年十月十一日病死、跡式無御相違、山口内記を以承応弐年六月十九日拙者に被下置候。高六貫七拾八文之御黒印頂戴仕候。寛文元年奥山大学を以御算用役目御免被成下、御番入被仰付、于今御国御番相務申候。以上
延宝五年三月十八日

8　目下作兵衛

一　私祖父日下与左衛門儀
貞山様御代御知行高五貫七拾五文にて御奉公仕候。与左衛門男子持不申に付、白川譜代一家之者原彦六左衛門三男、私父日下七左衛門幼少より壻苗跡に申合指置申所、右与左衛門寛永拾四年に中風相煩御奉公不罷成に付、私父七左衛門御奉公相務罷在候内、家督無御相違右七左衛門に被下置候。年号誰を以被下置候哉、拙者幼少之時分にて

覚無御座候。寛永弐拾壱年御検地ニ割出御加増に被成下、六貫七拾五文被結下置、御黒印頂戴所持仕候。与左衛門先祖如何様之品にて被召出、御知行拝領仕候哉不承伝候。与左衛門正保四年に右病気にて相果申候。私父同氏七左衛門寛文五年迄御奉公相勤、同年十月四日病死仕候に付、家督無御相違拙者に被下置之旨、同年十二月廿五日に富塚内蔵丞を以被仰渡、同廿六日之御日付御黒印頂戴所持仕御奉公相務罷在候。以上

延宝五年三月十日

9 黒沢恕安

一 私祖父黒沢筑後累世会津に御座候。貞山様岩出山御在城被遊候時分被召出、御知行五貫文被下置候。年号・御申次相知不申候。御城御番相務罷在候処、奥侍蜂起為御制禁、湯村信濃深谷に被指置候砌、筑後同輩拾余人与力に被相付、引続伊藤肥前に被相附候。筑後実子持不申に付、親恕安を養子に仕、筑後寛永拾五年に相果、苗跡古恕庵に相済、則肥前に相付罷在候。寛永弐拾壱年御国中御検地弐割出被下置候節、御知行六貫七拾三文に被成下候故、恕庵儀義山様御代正保三年成田木工を以被召出、御奥方薬師被仰付、九ヶ年相務、承応三年に病死仕、跡式無御相違六月三日於江戸成田木工を以拙者被下置、当時御知行高六貫七拾三文に御座候。以上

延宝五年正月廿一日

10 二階堂次郎右衛門

一貞山様御代拙者親二階堂次郎右衛門と申、御知行五貫五拾八文拝領仕御奉公相勤申候由、然処に寛永弐拾壱年弐割出目を以、六貫五拾八文に被成下、御黒印頂戴仕候。親次郎右衛門儀明暦元年十二月六日に相果、其刻中嶋日向を以家督奉願候所、同弐年四月八日に茂庭周防を以拙者に跡式無御相違被仰付候。
御当代御黒印頂戴仕候。拙者儀幼少之砌右次郎右衛門相果申に付、先祖は
誰様御代被召出候哉、一円品々不奉存候。以上
延宝五年二月十一日

11　杉沼作太夫

一　拙者儀杉沼金右衛門実弟、無進退にて罷在候所、拙者舅草刈太郎右衛門新田起目之内、六貫四拾七文之所拙者に被分下度旨、右太郎右衛門奉願之処、願之通被成下、六貫四拾七文拙者に被下置新規被召出之旨、延宝六年十月十八日黒木上野を以被仰付候。以上
延宝七年九月廿八日

12　広瀬勘右衛門

一　拙者先祖会津御譜代御座候。従
貞山様御代拙者祖父広瀬孫左衛門と申者、御知行高五貫三拾五文之所被下置御奉公相務罷在候。

誰様御代被召出候哉、其段不存候。然処寛永年中右孫左衛門相果申候付、跡式嫡子拙者親広瀬玄番に被下置候。年

号誰を以被仰付候哉不承伝候。寛永十八年惣御検地弐割出壱貫七文被下置、本高合六貫四拾弐文之御知行高に被直下候由承伝候。

義山様御代承応元年七月親玄番病死仕候。跡式同年十月拙者兄広瀬次右衛門に被下置候段、戸田喜太夫を以被仰付候。

御同代承応三年十月兄次右衛門病死仕候。実子無御座候付、右跡式拙者に被相立被下度段、戸田喜太夫を以申上候所、明暦元年六月廿三日に兄次右衛門跡式六貫四拾弐文之所、無御相違拙者に被下置旨、右喜太夫を以被仰付御黒印頂戴仕候。以上

延宝四年十二月廿二日

13 草刈山三郎

一 拙者兄同氏太郎右衛門延宝弐年に野谷地拾五町拝領仕自分開発、御竿相入候代高拾弐貫九拾四文之内、六貫四拾七文右太郎右衛門叔父杉沼作太夫、六貫四拾七文は拙者に被下置御奉公為仕度由奉願候処、延宝六年十月十八日黒木上野を以願之通六貫四拾七文拙者に被下置被召出、于今御奉公之品は不被仰付候。以上

延宝七年極月六日

14 藤半兵衛

一 貞山様御代寛永四年、佐々若狭を以親藤半左衛門御勘定衆に被召出、御切米弐両・四人御扶持方被下置候。

義山様御代寛永十四年山口内記を以御勘定統取御役目被仰付、御切米三両・七人御扶持方上被下、御勘定方御首尾能弐拾壱年相務、其上正保四年八月十五日より御作事方万見届御用被仰付、承応三年十月十日に右之御切米御扶持方五貫弐百五拾文御知行に被直下、新田起目七百八拾六文御加増被下置、都合高六貫三拾六文山口内記を以被下置、御中之間御番所被仰付候。
御当代寛文元年親半左衛門隠居奉願候処、願之通に被成下、家督無御相違被下置之旨、寛文弐年正月十八日奥山大炊を以被仰渡候。尤六貫三拾六文御黒印頂戴仕候。以上
延宝五年四月十七日

15　塩沢長左衛門

一　拙者先祖、誰様御代被召出候哉不奉存候。拙者祖父塩沢惣八郎、貞山様御代御知行三貫弐拾文にて白石御陣へ馬上にて御供仕、弐貫文之御加増被下置五貫弐拾文に罷成候。御加増拝領仕儀、承伝を以如斯御座候。右惣八郎承応三年三月十二日病死仕候。跡式嫡子仲右衛門に無御相違被下置候。右御知行拝領跡式等被仰付候御申次衆・年号不奉存候。其以後義山様御代惣御検地之節二割出目被下置、御知行六貫弐拾四文被成下御奉公仕候。右仲右衛門老衰仕候間隠居奉願候所、願之通被仰付、跡式拙者無御相違寛文九年五月九日古内志摩を以被仰渡御黒印頂戴仕候。当時御知行高六貫弐拾四文に御座候。以上

延宝五年二月廿二日

16　志茂伝助

一貞山様御代拙者曽祖父志茂彦七儀、屋代勘解由を以、御切米御扶持方被下置、伏見御時代より御奉公相勤申由承及候。其節拝領仕候御切米御扶持方之員数不奉存候。右彦七より以前之儀承伝不仕候。其後彦七改名平左衛門に成、江戸定詰御奉公候付て、御知行五貫文に佐々若狭を以被直下、越河御境目御用被仰付、寛永拾四年三月右平左衛門病死仕候付、

義山様御代津田近江を以、同年嫡子彦七に家督被下置候。

御同代右御知行高五貫文之弐割出壱貫文拝領、合六貫弐拾文之御黒印頂戴仕候。其以後右彦七改名平左衛門罷成、

江戸御留守御納戸御用被仰付致勤仕候。承応三年九月病死仕候付、

御同代成田木工を以、同年霜月朔日に拙者親次郎助に家督被下置、改名平左衛門に罷成、引続江戸御留守御納戸御用被仰付相務申候処、万治元年閏極月病死仕候。拙者幼少に御座候得共、跡式無御相違被下置旨、同弐年四月朔日

綱宗様御代奥山大炊を以被仰渡候。拙者儀幼少に御座候故、平左衛門弟同名仲左衛門に御番代被仰付、江戸本御納戸御用相務申候所、同役大越惣兵衛役目に付私曲有之由にて切腹被仰付候。仲左衛門儀小国七右衛門を以御尋之上、私曲無之段被聞召届候得共、同役切腹之上は先以進退被召上之由、大塚善内・粟野作右衛門を以寛文四年四月被仰渡候。其後親類共訴訟申上候は右仲左衛門御番代被仰付、伝助幼少にて其品へ少も不奉存候条、御憐愍を

以進退被返下度旨奉願候得ば、古内志摩・同酒祐於江戸御披露之上、如願之本進退六貫弐拾文被返下之旨、寛文七年閏二月廿九日御当地にて原田甲斐申渡、御黒印頂戴仕候。以上

延宝五年正月六日

17　鈴木利兵衛

一　拙者四代以前鈴木彦兵衛儀伊達御譜代御座候。輝宗様御代被召出御切米御扶持方被下置、御奉公仕候由承伝候得共、高は不奉存候。三代以前鈴木孫右衛門儀は右彦兵衛嫡子に御座候。引続御奉公仕候所、政宗様御代大町駿河を以、御切米御扶持方御知行高四貫弐拾文被直下候。右孫右衛門儀は拙者祖父御座候。私父同氏利兵衛右孫右衛門嫡子に御座候。元和九年馬場出雲を以祖父孫右衛門隠居被仰付、御知行四貫弐拾文之所無御相違私親利兵衛に家督被仰付候。祖父孫右衛門には、別て隠居分に御切米小判三両・御扶持方拾五人分被下置、父子共に御奉公相勤申候。其後寛永五年御買新田申請、起目高壱貫九拾文拝領仕候。誰を以被下置候哉、拙者三歳之時親相果申候故、申伝も不承伝候。右本地合五貫百拾文に被成下候。右利兵衛儀は江戸御米御用被仰付定詰仕御用相勤申候所、寛永拾壱年十二月廿一日於江戸病死仕候。私儀右利兵衛嫡子御座候。親利兵衛に被下置候御知行高五貫百拾文之所、無御相違政宗様御代寛永拾弐年被下置候得共、私四歳之儀に御座候故誰を以被下置候哉不奉存候。其後寛永十九年惣御竿被相入候時分、弐割出目被下置、高六貫弐拾文に被成下、

忠宗様御黒印頂戴仕候。以上
延宝五年三月十九日

18 山本十右衛門

一 拙者亡父山本利助
貞山様御代寛永元年に奥山出羽を以被召出、御知行高五貫文被下置、御歩行御奉公仕候。寛永年中惣御検地之節、弐割出目共に六貫拾七文之高に被成下候。
御同代に御歩行御奉公御赦免被成下、御国御番相勤罷在候。右利助寛文四年隠居之願申上候所、願之通跡式無御相違拙者に被下置之旨、同年八月十一日柴田外記を以被仰付、六貫拾七文之御黒印頂戴仕候。先祖之儀は惣領御座候付、山元儀左衛門方より申上候。以上
延宝五年二月廿七日

19 梅津藤兵衛

一 拙者先祖梅津藤兵衛数代御奉公仕候由申伝候。

誰様御代御奉公罷出候哉、分明に承伝不申候。右藤兵衛儀拙者より何代以前之祖に有之候哉、代々藤兵衛と申故相知不申候。拙者曽祖父同氏藤兵衛後に越中と申候。米沢にて御知行五拾貫文被下置、御奉公仕候由申伝候。

誰様御代何年に誰を以御知行被下候哉不申伝候。

性山様御代右越中病死仕候。男子両人御座候。嫡子藤兵衞、次男は掃部助と申候。右進退嫡子藤兵衞に被下置候。何年に誰を以被下候哉承伝不申候。
貞山様御代右藤兵衞御名懸奉行被仰付、所々之御合戦御先懸之御奉公仕候由に御座候。然処会津簗取之御責取被成候節、討死仕候由申伝候。藤兵衞男子無御座、幼少之娘壱人御座候に付、弟掃部助に右知行内弐拾五貫文被下置被召使候。誰を以何年に被下候哉不承伝候。其後右掃部助病死仕候節、嫡子左伝次幼少付、右知行之内弐拾貫文被召上、五貫文茂庭石見を以右左伝次被下置候。何年に被仰付候哉、年号不承伝候。左伝次成長之後、
貞山様へ中島監物を以申上、藤兵衞と改名被仰付候由承伝候。
義山様御代惣御検地被相入、弐割出目壱貫拾四文拝領仕、六貫拾四文に被成下、寛永二十壱年八月十四日に御黒印頂戴仕候。親藤兵衞老衰仕候に付、承応三年二月隠居仕度旨、
義山様へ申上候所、家督無御相違、右御知行高六貫拾四文之通、同年同月戸田喜太夫を以拙者に被下置、則右同人を以藤兵衞と改名被仰付候。以上
延宝五年二月十四日

20　太斎七右衛門

一　拙者祖父太斎彦兵衛
貞山様御代御知行弐拾壱貫六百拾弐文被下置、伏見御時代御扶持方役目相勤申由に御座候。然処大坂御陣之節、右彦兵衞嫡子清十郎十六歳にて父子共に罷登候処、彦兵衛儀御扶持方御用に付御国元へ被相下、清十郎斗御供被仰

付、大坂於御陣首尾合仕候付、御帰陣之砌鈴木和泉を以其年に御知行五貫拾壱文之所右清十郎に被下置、江戸大番被仰付相務申由御座候。右清十郎拙者親に御座候。其以後清十郎寛永弐年病死仕候。其節拙者儀三歳に罷成候。祖父貞山様御代佐々若狭を以、則其年に跡式五貫拾壱文之所、無御相違拙者に被下置、御番所虎之間に被仰付候。祖父彦兵衛儀は寛永七年病死仕候。跡式次男惣太郎と申者に被仰付候由、其節拙者儀幼少に御座候故、右伯父惣太郎を家督には仰付由に御座候得共、悴故委細之儀存知不申、承伝を以如此申上候。当時拙者知行高寛永弐拾壱年御検地之節弐割出目被下置、六貫拾壱文に罷成候。以上

延宝五年二月八日

21　須田又兵衛

一　拙者曽祖父須田讃岐儀伊達御譜代御座候。誰様御代私先祖誰代に御知行何程被下置被召出候哉、於伊達右讃岐被下置候御知行高も承伝無御座候。貞山様御代御当国にて之御知行高五貫拾壱文御座候。義山様御代惣御検地之刻弐割出被下置、都合六貫拾壱文之御知行高被成下候。右讃岐儀年罷寄申に付、嫡子太郎右衛門に御番代為相務申候処、右太郎右衛門病人に罷成御奉公相務兼申候付、私親十兵衛儀は松坂故源右衛門娘に取合、讃岐苗跡に奉願候処、中島監物を以願之通被仰付候。仰渡之年号覚無御座候。然処右讃岐儀正保元年八月十八日病死仕、跡式無御相違六貫拾壱文之所右十兵衛に被下置之旨中島監物を以被仰付候。是又年号覚無御座候。右十兵衛儀延宝四年十月朔日病死仕、跡式無御相違六貫拾壱文之所拙者に被下置旨、延宝五年二月六日柴田中務

を以被仰付候。以上
延宝五年四月十四日

22　佐藤利右衛門

一　拙者祖父佐藤豊前と申、伊達御譜代之者に御座候。誰様御代私先祖を始て被召出候哉、其段は不奉存候。右豊前儀掛田殿へ被相付、御奉公申上候由承及候。進退何程被下置候哉不奉存候。拙者親佐藤孫市郎は、杉目前様へ奥御小性に被召仕、其後御右筆申上候由承及候。右孫市郎に御知行被下置、伊達之内いつみの内かいもち田本年貢壱貫文・下野寺之内中やち一宇・藤ひかし四百苅本年貢壱貫文・こす郷之内桜木はたけ屋敷弐百五十苅本年貢六百五拾文・むかい館屋敷本年貢八百文・かきの木内弐百三拾苅本年貢五百五拾文・こふしかたわら屋敷百苅同畠本年貢五百五拾文、右之通被下置之御黒印天正十四年之年号にて于今所持仕候。右孫市郎何時改名仕候哉、其後は助右衛門に罷成、杉目御前様根之白石へ被為移候に御供仕罷越、御遠行以後貞山様へ御奉公申上候。右助右衛門知行高御国替之時分減申候。其後は弐貫五百文被下置御奉公申上候。右知行所御蔵に罷成候付て、毎年御足目を以金子拾切宛被下置之間、貞山様御代寛永四年に馬場出雲を以申上、御切米壱両三分・四人御扶持方被相直、助右衛門儀は隠居被仰付、右同年出雲を以家督無御相違拙者に被下置御奉公仕候処、拙者兄同苗九右衛門三両・七人御扶持方にて馬場出雲手前

物書役相勤申之上、江戸御勘定御奉公仕候。右九右衛門何時被召出御奉公申上候哉、其段は不奉存候。然処兄九右衛門相煩申に付、拙者儀九右衛門代に江戸へ可罷登由被仰渡候。其節拙者儀右九右衛門家督に被仰付候間、拙者持来候進退は指上可申由、

貞山様御代寛永八年に佐々宗春を以被仰付、江戸御勘定御奉公申上候。其後統取役目被仰付、

義山様御代明暦弐年四月廿九日山口内記を以弐両之御加増被下置、五両七人御扶持方被成下、御勘定御奉公三拾七ヶ年、御国御作事方会所本締役目拾四ヶ年、当年迄五拾壱ヶ年江戸御国共に無恙相勤申に付、御切米御扶持方御知行直被下置度之由、御作事奉行衆徳江十左衛門・佐瀬市之丞願申上候処、右五両七人御扶持方之所御知行に直被下置之旨、延宝五年九月廿五日小梁川修理を以被仰渡、六貫拾文之高に被成下候。御黒印は于今頂戴不仕候。以上。

延宝五年正月廿二日

23　谷津長左衛門

一　拙者先祖米沢御譜代之由承伝申候。祖父谷津備前誰様御代被召出候哉、御知行三貫七百九拾六文被下置、御奉公仕候由承伝申候。勿論右備前何年相果申、親長左衛門に家督誰を以被下置候も不承伝候。親長左衛門代寛永弐拾壱年惣御検地之節、弐割出目拝領仕四貫五百三拾六文に被成下候。

義山様御代に伊貢之内耕谷村野谷地申請、新田起目壱貫四百七拾壱文、承応三年四月十二日奥山刑部を以被下置、

高六貫七文に被成下候。然処親長左衛門儀万治元年四月廿七日病死仕候。綱宗様御代古内中主膳御披露を以、跡式万治弐年九月十日右主膳を以被仰渡、右高六貫七文之所無御相違相続拙者に被下置之旨御黒印頂戴仕候。以上

延宝五年二月廿八日

24 平渡正七

一 拙者先祖伊達御譜代御座候由承伝候。曽祖父平渡源左衛門と申候。貞山様御代原田左馬助を以被召出、御知行高五貫文被下置、御奉公相勤申候。右源左衛門儀病死仕、嫡子正兵衛に家督無御相違中島監物を以被下置候。義山様御代寛永十八年惣御検地之砌、弐割出目取合六貫三文之高被成下候。御黒印致頂戴候。正兵衛病死仕、嫡子喜兵衛に右御知行高六貫三文跡式無御相違、中島監物を以被下置候。然処親喜兵衛儀延宝四年五月病死仕候付願指上、跡式無御相違同年九月六日小梁川修理を以拙者被下置候。以上

延宝五年正月十六日

25 安蘇平蔵

一 拙者先祖塩松浪人之由申伝候。祖父同氏平蔵儀貞山様御代天正拾四年御知行高六貫文被下置被召出候。御申次衆は相知不申候。右六貫文之内壱貫文被召上候由承

伝申候。如何様之儀を以被召上候哉、品は不奉存候。平蔵隠居被仰付、嫡子大学慶長九年跡式五貫文被下置候。

御申次は相知不申候。右大学改名仕、美濃と申候。

義山様御代惣御検地に弐割出目、取合六貫弐文被下置候。美濃寛永弐拾壱年中島監物を以隠居被仰付、跡式六貫弐文右同人を以拙者被下置候。

御当代黒印頂戴仕候。以上
延宝五年正月十五日

26 大河内助左衛門

一 拙者儀大河内淡路次男御座候。
義山様御部屋之時分古内主膳を以寛永九年御小性に被召出、御切米三両・四人御扶持方被下置御奉公致勤仕候処、義山様御代に罷成、御切米三両御加増六両に被成下候。明暦三年に御切米御扶持方御知行に被直下度旨、山口内記を以申上候付、同年極月廿七日右同人を以、願之通御知行六貫文に被直下置、
御当代御黒印頂戴仕候。以上
延宝五年二月十三日

27 佐藤金蔵

一 拙者祖父佐藤四郎左衛門拝領仕、御知行高新田起目共に弐拾六貫九百拾六文に御座候。然処拙者儀右四郎左衛門

に孫にて、無進退に罷在候付、
義山様御代明暦三年に、右高之内新田起目六貫文之所拙者に被分下御奉公為仕度由願之旨、右四郎左衛門、山口内
記を以申上候処に、同年十月廿三日右内記を以願之通六貫文之地被下置、御奉公相務申候。先祖之儀は惣領筋目
佐藤四郎左衛門方より可申上候間委細不申上候。以上
延宝五年三月廿五日

28　我妻茂左衛門

一　拙者儀渡辺平左衛門子に御座候。四歳にて寛永弐拾年に我妻七兵衛養子罷成、御知行高六貫文無御相違被下置候。
拙者幼少に御座候故、祖父一条茂左衛門、我妻備後に改名仕御番代仕候。明暦元年に病死仕付、其以後拙者只今
迄御奉公相務申候。拙者儀幼少之砌御座候故先祖如何様之儀を以、
誰様御代御知行拝領仕候品不承候。以上
延宝五年正月晦日

29　黒沢甚右衛門

一　拙者祖父黒沢出雲儀従
輝宗様・政宗様迄引続御奉公仕候。進退何程に御座候哉、然と覚無御座候。小進にて御奉公仕候由承伝申候。右出
雲次男黒沢甚右衛門儀拙者実父に御座候。

政宗様御代に御切米御扶持方にて被召出、御奉公仕候。其後大坂御陣へも、馬上にて御供相勤申候。其時分は進退五貫文之由承伝申候。其後御知行高拾六貫五百三拾五文被下置候。

政宗様江戸被遊御上下候時分、御女房衆被相付上下御供数年相勤申候。其以後忠宗様御代寛永年中中島監物を以野谷地申請、自分開起高壱貫八百拾五文之所、右同人を以拝領仕候て、本高合拾八貫三百五拾文に被結下候。親甚右衛門儀何年に誰を以被召出候哉、且又御切米御扶持方之員数、御知行并新田拝領仕候年号・御申次不承伝候。御知行被下置候以後、御切米御扶持方被召上候哉、其段も不奉候。寛永弐拾壱年蒙御勘当他国へ御追放被仰付候処、

台徳院様御法事之砌就被行御大赦、御下中諸浪人被召返候刻、親甚右衛門は於他国相果申候付、拙者并弟共両人右兄弟三人之者共、中島監物を以慶安年中被召返、慶安三年三月十六日古内故主膳を以拙者に御知行高六貫文被下置、御番所中之間に被仰付、右弟共両人にも御知行高五貫文宛被下置、両人共に御番所御次之間被仰付、御国御番相勤申候。且又曽祖父黒沢弾正儀は嫡家に御座候条、同苗次兵衛方より具申上候間、拙者儀は書上不仕候。以上。

延宝五年四月十六日

30　舟山平兵衛

一　拙者先祖伊達御譜代御知行伊達いからへ（五十辺）に被下置候由、誰様御代先祖誰を被召出、御知行何程被下置候哉、委細之儀不承伝候。曽祖父舟山平蔵儀

貞山様御代二本松御陣之節、於右城坂討死仕、城中因有之者罷在候付、首小旗此方へ相送申由承伝候。拙者祖父舟山十左衛門儀は先坂元平右衛門実弟に御座候。右平蔵苗跡に被仰付、跡式被下置候由、御知行何程被下置候哉不承伝候。右十左衛門
貞山様御代御小性組被召使候処、於御寄場御小性組中間と喧嘩仕候付、進退被仰付、浪人之内三迫にて病死仕候由、父三右衛門何年之比被召返候哉、其品不奉存候。中島監物を以御知行六貫文被下置由、右三右衛門寛文五年霜月廿九日病死仕候。跡式親類坂本平右衛門・橋本喜兵衛・門目甚左衛門・中村善兵衛願申上、無御相違同六年三月十六日柴田外記を以拙者被下置候。三右衛門実子無之付、拙者儀
義山様御代承応三年正月中旬、中島監物を以十一歳にて家督に被仰付候。監物病気故先戸田喜太夫を以、同年三月四日に御目見仕候。三右衛門病気にて御奉公勤兼申に付、明暦三年三月氏家主水を以其品申上、拙者に御番代被仰付、夫より色々御奉公引続相勤参候。拙者実祖父片平二右衛門儀三代先之中村備前には孫、古備前には甥、近来之備前には従弟、父次郎左衛門右二右衛門実子、先祖右之通承伝申候。以上
延宝七年八月十八日

31　小島安兵衛

一貞山様御代拙者祖父小島休左衛門被召出、御切米弐両御扶持方四人分被下置、御歩行御奉公仕候。何年に誰を以被召出候哉、年号・御申次等不承伝候。其以後四竈勘五郎と申、御小性衆御横目に被仰付、御歩行組御免被成下、御同代御切米御扶持方御知行に被直下、其上御加増被下置五貫文に被成下候処、寛永拾九年御竿二割出に付六貫文

に罷成候。如何様之品を以、御切米御扶持方御知行何程に被直下、御加増何程被下置候哉、右之品々年号・御申次共相知不申候。右休左衛門儀、万治弐年隠居之願申上、嗣子休左衛門に願之通跡式無御相違被下置候。御申次相知不申候。拙者儀は只野図書弟に御座候処、右休左衛門嗣子無之に付、万治弐年に拙者を養子に奉願候処、如願同年古内主膳を以被仰付候。拙者親休左衛門儀寛文四年に病死仕候付、跡式之儀奉願候処、願之通無御相違同年に柴田外記を以拙者に被下置候。以上

延宝七年十二月八日

32　佐藤儀左衛門

一貞山様御代慶長拾五年拙者祖父佐藤茂兵衛儀、笹岡備後を以御不断組被召出、御切米三切・三人御扶持方被下置御奉公相勤申候所、同拾八年馬場出雲を以御歩行組に被召出、御加増被成下御切米六切・四人御扶持方被下置、大坂御陣へも御供仕数年御奉公相勤申に付、寛永五年御歩組御免被成下候。同年に御切米御扶持方御知行に被直下度旨願申上、三貫弐百文之高に被直下旨、蟻坂丹波を以被仰渡候。御買新田申請、此起目壱貫八百文之所同六年十月十三日右丹波を以被下置、本進退取合五貫文之高に被結下候。同八年に隠居願申上、家督無御相違親三郎右衛門被下置旨、石母田筑後を以被仰付候。同拾八年御竿被相入二割出之所指加、都合六貫文之高被結下候。寛文九年九月十八日右三郎右衛門病死仕候付、家督無御相違拙者被下置旨、同年極月廿日古内志摩を以被仰付候。御知行高六貫文に御座候。以上

延宝七年二月廿九日

33
高　橋　長　左　衛　門

一　拙者祖父高橋与次右衛門
貞山様御代御知行五貫文被下置被召使候由承伝申候。何比死去仕候哉、跡式親長三郎に無御相違被下置候。何年に家督被下置候哉、年号・御申次不承伝候。寛永拾八年惣御検地之節二割出壱貫文被下置、取合六貫文に被成下由に御座候。其以後右長三郎改名与次右衛門罷成、寛文弐年正月病死仕候。跡式六貫文之所無御相違拙者に被下置旨、同年三月十四日に奥山大学を以被下置、御黒印頂戴仕候。先祖之儀
誰様御代被召出何様之品を以御知行被下置候哉、親与次右衛門拙者若年之節死去仕候故、委細に不承伝有増申上候。
以上
延宝五年四月十六日

34
星　喜　左　衛　門

一　拙者祖父星治部米沢御譜代
晴宗様御代御田地壱万苅被下置御奉公仕由、
政宗様伏見久御詰被成候時分、右進退高五貫文被直下由承伝申候。跡式同苗加左衛門被下置候。誰を以被仰付候哉不奉存候。拙者親加左衛門年寄御奉公不罷成付、隠居被仰付被下度旨、寛永十九年中島監物を以御披露仕候得ば、同年四月十九日津田近江を以跡式無御相違拙者に被下置候。寛永弐拾壱年惣御検地之節、二割出目共六貫文に被成下御黒印頂戴仕候。以上

延宝五年正月廿七日

35 砂野正六

一 拙者祖父砂野加兵衛儀会津御譜代御座候。貞山様御代米沢より御国替之砌御供仕罷越候。御知行高弐拾壱貫八百六拾文被下置、江戸御国共御奉公仕候。誰様御代先祖被召出候哉、曽祖父以前之儀は不存候。右加兵衛儀寛永十二年二月廿八日病死仕候。則実子文左衛門に跡式御知行高之通被下置、従貞山様義山様へ被相付、御部屋住之時分江戸御国御奉公相勤申候処、拙者父八郎兵衛六歳に罷成候節、寛永十三年二月廿九日右文左衛門早世仕候。八郎兵衛儀は実子に御座候得共、幼少にて御座候付、右御知行高之内五貫文を以跡式被立下候。右段々家督被仰付候年号・御申次不承伝候。寛永年中惣御検地以後、二割出目壱貫文被下置、合六貫文に被成下候。八郎兵衛成長以後、義山様御代定御供被仰付、綱宗様御代迄引続江戸御国共御奉公相務申候。寛文拾壱年二月二日親八郎兵衛病死仕候付、跡式無御相違実子拙者被下置候段、同五月廿九日に富塚内蔵丞を以被仰渡、御奉公相勤申候。以上

延宝五年四月九日

36 桐ケ窪次兵衛

一　拙者祖父桐ヶ窪但馬次男同氏次兵衛儀拙者実父御座候。於先祖御奉公仕候品御座候付、貞山様御代奥山出羽を以品々御披露仕候処被召出、御切米御扶持方被下置候。員数不承覚候。御同代右御切米御扶持方御知行被直下、高三貫百八拾六文寛永八年九月六日に加藤喜右衛門・高城外記を以被仰渡候。右御知行に被直下候品不承伝候。御同代野谷地申請自分開発、高壱貫八百拾四文之所、寛永弐年九月六日に加藤喜右衛門・高城外記を以被下置、本地新田高合五貫文に被成下候。義山様御代寛永弐拾壱年御検地之刻、二割出目壱貫文被下置、都合六貫文被成下御黒印奉頂戴候。明暦元年十月拙父次兵衛隠居願指上申候処、如願被仰付、家督無御相違拙者に被下置段、戸田喜太夫を以被仰渡候。引続御次之間御番仕罷在候。且又先祖之儀委細嫡子筋目御座候間、同氏源六方より申上候。以上

延宝七年三月十八日

37　寺坂伝左衛門

一　拙者曽祖父寺坂山城儀

貞山様御代片倉小十郎を以被召出、御知行三拾五貫文被下置候。三拾貫文は孫聟寺坂権之丞に被分下遠江様へ被相付候。残五貫文山城嫡子刑部に被下置候。誰を以被下置候哉、勿論年月不承伝候。然処刑部男子無御座候付、十二村助左衛門次男四郎左衛門聟苗跡に仕度段奉願候処、願之通先茂庭周防を以被仰付候。御同代右刑部隠居願申上候所、願之通被仰付、右御知行五貫文父四郎左衛門に無御相違、右周防を以被下置候。年

月不承伝候。寛永年中惣御検地之節、弐割出目共六貫文に被成下、御黒印頂戴仕候。父四郎左衛門老衰仕候付、寛文十三年四月隠居願申上候処、願之通被仰付、跡式無御相違、同年六月九日小梁川修理を以拙者に被下置候。当時拙者知行高六貫文に御座候。御黒印は于今頂戴不仕候。御書替所持仕候。以上

延宝五年二月廿八日

38 二関伝右衛門

一 拙者養祖父黒川月舟儀

貞山様御代被召出、御知行被下置御奉公仕候由承伝候。誰を以何年に被召出候哉不承伝候。隠居仕候時分右知行高之内五貫文隠居分に被下置、残知行は嫡子同苗正三郎に被下置候由承伝候。右月舟知行高何程に御座候哉、且又隠居分五貫文被下置候年号・御申次不承伝候。拙父十郎右衛門儀二関伊与二男にて右月舟には甥に御座候。右五貫文之所十郎衛門に被下置度旨願申上候処、如願無御相違被下置候年号・御申次不承伝候。

貞山様御代より御奉公仕候。

義山様御代御検地之節二割出目拝領仕、高六貫文被成下候。十郎衛門儀奥山大学を以隠居願申上、富塚内蔵丞於江戸御披露、寛文弐年二月廿七日右六貫文之所無御相違拙者に被下置候。以上

延宝五年四月廿八日

39 芳賀藤左衛門

一　拙者儀慶安三年より兄同氏伊兵衛就病気御番代被仰付、拾ヶ年余相務申候。然処万治弐年伊兵衛病死仕候付、伊兵衛被下置候御知行高三拾六貫文之内、三拾貫文聟苗跡芳賀九郎左衛門被下置、残六貫文拙者被下置度由、伊兵衛存命之内願申上候処、願之通万治弐年極月廿六日古内中主膳を以被仰付候。拙者知行高六貫文御座候。先祖之儀は右九郎左衛門惣領筋に御座候間、委細可申上候。以上

延宝五年三月二日

40　鹿又市郎兵衛

一　拙者儀鹿又孫右衛門次男に御座候て、無進退御座候付、綱宗様御代万治弐年、起目新田七貫百弐拾壱文右孫右衛門拝領仕候高之内、六貫文之所拙者被分下御奉公仕候様に被成下段、御同代孫右衛門願申上候処、願之通同三年二月古内中主膳を以被仰渡、当時六貫文之御黒印頂戴仕候。以上

延宝五年三月十六日

41　山本甚之助

一　拙者儀山本甚兵衛次男に御座候。親甚兵衛御知行高三拾六貫文御座候所、御当代寛文七年右御知行高之内六貫文拙者被分下度由、奥山大炊を以右甚兵衛願申上候得ば同年八月四日柴田外記を以如願被仰付六貫文之御黒印頂戴仕候。同八年十一月廿五日

大殿様御小性組に被召出、当年迄九ヶ年相務申候。先祖之儀は惣領筋目に付、山本甚太郎可申上候間有増書上申候。
以上。

延宝五年二月十五日

42 小梁川五右衛門

一 拙者儀茂庭釆女近親類御座候付、釆女所に罷在候処、義山様御代右釆女知行高之内三貫文被分下、御奉公被仰付被下置度由、釆女方より願指上候処、寛永二十一年八月十四日茂庭佐月を以、願之通右三貫文御知行拙者に被下置被召出、其上大御検地二割出目六百文被下置、三貫六百文被成下御黒印頂戴仕候。御当代寛文元年霜月十六日下中起目代高六拾壱文之所茂庭周防を以拝領仕、取合三貫六百六拾壱文に被成下候。山口内記上地久荒所拝領仕度由申上候処、高三貫五百七拾八文之所、寛文五年十二月十四日茂庭周防を以被下置、知行高七貫弐百三拾九文御座候処、右之内壱貫弐百三拾九文之所、実二男同氏喜平次に被分下度旨奉願候得ば延宝五年霜月廿五日小梁川修理を以、右如願被分下置由被仰渡当時拙者知行高六貫文御座候。以上

延宝七年八月十四日

43 佐藤千之助

一 拙者先祖岩城譜代御座候。私祖父佐藤平左衛門儀岩城国替之節浪人仕罷在候処、

貞山様御代江戸東禅寺より被召抱被下度由被仰立候付、寛永七年中島監物を以被召出、御知行弐拾貫文被下置御奉
公仕候。且又
義山様御代惣御検地以後二割出目四貫文被下置、取合弐拾四貫文之高被成下候。寛永二十一年八月十四日之御黒印
所持仕候。右祖父平左衛門儀万治三年十一月朔日病死仕候付、跡式拙者親同氏平左衛門被下置度由、親類共願指
上申候処、如願御知行高弐拾四貫文之所、無御相違右平左衛門被下置之旨、
御当代寛文元年四月九日古内中主膳を以被仰付候。同年十一月十六日之御黒印所持仕候。然ば親平左衛門儀延宝五
年七月十一日乱心死去仕候付、御慈悲を以跡式少も拙者被立下度由、親類共願上申候処、右知行高之内六貫文拙
者に被下置、跡式被相立之旨、延宝六年十一月六日に黒木上野を以被仰付候。御黒印は于今頂戴不仕候。以上
延宝七年十月廿五日

44　石田三郎兵衛

一　拙者曽祖父石田宗順儀会津所生之者に御座候。
貞山様御代被召出、御知行五貫文・七人御扶持方被下置、医師之御奉公相務申候。右知行御足目にて拝領仕候。及
老年隠居被仰付、跡式無御相違嫡子道石に被下置、医師之御奉公仕候。右御知行御扶持方何年に誰を以被下置候
哉、且又家督被仰付候年号・御申次等不承伝候。
義山様御代右道石隠居被仰付、男子無御座候付、片平新兵衛子三朔聟苗跡被仰付、跡式無御相違被下置、医師之御
奉公相勤申候。右御足目御知行之地五貫文に被下置候。右家督并御足目御知行に直被下候年号・御申次等不承伝

候。其後寛永年中惣御検地之時分二割出目壱貫文拝領仕、御知行高六貫文被成下由承伝を以申上候。

御同代江戸へ御供仕罷登、承応元年九月於江戸病死仕候。跡式無御相違、御知行六貫文・七人御扶持方嫡子休三に、同年十一月十二日故山元勘兵衛を以被下置候。医師之御奉公被仰付、赤松休庵弟子に被相付、江戸相詰申内病気指出罷下、明暦四年正月相果申候。子共無御座候付、右三朔次男与兵衛に、跡式無御相違同年四月廿五日氏家主水を以被下置候。

綱宗様御代御番入被仰付、茂庭大蔵御番組中之間御番所被仰付候。

御当代右七人御扶持方御知行之地三貫百五拾文に被直下之旨、寛文元年十一月十六日奥山大学を以被仰付、都合御知行高九貫百五拾文被成下候。右与兵衛延宝六年四月廿四日病死仕、子共無御座、依之拙者儀与兵衛実甥御座候処、与兵衛家督奉願、右御知行高御番所共引続無御相違被下置被由、同年九月十一日黒木上野を以被仰渡候。然処与兵衛実弟片平四右衛門右知行高之内三貫百五拾文之地被分下度旨、追て奉願候処、同年霜月廿一日上野を以被仰付、残御知行高六貫文拙者拝領仕、上野御番組被仰付罷在候。以上

延宝七年六月十七日

侍衆
御知行被下置御牒（四十五）

五貫九百九拾五文より
五貫七百六拾文迄

1　高橋孫右衛門

一　拙者祖父高橋孫右衛門儀飯坂御前様御譜代御座候て、御知行三貫百二十五文被下置、河内様へ御奉公仕候。其後野谷地拝領仕候。寛永十一年に右孫右衛門隠居仕、親利兵衛に家督被下置、御右筆御奉公仕候処、右同年河内様御遠行被遊候。同十二年九月貞山様へ被召出、右御知行三貫百二十五文并野谷地共に無御相違被下置、御右筆御奉公仕候。同十月為御意佐々若狭手前物書御用被仰付相勤申候。義山様御代寛永十三年に右拝領仕候御知行御割地に被召上、御足目にて被下置候。御分領中惣御検地之時分御知行三貫七百四十五文に直被下置候。右野谷地は起目百八十二文共御用地に被召上候。右若狭手前物書役目御免被成下候処、寛永十四年より江戸御勘定御用被仰付相勤申候付、為御加増五人御扶持方、同十五年三月真山刑部・鴇田駿河を以被下置候。慶安三年迄十四ヶ年相勤申候。右同年より引続拙者御番代に右御勘定御奉公相勤申候。明暦三年六月親利兵衛病死仕候。跡式無御相違、同年極月十八日山口内記を以被下置候。右御用寛文十一年迄三十二ヶ年相勤申候。

御当代寛文元年に御知行御扶持方御切米持添之衆御知行に直被下候節、拙者五人御扶持方二貫二百五十文に直被下、取合五貫九百九十五文被成下候。尤御黒印頂戴仕候。以上

延宝五年三月二日

2 佐藤甚右衛門

一 拙者先祖伊達御譜代にて、曽祖父佐藤伊予儀は、晴宗様御代被召出、御知行二十貫文被下置御奉公仕候処、実子外記幼少に御座候付、姉へ聟を取、助三郎と申者苗跡に奉願、無御相違被下置候処、実子無之病死仕候付進退被召上候。其以後右外記子拙者実父佐藤甚右衛門儀貞山様御代中島監物を以被召出、御知行二貫四百六十八文と御扶持方六人分被下置候。其節之年号不承伝候。寛永年中惣御検地二割出目被下置、三貫八十四文に被直下候。右甚右衛門儀御代官役目三十ヶ年余相勤、慶安三年役目御免被成下、御国御番相勤申候内、明暦二年四月廿六日病死候付、古内主膳を以右御知行御扶持方共に実子拙者に同年七月三日に無御相違被下置候。同三年伊貢之内耕野村・川張村にて野谷地新田山口内記・真山刑部を以致拝領、自分切開高二百九文、并寛文元年に御扶持方六人分之所何も並を以高二貫七百文に被直下、都合五貫九百九十三文に被成下、同年十一月十六日御黒印於御蔵、松林仲左衛門を以致頂戴候。右新田并御扶持方直被下候儀共仰渡無之、則御黒印頂戴仕候。以上

延宝五年二月廿日

3
御歩小性
武田金右衛門

一　拙者親武田源兵衛儀同氏次左衛門二男に御座候処、貞山様御代大町駿河を以御歩小性に被召出、御切米金子四切銀壱匁二分・四人御扶持方被下置、御奉公相勤申候処、御同代右御切米御扶持方御知行壱貫九百二十二文に被直下、其以後御買新田被下置、開発高二貫八百四十四文被下置候。右新田拝領仕候年月、誰を以被下置候哉、且又右御切米御扶持方如何様之品を以御知行に被直下候哉、不承伝候。取合四貫八百六拾七文に被成下候処、義山様御代寛永年中惣御検地被相入、二割出目被下置、都合五貫九百八十四文に被成下候。然処親源兵衛儀承応元年六月廿六日病死仕、跡式無御相違拙者に被下置之旨、同年九月廿九日に山口内記を以被仰渡候。勿論右御知行高之御黒印頂戴所持仕候。先祖之儀は惣領筋目に御座候武田三右衛門方より委細可申上候。以上

延宝五年四月廿日

4
石井五郎右衛門

一　拙者先祖伊達御譜代御座候。誰様御代誰を被召出御奉公仕候哉、且又進退何程被下置候哉、其段は不承伝候。祖父石井雅楽助と申者、従貞山様伊達河内殿へ被相付、御知行三貫文被下置御奉公仕候処雅楽助病死仕、嫡子拙者親外記に右知行被下、引続

御奉公仕候処、外記儀も病死仕、跡式無御相違、従河内殿拙者に被下置被召仕候処、河内殿御死去、御遺跡無御座候付、傍輩並右進退被召上候処、

義山様御代寛永十五年鴇田駿河を以拙者を被召出、桃生郡中津山村にて御知行高三貫文之内四分之一上納、四分三は野谷地割被下、起立知行高に可仕由被仰付候処、同十八年御竿前起兼申候て上納、取合壱貫五百八十六文之所、同廿一年八月十四日古内故主膳を以被下置候。其後右中津山村にて久荒新田申請自分に切起、四貫三百五十三文之所明暦二年正月廿五日津田豊前を以被下置、取合五貫九百三十九文に被成下、引続右御知行拝領仕罷在候。以上

延宝五年二月廿七日

5 中条市之進

一 拙者儀中条宗閑二男に御座候処に、寛永二年より御小性組里見十左衛門・渋川助太夫を以被召出、無足にて御奉公相勤申候処、寛文六年九月廿九日柴田外記を以、御切米六両・四人御扶持方被下置、御奉公仕候。然所に親宗閑知行高四十一貫九百二十九文之内五貫九百二十九文拙者に分譲申度段奉願候処、願之通被成下旨、延宝三年十二月十八日に大条監物を以被仰渡拝領仕候。当時拙者知行高五貫九百二十九文と御切米六両・四人御扶持方に御座候。先祖之儀は惣領に御座候条、同苗利閑方より可申上候。以上

延宝七年三月廿七日

6　末永七左衛門

一貞山様御代拙者祖父末永釆女、葛西浪人にて罷在候処、元和年中被召出無足にて御奉公仕、其後野谷地拝領、自分開発仕候新田起目壱貫二百七十文被下置、御国御番相勤申候由申伝候。

義山様御代惣御検地以後、二割出目二百四十文被下置、右本地都合一貫五百十文之御知行高に被成下候。寛永廿一年八月十四日之御日付にて釆女に被下置、御黒印頂戴仕候。

御同代野谷地拝領自分開発仕候新田起目五貫八十九文拝領、右本地都合六貫五百九十九文之御知行高被成下、正保三年六月廿三日之御日付にて釆女に被下置御黒印所持仕候。

御同代明暦二年釆女隠居願申上、其上右六貫五百九十九文之内五貫文は嫡男弥七に、残壱貫五百九十九文は次男作内に被分下度段申上候得ば願之通被成下、同年三月廿二日之御日付にて五貫文弥七に被下置、御黒印所持仕候。

御当代寛文元年野谷地拝領自分開発仕、新田起目九百二十七文弥七拝領、右本地都合五貫九百二十七文之御知行高被成下、同年霜月十六日之御日付にて弥七改名七左衛門に被下置候。御黒印所持仕候。右之通申伝候。拙者幼少にて右七左衛門聟名跡に被仰付候故、右釆女七左衛門代に新田等拝領仕候御申次并年号も不承伝候。

御当代寛文四年正月四日に七左衛門病死仕、男子持不申、女子御座候付、拙者儀皆川作右衛門次男に御座候を右娘に取合、七左衛門跡式被立下度段、祖父釆女奉願候処、願之通被仰付、無御相違五貫九百二十七文之所拙者に被下置之旨、同年三月廿二日柴田外記・富塚内蔵丞を以被仰付、則御黒印頂戴仕候。拙者儀其後七左衛門に改名仕候。以上
延宝五年二月廿七日

7 小野孫右衛門

一 拙者先祖田村御譜代之由、依之
貞山様御代親小野与市儀御切米御扶持方被下置候。跡式嫡子小野甚七致拝領候。拙者儀右与市次男に付、
義山様御代寛永十七年四月十日成田木工を以御不断組に被召出、御切米四切銀六匁四分・三人御扶持方被下置、仙台御作事方御用相足、正保三年より御普請方上廻被仰付、万治元年に組御免以後、小石川御普請御用相勤罷下、
義山様御霊屋御建立御用御地形立前迄相極、明暦二年野谷地拝領開発高壱貫四百八十八文に罷成候。右起目被下置候之仰渡無御座候。
御当代寛文二年惣御家中御知行持添御切米御扶持方御知行に被相直節、高壱貫九百七十九文并右新田起目高壱貫四百八十八文、取合御知行高三貫四百六十七文に被成下候。御黒印同元年十一月十六日之御日付にて、於御蔵松林仲左衛門を以頂戴仕候。以後野谷地拝領開起高五百六文、延宝四年十一月廿三日大条監物を以被下置、都合三貫九百七十三文に御座候。右五百六文之御黒印は于今頂戴不仕候。尤右上廻御用引続致勤仕候。以上
延宝五年二月廿七日

8 沢田勘七

一 私先祖伊達御譜代曽祖父は沢田越中と申、
晴宗様へ御奉公仕候由承伝候。委細之儀は不存候得共、天文二十二年に従
晴宗様右越中に御知行被下置候御黒印于今所持仕候。併何程被下と申所は無御座候。伊達郡西根飯田之郷并六丁目

永代被下置候と計御座候。祖父は同氏豊後と申、御国替以後小進に罷成、進退四貫七百十二文之所、従貞山様被下置、随て御奉公仕候処、白石御陣之時分、屋代勘解由纒鉄炮之者百人此度御陣中引廻御用立可申者為御意被仰付被下度由被申上候得ば、豊後壱人にて扱可申由被仰付、百人之者壱人にて御陣中引廻申候て、其上敵方にて物頭仕候郡図書と申者組打に致、首尾合之御奉公も仕候由承及候。其後義山様御部屋之時分御大所方万事之吟味可仕由被仰付、江戸へ被為相登、一両年相詰御奉公仕候内、中気相煩申に付、御暇被下御国へ罷下、十七・八年御番等も御免被成罷在候処、義山様御代寛永十五年死去仕候付、右之進退古内古主膳を以、親助右衛門に被下置候。其以後寛永十九年に柴田郡之内中名生村野谷地新田拝領、起目壱貫百九十壱文之所、正保三年四月田中勘左衛門を以拝領仕、本地共五貫九百三文被成下候。其上寛永廿年に御納戸御用被仰付、江戸御国共二十四、五ヶ年、御当代迄御奉公仕候得共、年も罷寄久敷御役目相勤申に付、寛文五年御免被成下、御国致御番罷在候処、家督に可仕由男子持不申に付、拙者儀下郡山隼人弟に御座候を聟名跡に仕度由、寛文七年に書物指上申候得ば、願之通被成下候。然処助右衛門歳罷寄、其上病人に罷成御番等も勤兼申に付、延宝三年二月隠居願之書物指上候得ば、同年四月八日柴田中務を以願之通被仰付、則助右衛門跡式五貫九百三文拙者に被下置、御黒印は于今頂戴不仕候。以上

延宝五年正月廿三日

9　砂金仲兵衛

一　拙者儀砂金市右衛門次男に御座候て、無進退に御座候付、市右衛門に被下置候御知行二十五貫九百文之内五貫九百文之所、拙者に被分下、御番所をも被仰付、御奉公仕候様に被成下度旨奉願候処、如願之被仰付之旨、延宝二年四月廿二日大条監物を以被仰付、拙者知行高五貫九百文に御座候。御番所御次之間被仰付候。勿論先祖之儀は砂金市右衛門方より申上候。以上

延宝七年四月廿七日

10　田手太右衛門

一　拙者曽祖父田手土佐儀、田手肥前兄御座候得共、病人故公儀不罷成、肥前知行之内三貫百十文を土佐子平左衛門迄加配を請罷在候。然処右衛門太夫殿へ肥前御守に被仰付、右平左衛門子采女、右衛門太夫殿へ三貫百十文之御知行にて御奉公に罷出候。右衛門太夫殿御遠行に付て、右御知行直々被下置、貞山様へ中島監物を以采女被召出、寛永十三年志田郡にて野谷地二町御買新田申受、此起目壱貫八百文寛永廿一年惣御検地之節二割出目共被下置、都合五貫九百文之御黒印頂戴仕候。万治二年八月親采女死去仕候付、跡式無御相違拙者に被下置旨、万治三年六月十日中嶋日向・茂庭周防を以被仰渡、五貫九百文之御黒印頂戴仕候。拙者御奉公江戸御国共三十九ヶ年相勤申候。以上

延宝五年四月廿三日

11　田村彦八

一　私養父田村勘助
義山様御代従天麟院様御内々被仰上由にて、明暦四年四月十九日前之古内主膳を以被召出、御切米三両・御扶持方四人分被下置候。御番所虎之間被仰付、御国御番相勤申候。拙者実父古永井六之助二男に御座候。右勘助養子依願、
綱宗様御代に被仰付候。万治二年十二月十五日富塚内蔵丞を以御目見仕候。右勘助同三年二月十三日病死仕候。跡式同年三月廿三日無御相違、御番所共に拙者に富塚内蔵允を以被仰付候。且又伯父田村図書開発之新田一之迫之内照越村にて五貫八百九十八文之所、右図書依願に延宝五年正月廿五日於江戸、小梁川修理・大条監物を以右新田拙者に被下置候。同六年十一月廿七日御薬込役目於江戸大松沢甚右衛門を以被仰付候。当年迄江戸御奉公引続十ヶ年相勤申候。先祖之儀田村図書惣領筋目に御座候間可申上候。以上
延宝七年十月廿一日

12　安藤市郎左衛門

一　拙者儀は安藤八郎兵衛惣領に御座候処に、従弟安藤金右衛門病気にて御奉公不罷成、嫡子庄之助幼少に御座候付、拙者御番代被仰付、右正之助十五歳に罷成候はば、右金右衛門知行高三十貫八百九十八文之内二十五貫文正之助に被下、残五貫八百九十八文は拙者に被分下度旨、寛文三年に金右衛門方より願上申に付、願之通に御番代同年十一月廿二日被仰付、十二ヶ年御番代相勤申候。延宝二年に正之助十五歳に罷成候間、右之品々柴田中務を以申上候得ば、無御相違三十貫八百九十八文之内二十五貫文正之助に被下、五貫八百九十八文は拙者に被分下置由、

同年三月六日大条監物を以被仰付候。御黒印は未頂戴仕候。御書替は正之助方に所持仕候。拙者にも御番組被仰付被下度旨、大条監物を以申上条得ば、延宝三年四月六日柴田中務を以願之通被仰付、御国御番相勤罷在候。惣領筋目安藤正之助方より先祖之儀は委細申上候。以上

延宝五年二月十八日

13 小平二右衛門

一 拙者先祖泉田伊豆二男遠江亘理兵庫宗隆隠居跡式相続小平遠江と申、亘理郡大畑・長瀞・吉田・花釜・小平村知行仕、則小平村に住居仕候由に候。右亘理之家は元宗公へ被相立、亘理兵庫元安と奉申之由承伝候。小平遠江相果申、実子同名太郎左衛門に右跡式被下置、

貞山様御供仕伏見へ罷登相詰罷在候処、御長屋にて御町之者切殺由付て、従

公儀御穿鑿に罷成候節、

貞山様為御意高野へ落被下、三ヶ年高野に牢人仕罷在、右御知行被召上候由承伝候。太郎左衛門高野より被召下、御知行三貫文被下置、実子同苗二右衛門にも御切米壱両三人御扶持方、従

貞山様被下置候。太郎左衛門

貞山様へ二世之御供仕候節、太郎左衛門に被下置候三貫文之御知行、実子同名二右衛門に被下置候。御切米・御扶持方共寛永十三年十月、従

義山様鴇田駿河を以、右二右衛門に被下置候。年久儀に御座候故、委細は不存候。然処二右衛門病死仕に付、寛永

廿年霜月、従

義山様鴇田駿河を以右跡式無御相違、親太郎左衛門に被下置候。

御同代御知行割之時分、壱両之御切米御知行に被直下、二割出共に壱貫七文寛永廿一年八月十四日に奥山大学・富塚内蔵允を以被下置候。

御同代御扶持方御知行に被直下度旨奉願候得ば、御意には御扶持方御知行に被直下儀御法度に被仰付候得共、故太郎左衛門御用に相立申者之末に御座候間、連々御取立被成候て可被下置候間、先以願之通に被成下由にて、壱貫三百五十文明暦三年極月山口内記を以拝領仕候。

御同代明暦二年古川三町拝領仕候内、自分切起申候処御竿相入百拾三文、万治三年

綱宗様御代富塚内蔵允を以被下置、五貫七百六十七文に被成下候。拙者儀寛文三年八月十五日奥山大学を以、綱宗様へ御小性に被召出、御切米六両・四人御扶持方拝領仕候。

御当代親太郎左衛門に被下置候御知行并寛文七年野谷地七町拝領仕候共、拙者に被下置候御切米・御扶持方太郎左衛門に被下置候様に奉願候処に、寛文九年九月廿五日に古内志摩を以願之通に被成下候。

御当代に右野谷地之内自分切起申候処、御竿相入百拾五文寛文十二年二月廿五日柴田中務を以拝領仕候。都合五貫八百八十五文に罷成候。以上

延宝五年三月六日

14

郷右近助右衛門

一 拙者儀寛永十九年に兄郷右近正右衛門相煩申に付て、御番代御奉公為仕度由、義山様御代鴇田駿河を以申上、願之通被仰付御目見仕、同年より御番代相勤候処、右正衛門病気本服仕候付、正保四年正右衛門江刺御代官御用被仰付候。其砌正右衛門御知行三貫七百四十四文・外五人御扶持方被下置候内、五人御扶持方弟正八に被分下、引続御奉公為仕度由、山口内記を以右正右衛門申上候得ば、願之通五人御扶持方拙者に被下置由、同年極月廿五日右内記を以被仰付、御国御番相勤申候。兄正右衛門儀歳罷寄申に付、寛文元年正月御代官役目御免被成下度由申上候得ば、年久万御用首尾能相勤候条、引続拙者に右御代官役目相勤可申由被仰付、江刺御代官御用相勤申候。然処無足にて年久御奉公首尾能相勤候間、加美郡上之目村御蔵新田之内田七町歩可被下置之旨、柴田外記・富塚内蔵丞・古内志摩吟味之上、寛文六年七月廿日鴇田次右衛門・田村図書・内馬場蔵人書付を以被下置、同九年御竿被相入、高五貫八百七十七文御知行高に被成下旨、寛文十二年正月廿五日柴田中務・古内志摩を以被仰渡御黒印頂戴仕、右五貫八百七十七文と五人御扶持方にて、西岩井御代官役目相勤申候。拙者儀慶安元年迄は山田正八と申候処に、本名に付郷右近に罷成度由、山口内記を以申上候得ば、願之通被仰付候。以上

延宝五年三月五日

15 新妻伊兵衛

一 拙者祖父新妻将監儀誰様御代被召出御奉公被仰付候哉、拙者未生以前之儀に御座候得ば委細承知不仕候。拙者親新妻伊右衛門儀、

貞山様御代御切米壱両二分・三人御扶持方被下置御奉公仕候。義山様御代承応三年に、野谷地三町分、明暦元年に野谷地四町歩拝領仕度段申上被下置、此起目二貫七百八十文万治三年二月十日茂庭周防・富塚内蔵允を以被下置候。明暦四年に野谷地五町分拝領仕度段申上被下置、此起目九百九十九文万治三年六月十九日、富塚内蔵允を以被下置候。
御当代に罷成、御切米御扶持方に御知行持副之分は御知行に被直下候砌、伊右衛門にも寛文元年十一月十六日に奥山大炊を以被下置候。御切米御扶持方直高二貫九十三文、野谷地之起目高三貫七百七十九文取合高五貫八百七十二文に被成下旨、御黒印右同年同月頂戴仕候。伊右衛門儀在々御普請方上廻御用数年相勤罷在候処、役所より相煩罷登、寛文二年十月十四日病死仕、跡式無御相違寛文三年二月十三日奥山大炊を以拙者に被下置、引続御普請方上廻御用被仰付相勤罷在候。以上
延宝五年二月十九日

16　大場次郎兵衛

一　拙者儀先祖より大崎譜代之者に御座候。拙者親大場次郎兵衛儀、貞山様御代に被召出、寛永二年三月廿三日栗原郡梅崎村にて、御知行三貫二百文馬場出雲を以被下置候。然処右次郎兵衛儀寛永九年十一月十二日病死仕に付、同十年八月廿六日遠藤式部を以跡式拙者に無御相違被下置、御国御番相勤申候。
義山様御代御分領中へ御検地被相入候以後、二割出被下置、本高合三貫八百四十文に被成下、寛永廿一年八月十四

日御黒印被下置候。明暦三年十二月六日同郡同村に、畑返新田山口内記・真山刑部を以申請、自分切起壱貫六百九十八文之所、

綱宗様御代万治二年十一月九日に富塚内蔵允を以被下置、右高合五貫五百三十八文に被成下、寛文元年十一月十六日

御当代御黒印致頂戴候。

御当代に同郡同村拙者知行所に切添起目三百十三文之所、延宝元年十月廿八日大条監物を以被下置、都合拙者知行高五貫八百五十壱文に御座候。以上

延宝五年二月廿七日

17 瀬戸伊左衛門

一 私親瀬戸半右衛門儀

貞山様御代大坂御陣にて御歩小性組に被召出、慶長十九年大町刑部を以、御切米三切・四人御扶持方被下置候。御帰陣之後御買米御用相勤候処に、江戸御番被仰付、片倉小十郎御番組にて両度罷登候処、本御役目御買米御用佐々若狭を以被仰付相勤申内、御買野谷地申請、起目四百六文寛永三年に拝領仕候由、其節之御申次衆承不申候。然処数年首尾能右御用相勤申由にて、寛永七年に奥山故大学・佐々若狭を以御歩小性組御免、為御加増御切米二切銀五匁被下置、御切米高五切銀五匁・四人御扶持方被成下候。

義山様御代野谷地拝領自分開発、高壱貫四百五十八文正保二年四月十七日古内古主膳を以被下置候。同三年六月廿

三日之御黒印所持仕候。其以後野谷地被下置開発、高壱貫四百四拾四文明暦二年二月十日茂庭周防・富塚内蔵允を以拝領、同年三月廿二日之御黒印所持仕候。寛文元年に御知行へ御切米御扶持方持添之衆御地形に被相直砌、右御切米御扶持方二貫五百四十三文に被直下、持来候御知行へ取合、五貫八百五十壱文寛文元年霜月奥山大学を以御書付被下置、同年十一月十六日之御黒印所持仕候。拙者儀右半右衛門次男に御座候。無進退にて御執筆役目并表御勘定方御用共両様相勤申候処に、明暦元年極月晦日山口内記を以、御切米六切・四人御扶持方被下置候。右半右衛門嫡子は瀬戸半兵衛御座候処、先年御歩小性組被召出、別て御切米・御扶持方被下置、色々御用首尾能致勤仕由にて、寛文九年御知行十貫文被下置、依之親半右衛門同十年に申上候は、其身御知行五貫八百五十壱文は拙者に被下、家督被仰付、私御切米六切・四人御扶持方は半右衛門三男私弟同名半四郎に被下置度候。且又七十四歳に罷成候て隠居仕度段申上候付て、兄半兵衛儀も半右衛門願に同意仕旨趣寄親古内志摩方迄奉願候付て、御披露之上、願之通半右衛門御知行高は拙者被下置家督被仰付、私御切米御扶持方は弟半四郎に被下置候段、寛文十年六月十九日原田甲斐を以被仰付、同年六月廿五日之御黒印所持仕候。私進退五貫八百五十壱文御座候。拙父同氏半右衛門以前之儀は、嫡子筋目に御座候間、同氏勘三郎方より可申上候。以上

延宝七年三月五日

18　馬場与兵衛

一　拙者親馬場与兵衛儀牢人にて罷在候処に、馬場出雲親類に付介抱受罷在候。然処細谷尾張と申者実子無御座候付、右与兵衛家督仕、御知行二貫二文之所被下置度旨、

貞山様御代に馬場出雲を以奉願候処、願之通被仰付之旨、右之出雲を以被仰渡候。右尾張先祖誰様御代被召出、何時御知行被下置候哉、勿論尾張家督被仰付候年号等も不承伝候。義山様御代右与兵衛本苗馬場に御座候間、向後馬場を名乗可申由、戸田喜太夫を以被仰付候由承伝候、慶安三年御番所日牒面御穿鑿之砌、右与兵衛黒木長門御番組にて御国番六ヶ年無懈怠相勤申候に付、御加増三貫文慶安三年二月十五日に戸田喜太夫を以被下置候。其以後野谷地拝領自分開発仕、右新田起目八百二十七文之所、慶安三年三月十七日右喜太夫を以、義山様御代右与兵衛拝領仕候。本地御加増共五貫八百二十九文被成下候。慶安四年八月三日に右与兵衛病死仕、拙者に家督被下置段、慶安四年十月十二日に右喜太夫を以被仰付候。以上

延宝五年三月晦日

19　仙石伝次

一　拙者先祖伊達御譜代之由承伝候得共、誰様御代拙者先祖誰を初て被召出候哉、祖父以前之儀不承伝候。拙者祖父仙石惣右衛門儀御知行高四貫八百六十三文被下置、貞山様御代迄御国御用引続相勤申候。義山様御代寛永十八年御検地之砌、二割出九百六十四文被下置、都合五貫八百二十七文に被結下候。寛文二年に右惣右衛門病死仕候。惣右衛門存生之内永沼仲兵衛次男拙父十兵衛聟名跡願申上候に付、右惣衛門跡式無御相違、

寛文五年柴田外記を以、右十兵衛に被下置候。御国御用数年致勤仕候。然処延宝四年に病死仕候。拙者儀十兵衛実子に御座候付、跡式御知行高之通無御相違被下置之旨、御当代延宝四年九月六日小梁川修理を以被仰付、御奉公相勤申候。以上

延宝四年十二月十六日

20 小原十郎左衛門

一　拙者先祖伊達御譜代之由承伝候。貞山様御代拙父小原五郎衛門儀、牧野大蔵手前御歩小性に被召出、御切米壱両・御扶持方四人分被下置候。年月共不奉存候。大坂両度之御陣へ御供仕、其以後御扶持方四人分・御切米壱両之所御知行に被直下、其上為御加増都合三貫六十文に被成下旨、右大蔵を以被仰渡候。右被仰渡候年号不承伝候。且又御買新田拝領開発仕候起高壱貫八百文、寛永九年に拝領仕候。御申次は不承伝候。其以後義山様御代惣御検地之節二割出目被下置、御知行高五貫八百弐十文被成下候。拙者儀万治元年二月九日山口内記を以、御国定御供に無足にて被召出、父子共御奉公相勉申候処、親五郎右衛門年寄御奉公勤兼申に付、隠居願申上候処、願之通被仰付、御歩小性組をも御免被成下、家督無御相違拙者に被下置旨、御当代寛文三年四月六日奥山大炊を以被仰付、五貫八百二十文之御黒印頂戴仕候。以上

延宝五年四月七日

21 遠藤六左衛門

一 拙者亡父遠藤六左衛門儀
貞山様御代寛永三年御勘定衆に被召出、御切米二両・御扶持方四人分為御合力金子壱切宛被下置候由、其以後右御切米御扶持方御知行三貫弐百文に被直下、右御合力壱切宛被下置候。誰を以右之通被下置候哉、年号承伝不申候。義山様御代寛永年中大御検地之節、二割出目六百四十文へ御合力金壱切を百七十五文に被直下、取合四貫十五文に被成下候。其後慶安四年に統取役目被仰付候時分、和田因幡・山口内記・真山刑部を以、御扶持方四人分御加増拝領、首尾能役目相勉申候故、承応元年に名取郡御代官被仰付候。
綱宗様御代迄引続御代官役目相勤、万治二年霜月廿五日病死仕候処、跡式無御相違私に被下置候由、同三年二月中古内主膳を以被仰渡候。其上亡父儀相果候迄数年首尾能御役目相勉候由にて、右四人御扶持方御知行壱貫八百文に被直下、本知行へ取合五貫八百十五文に被成下候。
御当代御黒印致頂戴候。当時知行高五貫八百十五文に御座候。拙者儀幼少之時分親相果申候故、先代之儀は承伝之通申上候。以上
延宝五年二月二日

22 横尾加右衛門

一 拙者親同性甚左衛門儀、
貞山様御代被召出、御切米二両・四人御扶持方にて、

義山様御代迄御歩行之御奉公相勤申候処、寛永十九年に野谷地致拝領、右起高二貫八百六十八文罷成候を、正保三年六月廿三日に山口内記・和田因幡・真山刑部御申次にて被下置候。甚左衛門儀其以後江戸御酒定役人に被仰付相勉申候。

御当代に罷成、御知行持添之御切米御扶持方御知行に被直下候並を以、右御切米二両・四人御扶持方之所、寛文二年三月十八日奥山大炊を以二貫九百四十三文に被直下、右高合五貫八百拾壱文に罷成候。甚左衛門年罷寄申に付、寛文四年に右御役目訴訟申上候処御免被成下、同五年より御番入被仰付、延宝三年に隠居願申上候処、如願之同年極月十一日隠居被仰付、家督無御相違拙者に被下置之旨、小梁川修理を以被仰付候。以上

延宝五年二月九日

23　真籠五郎右衛門

一　拙者儀葛西譜代御座候。先祖之儀は、拙者兄真籠木工助書上申候間不申上候。親真籠正左衛門子共嫡子は当木工助、拙者は次男に御座候。

義山様御小座住之時分、拙者十二歳にて山口内記を以御目見候処、則御小性に被召出、御扶持方四人分御仕着にて被召仕候。

義山様御代罷成御仕着を被召上、御切米七両・御扶持方四人分被下置候。廿六歳にて御物置番被仰付、御寝間にて御奉公仕候。明暦二年細谷十太夫病死仕、当細谷治兵衛幼少御座候付、右十太夫後家に拙者を御取合被成、治兵衛を養子に被仰付、十太夫御知行高三十六貫文被下置候。十太夫子十六歳に罷成候はゞ、右之御知行相渡可申候。

其節は十太夫進退程被成可被下由、古内古主膳を以被仰渡候。其後
綱宗様御小座へ被相付、当番には
義山様へ御奉公仕、非番には御小座へ相詰、
御父子様へ御奉公仕候。
御当代に御目付役、寛文元年柴田外記を以被仰付候。寛文六年に右養子治兵衛十六歳に罷成候間、
義山様御意之通覚書を以、兵部殿・隠岐殿へ申上候得ば、御知行は治兵衛に相渡可申候。拙者には本御切米七両・
御扶持方四人分被下置之旨、富塚内蔵允を以同年二月十九日被仰渡候。同年夏御目付役御免被成下、御国御番可
仕由、右内蔵允を以被仰渡候。其後
義山様へ御奉公仕候品、故主膳を以被仰渡候。御約束之品、数年御奉公仕候上困窮仕候条、御合力を地形に被直下
度由、覚書を以御評定へ申上候処延宝三年正月廿日柴田中務宅へ被為呼、其身事数年御奉公相勉、小進もて進退
困窮仕候条、御切米御扶持方地形に被直下度由、品々先年願上候付、同役中度々遂吟味、今度於江戸監物披露仕
候処如願之御知行に被直下由上意之旨被仰渡、五貫八百四文之高に被成下候。御黒印は于今頂戴不仕候。御書替
は所持仕候。以上
延宝五年正月廿日

24　寺尾五兵衛

一　拙者先祖大崎譜代御座候。私祖父寺尾大膳と申者、大崎殿へ奉公仕、右大膳実子私父寺尾彦兵衛儀

貞山様御代牧野大蔵を以被召出、御知行二十三貫五百壱文被下置候処に、彦兵衛儀寛永十年四月廿三日に当番にて仙台に相詰申内、俄に病気仕に付、其以後拙者蟻坂丹波を以、貞山様へ御目見仕候得共、親存命之内に御目見不仕者、跡式被相立間敷由兼て被仰出候間、名跡被下間敷由被仰出、右御知行被召上候。

義山様御代無足にて五・六ヶ年御奉公仕候処、正保四年十二月晦日に木村久馬・永島源左衛門を以被召出、御切米壱両・四人御扶持方被下置、御国御番仕候。明暦二年十一月十日に一之迫梅崎村、古内主膳畑返新田拝領被仕候内、拙者所望仕切起高二貫五十五文之所、明暦四年五月十二日に山口内記・真山刑部御取次を以拝領仕候。明暦三年十二月二日に、下伊沢上野村にて鈴木三弥・内馬場蔵人を以、野谷地新田五町分被下置候内、起目明暦四年堀越甚兵衛を以被下置候。右之起目六百九十三文に御座候。寛文二年拙者御切米壱両・四人御扶持方惣御家中指添之分御知行に被直下並を以、御知行二貫三百七拾壱文に被直下候。延宝元年十月廿九日知行切添起目二百三十五文之所、大条監物を以被下置候。拙者在郷除屋敷へ御竿入、高四百五十二文延宝五年二月十日柴田中務を以被下置候。都合五貫八百六文に御座候。以上

延宝五年五月七日

25　西方平兵衛

一　拙者母方曽祖父大庭肥後儀は、会津譜代に御座候。義広滅亡以後、貞山様へ高野壱岐を以被召出、秋保之内馬場村にて、御知行二貫二百十二文被下置候。肥後嫡子大庭勘負と申者、

於会津盛氏代討死仕候。勘負娘壱人御座候を、右肥後召連御当地へ参候て、西方駿河妻に仕候。肥後儀子共無之老死仕に付、西方駿河三男西方勘十郎に跡式被立下、右勘十郎肥後家督に不被仰付以前より義山様御部屋へ御小性に被召出、御切米二両・四人御扶持方被下置候へ、右御知行被指添被下置候。何年誰を以家督相続被仰付候哉、年号・御申次相知不申候。西方之本苗相用申候儀は、

義山様御意を以、本苗相名乗申候。右知行所悪地故、毎年御足目金にて被下置候。勘十郎儀寛永十一年四月病死仕子共無之に付、勘十郎弟拙者に苗跡被下置度奉存候段、古内伊賀・氏家主水を以申上候処、跡式無御相違右両人を以同年拙者被下置虎之間御小性に被仰付、其後御国御番被仰付候処、知行所悪地故兄勘十郎に如被下置、毎年御足目金にて拝領仕候処、寛永廿年惣御検地御割之砌、右御足目金と御切米御下中並を以御知行被直下、四貫文と四人御扶持方に被成下、其後寛文二年三月十八日御割奉行、堀越甚兵衛・柳生権右衛門を以、惣侍衆知行へ御扶持方持添之衆之分、何も御知行に被直下並を以、右四人御扶持方御知行壱貫八百文に被直下、本地取合五貫八百文に被成下候。先祖委細之儀は、惣領筋目故西方小左衛門可申上候。以上

延宝五年二月廿五日

26　沢田長次郎

一誰様御代拙者先祖誰を初て被召出候哉、祖父以前之儀は御知行高等も不承伝候。拙者祖父沢田九助儀貞山様御代は御知行二貫三百五拾文之所被下置、御不断衆之御奉公申上候。親沢田理兵衛七歳に罷成候節、祖父久助病死仕候。跡式親理兵衛に無御相違被下置且又理兵衛十五歳に罷成候節、

御同代に於若林、御小性に被召出候旨御直に被仰付、其砌御仕着料金十七切御加増被下置候処、義山様御代惣御検地御割之節、右之御仕着二貫九百七十五文之高に被直下、本地二貫三百五十文より二割出四百六十文、取合高五貫七百八十五文被成下候。右段々被仰付候年号・御申次不承伝候。仍拙父理兵衛延宝四年四月奉願隠居被仰付、拙者に家督無御相違被下置旨、同年六月六日大条監物を以被仰渡、当時拙者知行高五貫七百八十五文に御座候。以上

延宝四年十二月廿一日

27　御歩小性　大浦清右衛門

一　拙者親大浦清蔵儀、貞山様御代慶長八年長沼作左衛門を以御歩小性組被召出、御切米御扶持方被下置、右之御切米御扶持方何程御座候哉不奉存候。元和九年牧野大蔵を以右御切米扶持方御知行に被直下、高二貫七百壱文寛永四年宮城之内中野村にて野谷地御新田弐町歩拝領仕、起高壱貫五百七十九文寛永七年牧野大蔵を以被下置、右御知行高合四貫百八十文、義山様御代親清蔵儀老衰仕に付て、隠居之願申上候処、願之通に被成下、寛永十七年正月大町内膳を以拙者苗跡被仰付、右御知行高無御相違被下置候。改名清右衛門被成下、寛永廿一年惣御検地二割出共五貫二百文御知行高被成下御黒印頂戴仕候。

御当代寛文九年高城之内向浜にて、御新田八反歩御出入司衆御書付にて致拝領、寛文十二年御竿被相入、起高五百七十九文之所大条監物を以被下置之旨、延宝元年十月廿九日に被仰付候。右之御知行高合五貫七百七十九文之所

拝領仕候。以上

延宝五年三月廿九日

28 遠藤又左衛門

一 拙者先祖、

誰様御代に被召出、御知行何程被下候哉不承伝候。私親遠藤八右衛門と申者、御知行高五貫七百七十壱文被下置、貞山様御代より御奉公仕候処、

義山様御代正保二年九月晦日病死仕、嫡子又作に跡式無御相違、同年茂庭前周防を以被下置之由、右又作儀慶安四年八月三日死去申に付、又作一子久太郎と申二歳に罷成候に、跡式無御相違、同年十月三日茂庭中周防を以被下、幼少之故右久太郎十五歳迄御番代拙者に被仰付候。私儀右八右衛門次男に御座候。久太郎三歳之時死去申付、跡式無御相違、拙者に右周防を以慶安五年五月三日に被仰付、私知行高五貫七百七十壱文之御黒印頂戴仕候。以上

延宝五年三月十三日

29 富岡勘三郎

一 富岡勘三郎養祖父同苗掃部、同人養子同苗勘右衛門と申者は、勘三郎親に御座候。右掃部儀御切米壱両二分・御扶持方四人分被下置候。

誰様御代に被下置候哉不承伝候間、年号書上不申候。右之外寛永廿年三月和田因幡・武田五郎左衛門御申次を以、

野谷地拝領仕候処に、起目二貫九百二十文御座候付、慶安元年四月十九日
義山様へ山口内記披露を以、右御切米御扶持方二貫八百五十文被直下、合高五貫七百七十文之御知行掃部に被下置
御黒印頂戴仕候。掃部儀実子持不申候付、勘右衛門幼少之時より養子に仕候。勘右衛門実父は石田蔵人と申候。
先祖より伊達御譜代之者に御座候。掃部儀年寄申に付、寛文四年三月隠居之願奥山大炊を以申上候得ば、大炊方
より江戸へ被申上候得て、兵部殿・隠岐殿へ大条監物・茂庭周防・原田甲斐披露を以、右同年五月六日願之通掃
部隠居被仰付、家督無御相違右勘右衛門被下置、
御当代御黒印致頂戴御奉公仕罷在候処、延宝四年十月病死仕候付、同人実子勘三郎に右勘衛門跡式無御相違被立下
度旨、同年十一月廿七日親類共願書物指上申候得ば、同五年二月六日柴田中務を以右家督無御相違勘三郎に被下
置、御知行高五貫七百七十文に御座候。勘三郎儀幼少に御座候故、拙者共親類に御座候付、右之通承伝之通申上
候。以上

延宝五年三月十日

犬飼平兵衛

石田作左衛門

侍衆

御知行被下置御帳（四十六）

五貫七百五拾文より
五貫弐百弐拾四文迄

1 桜田九右衛門

一 拙者親桜田九右衛門儀元和八年
貞山様御代御歩小性組に被召出、御切米一両・御扶持方四人分被下置候。寛永三年に右組御免被成下、義山様御部屋住、御納戸役被仰付、段々御加増被成下、御切米五両・御扶持方五人分被下置候。万治弐年綱宗様御下向被遊候時分、同年八月十日茂庭中周防を以被仰渡候は、其身儀数年御役目相勤申候間、御加増可被成下儀に被思食候得共、御部屋住より御奉公勤功之衆数多御座候付て、左様には不被為成候。乍去御切米・御扶持方御知行に可被直下旨御意之由を以、御切米五両・御扶持方五人分之直高五貫七百五拾文拝領仕候。右御役目寛文四年迄三拾九ヶ年首尾能相勤、歳寄申に付て、御役目御免被成下度由訴訟申上候処、則田村図書を以御赦免被成下、寛文九年に歳六十六に罷成候付隠居被仰付、法躰改名道休に罷成、子共小助九右衛門に被成下家督被下置度由、願差上申候処、同十年三月六日右願之通、無御相違家督拙者に被下置候由、以原田甲斐被仰渡候。以上

延宝五年四月八日

2　西荒井権七

一　私祖父西荒井式部儀田村清顕公へ御奉公仕、田村之御苗跡断絶以後、貞山様へ被召出御奉公仕、御領地替之節右式部病死仕候処、嫡子私父同氏正右衛門儀幼少、且亦御領地替之節と申、跡式断絶仕候様に承伝候。右正右衛門儀御同代牧野大蔵を以被召出、御切米御扶持方被下置、御奉公仕候処、元和年中伊藤肥前を以、右御切米御扶持方御知行四貫七百八拾文被直下、其後義山様御代寛永年中惣御検地之節、二割出目九百五拾六文被下置、本地取合五貫七百三拾六文に被成下候。品川様御代万治三年三月、私父正右衛門老衰仕故、隠居願申上候処、如願被仰付、跡式御知行高五貫七百三拾六文之所、無御相違同年同月奥山大学を以私に被下置、御当代右高之御黒印頂戴仕候。右祖父被召使品々、拙父正右衛門被召出時之年号、且又御知行に被直下品々、右に可申上処、私父正右衛門儀八十余歳に罷成、于今存命仕候得共、老衰仕右之品々忘却仕候故、委細不申上候。以上

延宝七年三月十六日

3　大泉五左衛門

一貞山様御代拙者祖父大泉惣助被召出、御知行高四貫四拾七文被下置、御国御勘定役御奉公仕候由承伝候得共、何年に誰を以被召出候哉不承伝候。慶安三年に病死仕、家督嫡子源吉に右御知行無御相違、慶安三年に以山口内記被下置、

義山様御代源吉事定御供御奉公仕、於江戸明暦弐年に病死仕候。源吉実子無御座候得共、御奉公首尾好相勤申候間、被相禿儀に無之由被遊

義山様御意、拙者儀清水勘右衛門次男に御座候。源吉姪に御取合、拙者に家督明暦二年八月山元勘兵衛を以被下置候。石田将監御番組中之間被仰付候。源吉代に野谷地拝領、起目三百四拾三文

御当代寛文元年十一月十六日奥山大学を以被下置、本地取合四貫三百九拾文之御黒印頂戴仕候。且又伊達大膳殿新田起目御拝領之内壱貫三百弐十五文、私に被分下候段御願に付、黒木上野を以延宝六年六月廿二日に被下置候。

御知行高五貫七百拾五文に御座候。以上

延宝七年二月廿五日

4 太斎清七郎

一　拙者先祖伊達御譜代之由承伝候得共、誰様御代先祖誰を被召出候哉、祖父より前之儀は不承伝候。祖父同氏新蔵人儀

貞山様御代御知行五貫七百文被下置、御国御番仕候由承知仕候。其以後病死仕、嫡子拙者親清七に跡式無御相違被下置候。何年に誰を以被下置候哉承伝不申候。寛永拾五年九月親清七不調法之儀御座候て進退被召上、浪人仕罷

在候内病死仕候。拙者儀慶安三年三月十三日茂庭故周防を以被召出、御知行五貫七百文親に被下置候本高之通、拙者に被下置候。右五貫七百文之御黒印頂戴仕候。以上

延宝五年四月八日

5　中山四郎兵衛

一　拙者儀中山喜平次実弟御座候処、右喜平次に被下置候御知行弐十四貫三百文之内四貫文拙者に被分下置度由、右喜平次願上、寛文拾三年二月廿七日願之通柴田中務を以御知行被下置、御次之間御番所被仰付、同年七月十一日より御国御番仕候。右喜平次知行桃生郡中野村地続にて、野谷地拝領自分開発之地壱貫六百五拾六文之所、拙者に被下置度旨喜平次方より願申上候処、延宝三年十一月廿三日右中務を以被下置候旨被仰渡、都合五貫六百五拾六文之高に被成下候。御黒印は于今頂戴不仕候。以上

延宝五年四月六日

6　星市郎右衛門

一　拙者親星十助儀伊達河内殿へ奉公仕候。河内殿御死去以後、義山様御代寛永拾五年に古内故主膳を以被召出、御知行四貫七百拾四文被下置候。其以後惣御検地之節、寛永廿一年二割出目被下置、五貫六百五拾四文之高に被成下候。御黒印頂戴仕候。

御当代延宝二年五月十一日に、親十助隠居願鴇田淡路を以申上候処、同年六月廿九日大条監物を以、願之通隠居被

仰付、右五貫六百五拾四文之通無御相違拙者に被下置候。御黒印は于今頂戴不仕候。以上

延宝五年四月十六日

7 白石吉右衛門

一 拙者祖父白石善内儀は白石信濃次男に御座候処、貞山様御代被召出御知行高六貫五百四拾文之地被下置候。被召出候年号・御申次は承伝無御座候。元和元年二月七日右善内病死仕候付て、名跡無御相違、実嫡子拙者親十次郎に被下置候。其節十次郎幼少に御座候故、誰を以被下置候哉覚無御座候。寛永六・七年之比右御知行高之内四貫四百九文被召上、残弐貫百三拾壱文之所十次郎に被下置候。如何様之品にて右之通御知行被相減候哉、其品承伝無御座候。義山様御代寛永年中惣御検地之節、二割出目四百弐拾文被下置、都合弐貫六百五拾壱文之所、正保元年八月十四日富塚内蔵允・奥山故大学を以被下置候。御当代寛文十年親十次郎隠居之願申上候付て、同年三月廿七日柴田外記を以右御知行高無御相違拙者に被下置、御黒印頂戴仕候。拙者先祖委細之儀は白石源右衛門方より可申上候。以上

延宝五年三月廿九日

8 二瓶弥五兵衛

一 誰様御代拙者先祖誰を始て被召出候哉、祖父已前之儀は不承伝候。祖父二瓶掃部

貞山様御代御切米三両・御扶持方四人分被下置、中之間之御番相務申候処、江戸御作事定詰小奉行被仰付御奉公仕候由承伝候。男子無之付て、壻大窪吉左衛門次男市九郎に苗跡被仰付、掃部儀は隠居仕度旨義山様御代申上候処、願之通被仰付候。年号・御申次は不奉存候。右市九郎儀要山様御奥小性に被召仕、其後野谷地拝領自分開発、高壱貫三拾八文之所寛永廿一年被下置候。取合御切米三両・御扶持方四人分と壱貫三拾八文被成下候。御申次は不承伝候。

義山様御代正保三年、大窪十左衛門相果候付て、右市九郎親類之因有之付て、十左衛門跡式御切米三両壱分銀拾四匁・御扶持方四人分と知行三百六拾八文之内御切米三両壱分と銀十四匁知行三百六拾八文、右市九郎に為御加増被下置、大窪之苗跡相続被仰付候。右十左衛門御扶持方四人分と本知行壱貫三拾八文市九郎従弟大窪八右衛門次男拙者に右同年成田木工を以被下置、二瓶之苗跡被仰付候。拙者儀明暦弐年

綱宗様御部屋へ定御供御奉公被仰付、小身に御座候付、御切米壱両弐歩、右同年古内故主膳を以被下置、右知行取合三両四人御扶持方之積に被成下候。寛文元年に何も御切米・御扶持方知行に被直下候節、並を以三貫六百九拾五文之高に被成下候。同八年何も定御供並四両四人御扶持方之積に、三百九拾壱文原田甲斐を以御加増被下置、四貫八拾六文に被成下候。同十三年実父大窪八右衛門願を以、知行高之内壱貫五百五拾三文被分下旨柴田中務を以被仰渡、本地取合五貫六百三拾九文拝領仕、御番所中之間御座候。以上

延宝七年八月六日

9　石川宇左衛門

一貞山様御代拙者祖父石川伝吉御歩小性組に被召出、御切米弐両三分・御扶持方四人分被下置、御奉公仕候処病死仕、実子無御座候付、従弟に御座候養父喜左衛門跡式無御相違被下置候由承伝候。年号・御申次不奉存候。喜左衛門儀江戸御番被仰付、

義山様御代迄相務、其後御国にて諸事御用相勤申候。然処宮城郡岡田村にて、寛永十八年に野谷地鍬先新田拝領仕、四年荒谷に起申に付、正保二年御竿被相入、起目高弐貫三百廿壱文之所、和田因幡・真山刑部・山口内記を以正保三年六月廿三日御加増被下置候。其後、

綱宗様御代奥山大学を以年久御奉公仕候間、御歩小性組万治三年三月七日御免被成下候。

御当代に罷成、寛文元年御切米・御扶持方持添之分並を以、御知行三貫三百拾三文被直下、右新田取合五貫六百三拾九文之所被下置候。御黒印頂戴仕候。其後歳寄病人罷成御奉公不罷成候付て拙者に家督被下置、隠居被仰付被下置由、御番頭石田将監を以、兵部殿・隠岐守殿御後見之砌、寛文六年二月九日に願差上申候処に、同三月十六日柴田外記を以、願之通隠居被仰付、家督無御相違被下置、養父喜左衛門御番所中之間不相易被仰付候。拙者儀養父喜左衛門兄永野甚内と申者之次男に御座候。喜左衛門実子無御座候付、幼少より子共に仕差置申候処に、寛永廿年三月大町内膳組之御歩小性御奉公に罷出、御切米一両弐分銀十弐匁・御扶持方四人分被下置候処、万治元年五月八日組頭御役目被仰付、寛文六年三月迄御奉公仕候。然処養父喜左衛門老衰仕候付、御歩小性組御免被成、喜左衛門家督被下置候間、私家督拙者実子十歳に罷成候に被下置度由、大町権左衛門を以申上候得ば、兵部殿より御与力衆拙者代に可被召出由被仰渡候間、家督相立候儀不罷成由権左衛門被申渡候に付て、則拙者進退差上申候。以上

延宝五年三月七日

10　荒井十右衛門

一　拙者儀寛永拾七年四月成田木工を以、御切米一両弐歩・四人御扶持方被下置、要山様へ定詰御歩行衆に被召出、江戸へ罷登、御遠行以後御国御番被仰付、其外色々御役目相勤罷在候処、寛文四年七月賀美郡小野田原御新田御取立被遊候付て、御役人に田村図書を以被仰付、延宝四年迄拾三ヶ年御新田開発仕候。然処寛文七年に右御新田之内野原五町歩抱《かかえ》新田に仕、自分入料を以切起、其上首尾好御役目相勤申候段、和田半之助・田村図書・内馬場蔵人右三人衆より柴田中務・小梁川修理・大条監物へ申達披露之上、為御加増右地形五貫五百文、延宝三年三月廿二日右中務を以被下置候。且又賀美郡上野目村にて野谷地壱町歩致拝領、同五年二月十日、此起目代高百拾七文之所、右中務を以被仰渡候。当時知行高五貫六百拾七文、御切米壱両弐分・四人御扶持方被下置候。以上

延宝五年四月廿八日

11　松倉与惣右衛門

一　拙者親松倉兵庫と申候て、最上義光へ御奉公仕罷在候処、拙者幼少之砌相果、元和八年に最上没落仕候付て即拙者儀は御家中に一腹之兄小塚織部御奉公仕罷在候間、右織部所へ罷越、浪人にて罷在候。然処織部存候は御家中にて御奉公為仕度と、笠原出雲所に悴之内より相頼差置申候。依之右出雲津田中豊前を以右之旨趣、義山様へ申上候処、可被召仕旨為御意、正保弐年被召出、無足にて三ヶ年御国御番相勤、慶安元年御切米四両・御

扶持方四人分右豊前を以被下置候。且又右出雲致拝領候野谷地新田起目之内壱貫五百文拙者に分与申度段申上候処、願之通御前相調万治元年五月廿七日に
義山様御代古内故主膳を以右壱貫五百文之所被下置候。其以後知行持添之衆御切米・御扶持方御知行に被直下並を以、右御切米・御扶持方寛文元年に、四貫八拾六文に被相直、本地取合五貫五百八拾六文御黒印頂戴仕候。以上
延宝五年四月十三日

12 松木清右衛門

一 拙者先祖長井御譜代之由承伝候得共、先祖誰様御代被召出候哉不承伝候。祖父松木信濃と申者、
貞山様へ御奉公申上候。其節御知行高何程被下置候哉、其段不奉存候。祖父信濃相果申に付て、右嫡子拙者親信濃に、御知行高四貫四百六拾七文之所被下置、家督被仰付候。年号・御申次不承伝候。
義山様御代寛永廿一年惣御検地之節、二割出目壱貫百拾六文被下、本地取合五貫五百八拾三文に罷成候。親信濃儀、
御当代隠居願申上願之通被仰付、寛文八年正月十三日拙者に家督無御相違被下置旨、古内志摩を以被仰渡候。拙者知行高五貫五百八拾三文に御座候。御黒印頂戴仕候。以上
延宝五年三月十七日

13 宇津志惣右衛門

一 拙者儀宇津志吉兵衛次男、無進退にて罷在候付、右吉兵衛知行高之内五貫五百八拾文之所、拙者に被分下置度旨

願申上候処に、如願延宝六年八月廿二日に黒木上野を以五貫五百八拾文之所拙者に被分下置、御番所御広間被仰付候。先祖之儀拙父同名吉兵衛申上候。以上

延宝七年六月十四日

14 佐藤新助

一　拙者祖父佐藤新助儀

貞山様御代御切米一両・四人御扶持方被下置、御歩小性に被召出、御奉公相勤罷在、其後野谷地拝領仕、起目高五貫五百七拾五文に罷成候付、右御切米・御扶持方差上、組御免被成下御番相務罷在候処、拙者に跡式被下置度段、義山様御代古内伊賀を以奉願候処、如願御前相調、寛永拾九年九月御目見仕候。拙者親佐藤与右衛門儀、貞山様御代無足にて御奉公仕候得ば、御歩小性に被召出、御切米壱両・四人御扶持方被下置、御奉公相務罷在候得共、少分之御切米・御扶持方に御座候。勿論拙者儀嫡子に御座候間、祖父跡式申上候。然処万治三年八月右新助病死仕候付て、御知行高五貫五百七拾五文之所無御相違拙者に被下置之由、同年十月七日に古内志摩を以被仰渡候。右御切米御扶持方野谷地被下置候年月覚不申候。以上

延宝五年三月四日

15 柴崎丹右衛門

一　拙者祖父柴崎掃部左衛門儀、於米沢

貞山様御代御知行四貫六百三拾八文被下置御奉公仕候。右掃部左衛門寛永九年死去仕、其嫡子拙者親丹右衛門引続右御知行拝領仕候。先祖之儀委細承知不仕候。右丹右衛門寛文四年死去仕、其節親類共奉願、大条監物・茂庭中周防・富塚内蔵允江戸へ被申登、跡式無御相違被下置、同年九月十三日大条監物を以被仰渡候。且又義山様御代寛永廿一年弐割出目被下置候付て、当時御知行五貫五百五拾八文に御座候。以上

延宝四年十二月廿一日

16 大槻源兵衛

一 拙者実父大槻六左衛門儀

義山様御代寛永十三年御歩行衆に被召出、御切米弐両・四人御扶持方被下置候。其後明暦弐年に宮城郡芋沢村にて野谷地壱町二反拝領、為起申候。万治三年に御歩目付役被仰付候。然処右野谷地御竿相入、起目高壱貫四百五拾六文之所、寛文元年十一月十六日奥山大学を以拝領仕候処、拙者祖父喜右衛門知行所、同郡荒井村に御座候を、自分勝手を以右新田所に替被下様に仕度旨、双方願申上候付て、荒井村之本地へ被替下、御黒印頂戴仕候。御取次覚不申候。其以後寛文六年八月十三日古内志摩を以、御切米弐両御加増被成下候。且又六左衛門儀数年御奉公相務、勝手不罷成、御役目相勤兼迷惑仕候間、右御切米・御扶持方地形に被直下御奉公相続申度段、覚書を以申上候処、願之通被成下之旨、寛文十二年正月廿五日以柴田中務被仰渡候。右御加増之地加美郡下新田村にて四貫八拾六文、都合五貫五百四拾弐文之高に被成下候。右六左衛門儀、延宝弐年に病死仕候付て、親類共願申上候上、同年六月廿九日大条監物を以拙者に苗跡被仰付候。以上

延宝五年三月七日

17　佐藤惣兵衛

一貞山様御代拙者祖父佐藤大学、御切米三切・御扶持方三人分被下置、御不断組被召出御奉公仕候。誰御申次を以被召出候哉、年号不奉存候。右大学慶長拾八年九月十日に病死仕候。祖父跡式無御相違親左兵衛に被下置候哉、年号・御申次不承伝候。左兵衛右御奉公引続相勤申候処、御勘定頭高城外記を以、御不断組御免被成下、御割屋にて被召使、御切米弐両・御扶持方四人分以佐々若狭被下置之由承伝候。其以後御切米・御扶持方御知行に被直下度旨右外記を以奉願、御知行高三貫六百七拾四文本地にて、右若狭を以拝領仕候由申伝候。年号は不奉存候。其後御売野谷地拝領、起目九百五拾六文、右二口合四貫六百三拾文若狭を以被下置候。年月は不承伝候。義山様御代寛永廿一年惣御検地之刻、二割出目九百文被下置、都合五貫五百三拾文被成下候。右御割屋御奉公山口内記を以、承応元年に御免被成下、御国御番仕罷在候処に、同弐年八月十二日左兵衛病死仕候。跡式無御相違承応弐年十月十七日御同代山口内記を以拙者に被下置、御黒印頂戴仕候。以上

延宝五年四月廿三日

18　里見正右衛門

一義山様御代私儀、正保四年三月御割屋衆に被召出、御切米弐両・御扶持方四人分山口内記・和田因幡を以被下置、

万治三年迄右御用相勤申候。其以後京都御国共に御奉公相務罷在候処、寛文四年七月賀美郡小野田原御新田御取立被遊候付て御役人に以田村図書被仰付、延宝三年迄十二ヶ年中御新田開発仕候。然処寛文七年に右御新田之内野原五町分抱新田に申請自分入料を以切起其上首尾好相勤申段、和田半之助・田村図書・内馬場蔵人方より柴田中務・小梁川修理・大条監物へ相達披露之上、為御加増右地形五貫五百文延宝三年三月廿二日右中務を以被下置、当時御知行五貫五百文、弐両四人御扶持方に御座候。以上

延宝五年正月晦日

19　大石藤右衛門

一誰様御代拙者先祖誰を始て被召出候哉、其段相知不申候得共、拙者より六代已前之先祖大石佐渡・其子同氏参河・同嫡子同氏大隅・其子同氏若狭右代々名本相知申候。於先祖伊達之内大石と申所被下置、数代領知仕様に承及候得共、如何様之品御座候哉、大隅・若狭代之比より進退断絶仕候様に承伝申候。右若狭嫡子拙父同氏藤衛門儀は、

貞山様御代於御当地御歩小性組に被召出、進退被下置候様に承伝候得共、進退何程被下置候哉、年号・御申次共に相知不申候。尤大坂御陣之節も御供候由に候。

御同代右藤右衛門儀、宮城郡八幡村御蔵新田御取立申上、首尾好開発仕候由にて、元和七年七月廿三日に蟻坂丹波を以、御知行三貫百三拾九文被下置、并右御切米御扶持方御知行取合、御知行高四貫五百五拾九文に被成下、其節右同人を以御歩小性組も御免被成下、

義山様御代惣御検地之節、弐割出目御加増にて、御知行高五貫四百五拾九文被下置候。承応二年閏六月十二日親藤右衛門病死仕候。家督願之儀古内治太夫を以上候処、同年十二月二日に古内故主膳を以、跡式無御相違拙者に被下置、勿論親代より御黒印頂戴仕罷在候。以上

延宝五年二月十六日

20　原　半兵衛

一　拙者親原利兵衛儀、最上浪人御座候。大坂御陣之時分より明暦三年迄之内、貞山様御代より、義山様御代迄四拾ケ年余御奉公相勤、段々御合力御知行被下置、高弐貫七百三拾八文之所拝領仕候。苗跡は拙者弟半九郎と申者に被下置度由、義山様御代山口内記を以申上候付て、願之通右半九郎に被下置、利兵衛儀明暦三年九月廿七日病死仕候。半九郎儀は不義仕候付、寛文三年進退被召放、同六年相果申候故、利兵衛跡式相禿申候付て、委細不及申上候。拙者儀は右原利兵衛嫡子に御座候。寛永拾三年二月貞山様御代小田辺主殿手前御歩小性衆明間御座候所へ、小梁川市左衛門を以罷出、御切米一両・御扶持方四人分被下置、同十六年御歩小性組御免御納戸役目被仰付、山口内記を以御切米二両弐分・御扶持方四人分被下置候。慶安四年山元勘兵衛を以御納戸役目御赦免被成下、中之間御番仕候。寛文四年栗原郡三迫若柳村野谷地新田に拝領、起目五貫四百三拾八文之所、同九年極月六日被下置候段、古内志摩を以被仰渡候。御切米弐両弐分・御扶持方四

人分・御知行五貫四百三拾八文之所拝領仕候。以上

延宝五年四月五日

21　千葉久兵衛

一　拙者先祖葛西譜代

貞山様御代安部又兵衛被召出、御知行高壱貫九百五拾文之所、中島監物を以被下置候。又兵衛儀寛永拾年三月十日病死仕候。男子無御座候付、右之御知行可被召上処、千葉次郎右衛門は又兵衛聟に御座候て、無進退にて笹町新左衛門・田中惣左衛門手前御米御用相務申に付、御合力一ヶ年に金子弐両宛被下置相勤罷在候処、年久御奉公仕候間、御吟味を以又兵衛に被下置候。右之御知行高

貞山様御代、右監物を以千葉次郎右衛門に被下置候。次郎右衛門儀引続右之御用相勤罷在候処、寛永十八年之御検地に二割出目、同廿一年八月十四日

義山様御代、高弐貫三百三拾文に被成下拝領仕候処、次郎右衛門儀慶安元年正月六日に病死仕候。実子無御座付て、拙者次郎右衛門弟に御座候て、右新左衛門手前御米御用寛永十四年より慶安元年迄十弐ヶ年無進退にて、御合力一ヶ年に金子一両壱分宛被下置罷在候処、御塩味を以次郎衛門に被下置候。御知行高苗跡共に、

義山様御代山口内記を以、同年二月廿五日拙者に被下置候。其後御郡方御用相務罷在候処、明暦二年九月江戸御買物御用一年替被仰付罷登候処、同三年正月江戸大火事之時分、御金御牒切手少も焼失不仕相出、御勘定無御相違払方仕罷下、万治元年九月当番にて罷登候処、同弐年四月廿七日に、

品川様御代大条兵庫・古内中主膳を以被仰渡候。其身事少進にて江戸詰仕、首尾好御用相務申候。為御褒美御加増御切米金子壱両弐分・御扶持方五人分被下置候間、難有可奉存由被仰渡、其以後引続寛文元年霜月迄六ヶ年右之御用相勤、御勘定無滞払方仕候。同二年御切米・扶持方御知行に直被下置並を以、右衛切米・御扶持方高三貫百七文に被直下、同年霜月十六日
御当代に、都合五貫百三拾七文之所御黒印頂戴仕候。同弐年江戸御番御赦免被成下、同年より御国御番無懈怠去年十月迄拾五ヶ年相務罷在候。以上
延宝五年二月九日

22　細目彦左衛門

一　拙者親細目彦左衛門儀
貞山様御代に御不断衆に被召出、御切米・御扶持方被下、御鷹遣役被仰付、御奉公相勤申候。右御切米・御扶持方何程に御座候哉不承伝候。其後
義山様御部屋へ江戸御勘定衆に被仰付、
御同代寛永拾三年に御切米四両・七人御扶持方に被成下、組御免被成、数年右御奉公相勤申候。右御組御免被成候御取次不承伝候。其以後宮城御代官被仰付候処、慶安二年七月十二日病死仕、同年十月六日に山口内記を以跡式拙者に被下置、御国御番仕、寛文五年十月御蔵方御横目に被仰付、寛文拾弐年四月廿三日に、古内志摩を以被仰渡候は、御蔵方御横目数年首尾好相務候付、御切米・御扶持方知行に被直下可然旨、同役中相談之上、於江戸柴

田中務・片倉小十郎・茂庭主水・古内主膳遂披露候処、右之通被成下由御書付を以、御知行五貫四百三拾五文拝領仕罷在候。以上

延宝五年四月廿八日

23 徳江佐左衛門

一誰様御代拙者先祖誰を始て被召出候哉、祖父已前之儀は不承伝候。祖父徳江蔵人儀、貞山様御代御知行三貫拾七文被下、従伊達御同代御供仕御国へ罷下、無間も病死仕候。跡式無御相違嫡子拙父同氏豊後に被下置、年号・御取次不承伝候。江戸御奉公被仰付、数年相務申に付て、御扶持方四人分御加増被下置候。年久儀に御座候故、誰を以被下置候哉承伝不申候。

義山様御代寛永年中惣御検地之節、二割出目六百文被下置、三貫六百拾七文之高に被成下候。右豊後慶安元年十月病死仕候。跡式御知行無御相違拙者に被下置旨、成田木工を以、同弐年二月被仰付候。

御当代寛文元年御知行と御扶持方持添之衆御知行に被直下並を以、壱貫八百文に被相直、都合五貫四百拾七文之高に被成下候。以上

延宝七年十月廿日

24 桜田久三郎

一　拙者先祖伊達御譜代之由承伝候。祖父桜田下総儀、
貞山様御代に被召出、御知行四貫五百文被下置候。右御知行如何様之品を被下置、何年に誰を以被召出候哉不承伝
候。右下総寛永年中隠居仕、嫡子甚内に右御知行無御相違被下置、右家督被仰付候。年号・御申次は不奉存候。
其後
義山様御代惣御検地之節、二割出目を以五貫四百文に被成下候。甚内儀正保四年九月廿六日病死仕候。跡式同五年
正月廿五日山口内記を以無御相違、御知行高五貫四百文之所拙者に被下置、御黒印頂戴仕候。以上
延宝五年三月廿八日

25　高城長兵衛

一　拙者儀高城外記次男に御座候。無進退にて罷仕候処、
義山様御代承応二年右外記知行附にて野谷地五町分山口内記を以拝領仕開発、起目高五貫三百七拾三文之所拙者に
相譲申度旨、外記願を以
綱宗様御代万治弐年十一月願申上候処、如願無御相違被下置之由、翌年二月十日茂庭中周防を以被仰渡、御黒印奉
頂戴候。先祖之儀同氏助兵衛申上候。以上
延宝五年四月十一日

26　中島勘右衛門

一　拙者先祖伊達御譜代之由承伝候。曽祖父中島十郎儀永禄年中名取郡北目城主粟野大膳に御仕置被仰付候節、右十郎被差添御用相勤申に付て名取郡川上村にて御知行被下置、数年住居仕候処、十郎病死仕、実子右近儀右十郎死去仕候年出生仕幼少故、跡式不申上中絶仕候。右御知行何年誰を以被下置候哉不承伝候。然処祖父右近成長、右之品長尾主殿を以申上候処、元和八年に
貞山様御代、御切米弐両・五人御扶持方被下置、御奉公相務申候。祖父右近寛永三年に病死仕候付て、親十郎左衛門に、家督同四年に無御相違
貞山御代茂庭周防を以被下置候。其後親十郎左衛門野谷地申受自分開発、高壱貫四百弐拾壱文之所茂庭周防を以寛永六年に拝領仕候。
義山様御代御切米被直下並を以壱貫六百九拾八文に寛永廿一年に被相直、新田合三貫百拾九文に被成下候。
御当代御知行持添之衆御扶持方御知行に被直下候砌、弐貫弐百五拾文之所寛文元年に奥山大学を以被下置、御黒印頂戴仕、都合五貫三百六拾九文に被成下候。親十郎左衛門歳罷寄隠居願申上候処、柴田外記御披露を以、寛文四年十二月十六日願之通隠居被仰付、家督無御相違拙者に被下置五貫三百六拾九文御黒印頂戴仕候。以上

延宝七年三月五日

27　曽根金十郎

一　貞山様御代祖父曽根満吉鈴木和泉を以被召出、御知行高壱貫弐百八拾壱文被下置、御奉公相務申候。其以後寛永二

年御買新田野谷地申請開発、高五貫八百六拾六文拝領仕候。右新田五貫八百六拾六文之所右満吉嫡子甚兵衛に分被下置、右本知壱貫弐百八拾壱文之所満吉次男同氏二左衛門に被下置度旨願差上候処、義山様御代寛永十三年古内故主膳を以、願之通分被下置候。然処右二左衛門明暦二年不慮之儀にて相果申候故、跡式被召上候。右新田五貫八百六拾六文之御黒印寛永廿一年八月十四日に致頂戴候。右甚兵衛延宝二年に隠居願差上候処、願之通被仰付、跡式無御相違同年四月廿三日大条監物を以拙者に被下置候。且又拙者実弟吉郎兵衛、寺崎十衛門方へ婿養子に遣候付、拙者知行高五貫八百拾六文之内五百文之所、右十右衛門方へ分遣度旨延宝三年に願差上候処、願之通被成下旨同年十二月十六日大条監物を以被仰渡候。依之拙者知行高五貫三百六拾六文に御座候。拙者先祖大崎譜代に御座候由承伝候。以上

延宝五年二月廿五日

28　熊弥兵衛

一　拙者より三代已前小川弥兵衛伊達御譜代御座候。貞山様御代御歩行衆に被召出、御切米・御扶持方被下置候。員数は覚不申候。伏見へも相詰、白石御陣其外所々御陣へ御供仕候。御馬之先にて度々覚仕候付て、御腰物両度拝領仕候。一腰は伊達にて婿保原助左衛門に出し申候。一腰は于今所持仕候。

貞山様米沢に被成御座候節、最上出羽守様へ生申候熊被進候御使に、弥兵衛被遣候。熊相渡申候以後籠より熊迯申候を、最上にて捕兼被申候て、御使之衆捕て連候様にと被申に付、弥兵衛罷出捕申候て相渡罷帰候得ば、其品々

従出羽守様御返状に
貞山様へ被仰越候に付、弥兵衛被召出、手柄仕候由被成御意、只今より苗字熊に罷成候へと被仰付候。仙台御移被成置候以後、右之御切米・御扶持方御知行弐貫文に被直下、御歩行組御免被成下候。年号は承伝不申候。右弥兵衛子共弥兵衛と申、孫とも弥兵衛と申候。三代目弥兵衛御奉公仕候砌、代々小身にて罷在候段、寛永六年に中島監物被申上候得ば、壱貫七拾七文御加増被下置、合三貫七拾七文拝領仕候。惣御検地之砌二割出目被下置、三貫六百七拾七文之御黒印、
義山様御代頂戴仕候。三代目之弥兵衛男子持不申候付、私儀斎藤先五左衛門末子に御座候て、七之允と申候聟名代に仕、舅弥兵衛豊後に被成下、拙者を弥兵衛に仕家督相渡申度由、
御同代戸田喜太夫を以申上候得ば、願之通承応二年六月右同人を以被仰付、同月十五日に親子共に御目見仕候。寛文元年十一月十六日右三貫六百七拾七文之御黒印
御当代頂戴仕候。私儀男子持不申候て、木村市右衛門三男兵右衛門聟苗跡に仕度由申上、願之通寛文十一年五月富塚内蔵允を以被仰付候。右市右衛門宮城郡之内にて海新田被下、壱貫六百七拾五文切起申候を、拙者御知行高へ被差添被下置度由申上候得ば、於江戸小梁川修理・大条監物被申上、願之通被成下由、延宝五年二月十日に柴田中務被申渡候。本地合五貫三百五拾二文に御座候。以上
延宝五年二月廿日

29　小池八之允

30　清水瀬兵衛

一　拙者祖父小池善右衛門儀、葛西譜代之由承伝候。
貞山様御代元和二年に廿五歳にて、御切米弐両・四人御扶持方被下置、御歩行御奉公に被召出候。誰を以被召出候哉、御申次衆は不承伝候。寛文元年十月三日七拾歳にて病死仕候付て、跡式無相違次男同氏善兵衛に被下置、親御奉公不相易被仰付候。拙者親小池八郎兵衛儀、右善右衛門嫡子に御座候処、別て
義山様御代正保二年五月古内伊賀を以御切米弐両・四人御扶持方被下置、要山様御納戸役目被仰付、右御用相務申候。要山様御遠行以後御国御番被仰付候。
義山様御代承応四年四月真山刑部・山口内記書付を以、親八郎兵衛野谷地拝領新田開発、高弐貫六文之所被下置候。其節之御申次衆・年月等は不承伝候。尤御黒印頂戴不仕候。
御当代寛文元年御下中御切米・御扶持方持添之分被直下候並を以、弐貫九百四拾三文之御知行に被相直、右之新田取合高四貫九百四拾九文に被成下候。御黒印頂戴仕候。右八郎兵衛儀延宝三年五月二日病死仕候。跡式御知行高之通、無御相違拙者に被下置候段、同年八月十九日に柴田中務を以被仰渡候。且又延宝弐年二月在郷除屋敷へ御竿被相入、知高に被成下度由、亡父八郎兵衛存生之内願差上置候付て、如願被成下、高三百九拾三文之所拙者に被下置旨、同三年九月九日右中務を以被仰渡候。都合五貫三百四拾弐文之高に罷成候。御黒印は于今頂戴不仕候。
御割奉行衆書替は所持仕候。以上
延宝七年七月廿五日

一　拙者儀清水古長左衛門次男に御座候処、右長左衛門残命之時分、

義山様御代承応四年四月六日に、東山上奥玉村にて野谷地十九町拝領開発、明暦元年御竿相入、高五貫三百二拾九文に罷成候を、拙者に被下置候様に願差上申候処、

綱宗様御代右新田亡父長左衛門願之通、拙者に被下置之旨、万治三年二月十日茂庭周防・富塚内蔵丞を以被仰渡、御書付罷出候得共、御黒印は不罷出候。

御当代寛文元年十一月十六日御黒印頂戴仕、今以知行高五貫三百弐拾九文に御座候。以上

延宝五年三月廿九日

31　遊佐伝兵衛

一　拙者曽祖父遊佐下総と申者、御知行六拾貫文被下置、

貞山様御代初て被召出御奉公申上候。如何様之品にて御知行拝領仕候哉不承伝候。拙者祖父遊佐三四郎儀、部屋住にて御小性御奉公申上候処、不調法之儀御座候て切腹被仰付候。右三四郎実子遊佐藤左衛門儀、かたはにて御座候条、下総家督に申立儀不罷成候付て進退相禿、浪人仕、段々親類共に相懸り罷在候。然処拙者儀

綱宗奉御代堀弥兵衛を以被召出、野谷地七町被下置、六原御鳥見御用被仰付、右之起目五貫三百弐十九文之御知行高

御当代延宝三年九月十三日柴田中務を以被下置、御番入被仰付候、以上

延宝四年極月七日

32　梅森五兵衛

一　拙者先祖代々黒川郡麓村に住居仕、私曽祖父梅森備中儀は黒川殿へ奉公仕、黒川断絶以後、備中嫡子私祖父同氏右馬允儀浪人にて罷在候処、右馬允儀
貞山様宮崎御陣之時分被召出、御陣所へ御供相勤申候処、御知行四貫八拾四文被下置之由承伝候得共何年に誰を以被召出、右御知行被下置候哉其段不承伝候。祖父右馬允儀、
御同代隠居被仰付、跡式無御相違寛永七年に拙者父右馬允に被下置候。誰を以被仰付候哉御申次は相知不申候。拙者父右馬允儀、
義山様御代寛永拾八年病死仕、跡式無御相違惣御検地二割出共に四貫九百文之所同年極月十五日鴇田駿河を以拙者に被下置、御黒印頂戴仕候。且又知行所切添四百六文之所延宝五年三月柴田中務を以被下置、当時拙者知行高五貫三百六文に御座候。以上
延宝七年霜月十日

33　大窪半丞

一　拙者曽祖父大窪中務仙道之内大窪と申所に居住仕候由、然処中務実子吉蔵八歳之時右中務相果申候由、其節
貞山様仙道御発向之砌右之段申上候処、中務儀兼て御存知之者に御座候。幼少にて親に取後候段不便に被思食候由

御意にて、屋代勘解由を以御目見被仰付、則御知行五貫文被下置、右勘解由被預置、其以後御小性に被召仕、伏見へ御供仕候節御加増三拾貫文之高に被成下御奉公仕候処、拙父加右衛門赤子之時分、右吉蔵相果申候付て、進退被相禿候由承伝候。右加右衛門成長仕、寛永五年

貞山様御代御歩小性被召出御切米・御扶持方被下置御奉公仕候処、

義山様御代承応三年遠田之内小里村にて野谷地拝領仕切添、万治元年九月御竿被相入、高壱貫八百三拾壱文被下置候。年号・御申次は不承伝候。且又

御当代寛文六年に高城之内桜渡戸村に野谷地拝領切起、同十一年二月御竿被相入、高三貫四百弐拾九文之所、柴田中務を以被下候由仰渡之年号承伝不申候。右知行高都合五貫弐百六拾文之御黒印親加右衛門頂戴仕候。御知行之外組付御切米五切銀六匁・四人御扶持方に御座候。然処延宝元年極月親加右衛門病死仕候付、同二年四月朔日家督無御相違拙者に被下置之旨、大条監物を以被仰付候段、松本内蔵助申渡候。其後右御切米・御扶持方拙者従弟安代七郎兵衛実弟八兵衛為分取、御歩小性御奉公為仕、拙者儀は右御知行高之通にて、組御免被成下御奉公仕度由申上候処、願之通被成下之旨、延宝四年五月十三日小梁川修理を以被仰付、当時拙者御知行高五貫弐百六拾文に御座候。御黒印は于今頂戴不仕候。以上

延宝五年二月十五日

34 遠藤又右衛門

一義山様御代承応元年八月廿六日、於江戸先古内主膳を以御切米三両・御扶持方四人分被下置、定御供に被召出、翌

年五月御供仕罷下久被召使候。定御供衆並に御郡方御目付右主膳を以被仰付、四ヶ年引続右之御役目相勤申候内、仕様山口内記・右主膳遂披露候処、寄特に被思食、右御切米・御扶持方三貫九百文に西岩井平泉村畑返起目を以被直下、同所にて御加増三貫三百四拾四文被下置、御知行高七貫弐百四拾四文に被成下、綱宗様御代御検地頭三年被仰付、御帳面末書に迄相務申候。其以後、公儀御目付桑山伊兵衛殿・荒木十左衛門殿・天野弥五右衛門殿・神尾五郎太夫殿・川口孫兵衛殿・松田善右衛門殿右三度御着之節も御外人屋御賄頭、柴田外記・富塚内蔵允を以被仰付相務申候。其以後最上御国替之時分も溝口源右衛門殿・小幡又兵衛殿御通之節も、伊達御境より湯原迄外記被申渡、御馳走人に被遣相勤申候。右之外にも外人御奉公数年仕候。以上

延宝四年十二月廿日

35　沼沢市郎左衛門

一　拙者儀沼沢喜左衛門実次男に御座候処、布施備後手前御不断組に、寛文五年右備後を以被召出、三人御扶持方・御切米五切被下置候。御組付之御用は被相除、御普請方上廻寛文三年無進退之節より引続鎌田善内弟子に被仰付、川村孫右衛門・上田権左衛門・今村隼人御預御郡中御普請方上廻御用十二年相務申に付、右三人之衆を以御組御免被遊、右善内並に被成下度由願差上申候得ば、御普請方御用数年相務申候間、願之通一人御扶持方・御切米三切被増下、四人御扶持方に御切米弐両に被成下由、小梁川修理を以延宝二年十月廿八日被仰渡候。其以後御番所之願申上候得ば、御広間被仰付候。拙者儀無進退之時分より善内弟子分に御郡奉行小川縫殿丞申付御普請方御用

相務罷在候処、寛文三年より加美郡小野田原御蔵御新田御取立被遊候処、善内同前見積仕、用水新堰取立、御新田弐百拾五貫文起立申候。善内始御新田差引御役人共四人同所野谷地之内にて五町宛抱新田被仰付、自分開発にて五貫五百文宛御知行被下置候内、善内儀は方々御用にて欠廻其上病死仕候間、漸壱貫三百文程起方に罷成候を、子共代拝領仕候。拙者儀も右之御新田御普請取立申より善内同所用水配仕候得共、右申上候通無進退之時分に御座候故、抱新田不被仰付候。善内病死已後、善内御役目拙者に被仰付、新規之御普請等相務申候。然処善内起残之野谷地御座候間、拙者抱新田被仰付被下度由、川村孫右衛門を以願差上申候得ば、願之通起残野谷地抱新田に被仰付候。自分開発にて五貫弐百三拾八文起方に罷成候を、大河内四郎兵衛・川村孫右衛門を以願差上申候得ば小身にて金子も相入開発仕候、勿論御普請方御用無恙数年相務申、右小野田御新田御普請も善内に不替相務候間、右五貫弐百三拾八文御知行被下置候段、延宝五年十二月廿五日於御城、柴田中務・小梁川修理を以被仰渡候。且又寛文九年十月加美郡漆沢にて野谷地二町壱反歩田村図書・和田半之助書付を以致拝領自分開発、此高七百七拾文罷成候を延宝六年五月廿七日於御城、小梁川修理・大条監物・黒木上野を以御知行に被下置旨被仰渡、取合高六貫八文と御扶持方四人分・御切米弐両に御座候を、拙者伯父沼沢市左衛門に右六貫八文之内七百七拾文相譲申度由願差上申候得ば、延宝七年五月廿九日に於御城柴田中務・黒木上野・佐々伊賀を以願之通七百七拾文右市左衛門御知行高被成下由被仰渡、御本牒相直拙者御知行高五貫弐百三拾八文と御切米弐両・四人御扶持方に御座候。

以上

延宝七年九月廿二日

36　馬場惣右衛門

一貞山様御代拙者親馬場惣右衛門儀、御歩小性組に被召出、御切米本代三貫文・四人御扶持方被下置候。寛永二年に茂庭周防を以御歩小性与御免被成下、其上右之御切米御知行に被直下、三貫六百四拾九文之所栗原郡桜目村にて拝領仕候。寛永九年四月五日茂庭周防を以、右之御扶持方四人分之所御知行に被直下、七百弐拾文都合四貫三百六拾九文之御知行高に被成下、岩井郡東山藤沢村にて拝領仕候。
義山様御代親惣右衛門儀歳寄申に付隠居之願申上候処、願之通被成下、寛永十七年正月元日に、茂庭周防を以拙者家督被仰付、右御知行高無御相違被下置、改名惣右衛門被成下候。正保元年御知行御割之時分二割出、八百六拾文被下置、都合五貫弐百廿九文之御知行高被成下、志田郡新沼村・宮城郡国分南目村にて拝領仕、御黒印奉頂戴所持仕候。以上
延宝五年三月十三日

37　佐々弥五助

一　拙者親佐々弥五助儀佐々古助右衛門五男に御座候て、無足にて罷在候処、
義山様御代親弥五助儀、伊貢郡於嶋田村野谷地拝領仕度段、古内故主膳を以奉願候処、願之通被下置右開発之新田三貫百四拾四文、正保四年極月廿九日右主膳を以被下置候。依之御国御番仕度旨是亦右主膳を以申上候処、願之通被召出御国御番致勤仕候。其以後右同所起残野谷地申受開発、弐貫八拾文慶安四年十二月廿二日右故主膳を以被下置、取合五貫弐百弐拾四文之高に罷成候。親弥五助儀、寛文七年七月十日病死仕、同年極月七日右御知行高

之通無御相違、
御当代古内志摩を以拙者に被下置、当時五貫弐百弐拾四文之御黒印頂戴仕候。先祖之儀は惣領筋目に御座候佐々助右衛門方より委細可申上候。以上
延宝五年四月廿五日

侍衆 御知行被下置御牒（四十七）

四貫三百五十五文より《ママ》
五貫文迄

1

御歩小性
貝山喜兵衛

一　拙者祖父貝山主計儀田村御譜代御座候。田村清顕様御進退相禿申に付て、陽徳院様御頼に仕御当地へ罷越候。貞山様御代拙父貝山将監今泉山城を以被召出、御歩小性被仰付、御知行壱貫九百八拾文被下置候。右被召出候年号不承伝候。然処御同代寛永十一年三月十九日野谷地弐町拝領仕自分開発仕、壱貫弐百文致拝領候。年号・御申次衆不承伝候。義山様御代寛永廿一年惣御検地之節、二割出六百文被下置、都合三貫七百八拾文之高被成下候。拙父将監御同代隠居仕度由、真山刑部・山口内記を以遂披露候処、家督無御相違右内記を以、承応四年三月十九日拙者に被下置、御黒印頂戴仕候。寛永十八年御検地之時分下中除屋舗壱軒致拝領候。御当代右下中屋舗へ御竿被相入、知行高被成下度由申上候付、御竿被相入、高五百七拾五文之所、延宝五年二月十

一日柴田中務を以被下置候。御黒印于今頂戴不仕候。本地取合四貫三百五拾五文之高御座候。以上
延宝五年五月四日

2 鳥山新蔵人

一 拙者祖父鳥山次郎兵衛本国越後之者御座候。葛西へ初て参御奉公仕候由、右次郎兵衛子拙者親次郎兵衛代、葛西御手に入申候付、浪人にて罷在候由承及候。拙者幼少之時分親次郎兵衛死去仕候故品々具に不承伝候。然処拙者儀
義山様御代大町内膳手前御歩小性に被召出、御切米壱両・四人御扶持方被下置候旨、慶安元年九月五日成田木工を以被仰渡候。明暦四年七月十二日右内膳を以、江戸御進物番就被仰付候罷登相勤申候。

綱宗様御代同年十月朔日大条兵庫を以定御供被仰付、同月七日定寝定詰可仕由、奥山大学を以被仰渡候。万治三年二月廿四日為御加増金子三両被下置、取合四両四人御扶持方にて御奉公相勤可申由右大学被申渡候。

義山様御代黒川郡相川村在郷屋舗近所野谷地壱町五反歩之所、出入司衆末書之書付を以致拝領候得共、拙者儀御奉公に無備其上江戸然と罷在無償之仕合故、漸四百六拾壱文切起申候。残野谷地並に御蔵新田起目六百弐拾弐文御座候。取合壱貫八拾三文之所共被下置度候段願申上候処、無御相違被下置候由寛文元年十一月十六日柴田外記を以被仰渡候。

御当代同年御切米・御扶持方地形に被直下、四貫八拾六文へ本地壱貫八拾三文、取合五貫百六拾九文被成下之旨、奥山大学を以被仰渡候。何も並御座候て被直下候。当御知行高五貫百六拾九文之御黒印、寛文元年十一月十六日

頂戴仕候。

義山様御代・綱宗様御代御奉公、江戸御国共に無断絶相勤申候。且又寛文七年当番にて江戸へ罷登候処、於越谷落馬怪我仕十死一生之躰にて上着仕候。依之宮川玄的・中条宗閑被付下養生仕候。就夫従御国元同名伝左衛門罷登候処、則五月十五日御目見被仰付、同十六日拙者番代として後藤大隅を以被仰付相勤罷在候。拙者儀痛得快気申候付、七月十八日御暇被下置、其上道中為介抱右伝左衛門召連可罷下由御意之旨、右大隅被申渡則発足罷下候。拙者儀不行歩罷成御奉公不罷成候付、伝左衛門に直々定御供被仰付、引続両度江戸へ罷登無懈怠相勤申候。定御供衆定詰被仰付候刻、御免被成下、延宝元年九月廿九日より、笠原内記御番与相勤申候。以上

延宝五年四月十三日

3　及川甚之丞

一　拙者祖父及川刑部儀、貞山様御代被召出、御知行三貫三拾弐文被下置御奉公仕候。拙者未生以前御座候故、右刑部被召出御知行被下置候品尤年号・御取次不承置候。刑部寛永十年七月七日病死仕候。跡式無御相違実子半左衛門同年九月廿三日津田豊前を以被下置候。

義山様御代寛永十九年惣御検地之時分二割出目六百六文被下置、取合三貫六百三拾八文被成下候。親半左衛門儀数年病者御座候付て、寛永二十年より拙者御番代仕、諸事御奉公相勤申候。然処拙者甥中川古正右衛門存生之内、内々野谷地拝領申候処、要山様御遠行付て其身追腹仕候刻、右半左衛門相譲成就仕候は、末々名跡之者為分取養

育相頼候由致遺言候。右之野谷地拙者開発仕、三貫五百弐拾文は慶安三年四月五日山口内記を以被下置候。壱貫四拾壱文は承応元年七月六日古内古主膳を以被下置候。右半左衛門儀寛文四年十月廿九日柴田外記を以隠居被仰付、跡式無御相違拙者被下置候。五百七拾九文は知行切添、寛文十一年御竿被相入、延宝元年十月廿九日柴田中務を以被下置候。壱貫百弐拾文は拙者除屋舗へ、延宝元年御竿被相入、同三年八月廿日小梁川修理を以被下置、右本地新田取合九貫八百九拾八文被成下候条、右貫高之内中比之正右衛門分譲申度奉存候得共、拙者少分之造作をも仕候て小身と申手前困窮仕候故、とや角相扣《ひかえ》申内、右正右衛門病死仕候付、右之因を以、右新田高之内四貫七百拾四文之所、右正右衛門家督正右衛門被分下度旨、古正右衛門遺言之趣奉願候付、願之通被分下之由、延宝四年三月廿八日小梁川修理を以被仰渡、当時拙者御知行高五貫百弐拾四文御座候。以上

延宝七年八月廿八日

4 加藤弥五郎

一 拙者養父加藤木工左衛門儀同氏善右衛門二男御座候処、義山様御代明暦四年四月古内古主膳を以被召出、御切米四両・御扶持方四人分被下置、御番所中之間定御供御奉公被仰付候処、寛文六年七月二日病死仕候。実子無御座候故、拙者儀甥に御座候付、右御切米・御扶持方之内、跡式御切米壱両・三人御扶持方同年十月廿八日古内志摩を以拙者被下置御国御番相勤申候。寛文八年定御供被仰付御奉公相勤申候。野谷地拝領仕自分開発、新田高三貫九百五文延宝五年三月廿一日小梁川修理・大条監物を以被下置候。且又野谷地拝領仕、自分開発之新田高壱貫百八拾壱文同年五月廿七日柴田中務・佐々伊賀を以被下置、

都合御知行高五貫百八拾六文と御切米壱両・三人御扶持方被下置、定御供御奉公相勤申候。先祖委細之儀、惣領筋目同氏弥左衛門方より申上候。以上

延宝七年九月廿日

5　支倉又兵衛

一　私儀御譜代御座候。文治年中頼朝公奥州御発向之時、宗村公御父子様佐藤庄司所守之石那坂之陣御責破被成候節、私先祖伊藤壱岐と申者、河辺太郎高経・伊賀良目七郎高重以下討捕武忠有之付、伊達郡支倉・山口両所致拝領、名字支倉と改、御代々御奉公仕由承伝候。右壱岐より祖父支倉六右衛門迄何代相続仕、何貫文御知行拝領仕候哉不承伝候。祖父支倉六右衛門進退六拾貫二百四拾三文にて御奉公仕候処、従貞山様慶長十八年南蛮へ御使者に被仰付候。喜理志丹宗門に不罷成候得は、帝王へ御目見仕御返書請取申儀不罷成候付て、無是非於彼地右宗門罷成、御使者首尾能相勤、八ヶ年にて元和六年に罷帰、同八年七月朔日病死仕候。跡式御知行高無御相違実子同氏勘三郎に被下置、改名六右衛門に被成下之由承伝候。年号・御申次等不承伝候。義山様御部屋住之節被相付御奉公仕候処、義山様御代罷成、支倉六右衛門南蛮へ参喜理志丹宗門之由江戸にて訴人御座候由にて、上意之旨申来候得共、子六右衛門儀は右宗門無之候故、

公儀へ被仰分被下置候。然処六右衛門弟同氏権四郎右宗門に罷成他国仕候付、寛永十七年三月朔日右六右衛門に切腹被仰付、進退被召上候。私儀六右衛門実子、其節四歳に罷成候き。身命御免母方之伯父馬場斎兵衛・同彦兵衛に被預置候。明暦四年
義山様へ古内古主膳を以親類共願申上、同年四月廿三日御勘気御免被成下候。
御当代寛文七年に右之品申上、同八年六月三日古内志摩を以御知行五貫百六拾七文被下置、御黒印頂戴仕候。以上
延宝五年二月三日

6 小関源蔵

一 拙者先祖米沢御譜代御座候。曽祖父小関源五郎御知行弐拾貫文被下置、御奉公相勤申由承伝申候。右源五郎相果実子無之付、親類二瓶下野二男彦市郎跡式被相立、三貫文被下置拾七貫文被召上候由承伝候。誰様御代先祖御知行致拝領候哉不奉存候。右彦市郎盲に罷成候付、貞山様御代拙者親小関蔵人番代仕、伏見・大坂へ相詰申、其上白石御陣に馬上にて御奉公仕候。祖父彦市郎慶長六年四月十三日相果申に付、引続右蔵人に三貫文屋代勘解由を以被下置候。年号は不承伝候。御同代御知行割替被下置候節、五拾五文寛永八年石母田大膳・中嶋監物を以被下置候。如何様之品にて拝領仕候哉不承伝候。

義山様御代寛永廿一年二割出目致拝領、三貫六百五拾五文之高被成下候。

綱宗様御代拙者親小関蔵人隠居仕度よし、富塚内蔵丞を以奉願候処、万治三年三月十五日右内蔵丞を以、家督無御相違三貫六百五拾五文拙者被下置、御黒印頂戴仕候。

御当代寛文九年十月十七日野谷地三町拝領仕自分開発、壱貫四百六拾壱文延宝三年九月朔日柴田中務を以致拝領候。御黒印は于今頂戴不仕候。本地取合五貫百拾六文之高被成下候。以上

延宝五年正月廿九日

7　野地三郎左衛門

一　拙者祖父野地内蔵助儀田村御譜代御座候由承伝候。如何様之品を以、貞山様御代御下中へ罷越候哉慥成儀不承伝候。御同代野谷地新田壱貫八百文拝領仕候。年号・御申次衆は不承伝候。嫡子拙父三郎左衛門儀長尾主殿依親類御座候。幼少之時分主殿介抱相受罷在候。然処貞山様御鹿狩被遊候節、右主殿御供被仰付候。父三郎左衛門儀主殿相付罷出候処、御立場へ狂猪罷出候を、右三郎左衛門翔付首尾能討申候。御前にて被遊御覧、何者に候哉と主殿に御尋に付、親類之旨委細申上候得ば、御前へ三郎左衛門被召出、幼少にて手柄仕候と御褒美被成下、歳比罷成候はば似合之御奉公に可被召仕候。其迄は主殿に被預置由蒙御意、御切米金壱両・五人御扶持方被下置候。年号は承伝不申候。以後三・四年相過十七歳に罷成時分、虎之間御番所被仰付、大坂京都之御供仕、為御意江戸大御番等被仰付、祖父内蔵助進退隔々にて御奉公仕候由承伝申候。

義山様御代寛永十九年十二月三日祖父内蔵助病死仕候。跡式願申上候処、右新田御知行寛永年中惣御検地二割出目被下置、御知行高弐貫百六拾五文之所、并御切米壱両・五人御扶持方共に無御相違、父三郎左衛門に家督被下置

旨、正保二年十二月二日古内古主膳を以被仰付候。御黒印取持仕候。

御同代明暦元年四月十三日、右三郎左衛門病死、跡式願申上候処、如願無御相違子拙者に被下置之旨、同年五月廿一日古内古主膳を以被仰渡候。御黒印奉頂戴候。

御当代寛文元年惣侍中御知行之上、持添之御切米・御扶持方有之者之分御知行被直下候並を以、右御切米・御扶持方之所御知行弐貫八百弐拾壱文被直下、右合四貫九百八拾六文被成下候。御黒印奉頂戴候。延宝元年十月廿九日侍中御知行切添有之者被分被下置候並を以、右御知行切添百拾七文之所拙者被下置之旨、大条監物を以被仰渡候。御下書所持仕、当時御知行高都合五貫百三文被成下候。以上

延宝五年四月廿二日

8　佐藤六右衛門

一貞山様御代拙者儀大浪十太夫を以御歩小性に被召出、御切米壱両・御扶持方四人分被下置候処、右御歩小性組被相除御薬込被仰付候。其節為御加増御切米壱両壱分・御扶持方壱人分被増下、取合御切米弐両・五人御扶持方被成下候。

義山様御代山口内記を以遠田之内小牛田村野谷地新田壱貫四百弐拾文之所、正保三年十二月拝領仕候。

綱宗様御代迄右之御切米・御扶持方御知行にて御奉公仕候処御切米御扶持方之外御知行所持申候者之分は、御切米御扶持方御知行に被直下候付て、寛文元年十一月拙者御切米・御扶持方御知行に被直下、両様取合御知行高五貫九拾九文被下置候。以上

延宝四年極月十五日

9　成田正左衛門

一　拙者先祖米沢御譜代之由承候。先祖誰様之御代被召出、御知行何程被下置候哉委細不承伝候。私祖父清野外記は米沢にて御奉公仕候由承伝候。貞山様御代拙者親成田小吉に、御知行弐貫百弐文被下置御奉公仕候。成田紀伊に如何様之品御座候哉、首尾御座候付て改名被仰付候。其後大坂御陣へ御供仕、慶長廿年五月六日朝五つ時首取申、高名仕候。其甲分捕之鎗于今所持仕候。勿論首御帳に相付申候由、親申段承候。其以後右小吉正左衛門に改名被仰付候。寛永六年大松沢理右衛門右正左衛門岩沼御城代佐々若狭を以被仰付、御仕置等被仰付、并給主衆三拾人御預被成候て、八ケ年余岩沼罷在候。其節知行替被仰付、名取郡岩沼之内にて、高弐貫百弐文被下置、為御加増同郡南長谷にて高弐貫百壱文佐々若狭を以被下置候。合四貫弐百三文被成下候。義山様御代寛永十三年親正左衛門儀兵部殿へ被相付候付、其節跡式古内古主膳を以拙者被下置候。寛永年中惣御検地之節二割出目被下置、五貫六拾三文之高被成下御黒印奉頂戴候。以上

延宝五年二月廿五日

10　百々喜右衛門

一　拙者先祖大崎譜代御座候。貞山様御代拙者親百々清吉事、大崎義隆親類之者にも候間可被召仕由、中島監物を以被召出、則御切米三両・御扶

持方五人分元和八年被下置候。御腰物杯迄拝領仕、虎之間御番所被仰付相勤申候。従
義山様御代御当代迄引続右御扶持方御切米共に被下置候。
御当代伊達上野殿新田被御申請候内、壱貫五百八拾文之所自分開発仕、分被下候品、伊達和泉殿御存生之時分より、
上野殿御代迄数年御出入仕に付、少之高にも罷成度と申上候得ば御尤被思召、上野殿より御願被仰上、寛文十二
年正月廿七日被下置候段、柴田中務を以被仰渡御黒印頂戴仕候。
御当代伊達左兵衛殿新田被御申請候内、三貫四百七拾弐文之所被分下候。品は拙者弟を被召仕候御首尾を以、数年
御出入仕、其上右新田之続にて屋舗斗拝領仕、在所相立罷在候付、新田をも申請御奉公之続にも仕度と申上候得
ば、御尤被思召被分下度御願、左兵衛殿より被仰上候得ば、無御相違御願之通被下置由、延宝二年五月三日大条
監物を以拝領仕候。右三口合御切米三両・御扶持方五人分・新田五貫五拾弐文御座候。以上
延宝五年三月十二日

11　石森喜右衛門

一　拙者先祖葛西譜代御座候て、曽祖父石森讃岐代迄登米郡石森館住居仕候。葛西没落以後右讃岐孫同氏小右衛門儀、
貞山様御代馬場出雲を以慶長九年被召出、御切米三両銀拾匁・御扶持方七人分被下置候。
義山様御代野谷地申請、起高三貫九拾壱文承応四年二月、真山刑部・山口内記を以被下置候。寛文元年惣侍衆御知
行へ御切米・御扶持方持添之衆御知行に被直下刻、右御切米・御扶持方四貫九百五拾四文に被直下、合八貫四拾
五文寛文元年霜月十六日之御黒印頂戴仕候。右小右衛門隠居願、同三年申上、同年富塚内蔵丞・柴田外記を以如

願被仰付、跡式無御相違拙者に被下置候。右知行高之内三貫文拙者弟同氏十右衛門に被分下度由申上、願之通寛文四年三月廿二日内馬場蔵人・和田織部・鴇田次右衛門を以被仰渡、拙者知行高五貫四拾五文之御黒印拝領仕候。以上

延宝五年二月五日

12　安藤弥左衛門

一　拙者祖父安藤弥左衛門

貞山様御代被召出、御切米弐両・四人御扶持方被下置御奉公仕候由承候。然処祖父寛永十五年三月病死仕候。跡式親弥左衛門に被下置候。誰を以被下置候哉不奉存候。寛永年中志田之内堤根村にて新田拝領、高壱貫弐百文被下置候由承候。

義山様御代御黒印寛永廿一年八月十四日頂戴仕候。拙者親弥左衛門桃生之内釜谷浜にて、野谷地承応三年四月十九日拝領自分開発仕、高八百九拾九文之所被下置候由承候。誰を以被下置候哉不奉存候。拙者親弥左衛門寛文二年正月病死仕候付、跡式御知行高弐貫九拾九文と御切米弐両・四人御扶持方茂庭周防を以寛文二年四月三日被下置候。且又同年に御知行御切米御扶持方持添申候衆之分御知行に被直下候節、拙者にも右御切米御扶持方弐貫九百四拾三文に被直下、都合五貫四拾弐文之御黒印頂戴仕候。以上

延宝五年二月四日

13　苅敷清兵衛

一　私先祖大崎譜代御座候。拙者親苅敷清兵衛儀、寛永十一年貞山様へ支倉新右衛門を以、大崎浪人御座候品申上候処、一迫之内堀口村にて野谷地被下置自分開発仕、起高三貫弐百八拾文、義山様御代寛永廿一年八月十四日奥山大学を以被下置、御黒印頂戴所持仕候。右清兵衛被召出候御申次は不承伝候。清兵衛儀寛文四年六月廿七日病死仕候条、家督拙者に被下置度旨奉願候処、同年十月十六日古内志摩を以無御相違右御知行高之通被下置、御黒印頂戴仕候。寛文六年に拙者除屋舗畑返仕、御知行高被成下度由小川縫殿丞を以奉願候得ば、同七年御竿被相入、高壱貫七百五拾七文之所同九年十二月四日古内志摩を以被下置、都合五貫三拾七文被成下、御黒印頂戴仕候。以上
延宝五年四月廿二日

14　横田五左衛門

一　拙者親横田五左衛門儀会津之者御座候。貞山様御代被召出、慶長十三年十月十二日御知行高六貫六百弐拾七文之内壱貫四百四拾文・八人御扶持方入と奥山出羽・鈴木和泉両人名付にて、御下書被下置所持仕候。右五左衛門元和八年極月十六日病死仕、拙者八歳之時家督無御相違、佐々若狭を以被下置候。其以後拾貫文より下之衆三箇ニ被召上候並に、右高被相減、弐貫弐百文罷成候。然処何も本高に被返下度由、御訴訟書物差上候付て被相返候。其時分拙者は幼少にて連判戴不申候付て右

弐貫弐百文にて十五歳之時より古奥山大学御番に相付、御奉公相勤申候。其後貞山様御納戸役目仕付て、御小袖一御帷子一御合力に被下候。義山様御代右二色金子五切に被直下、寛永十八年御検地二割出御加増、取合三貫五百拾五文之高罷成候。寛永廿一年八月十四日御黒印頂戴、御同代野谷地拝領開発仕、慶安五年正月廿五日壱貫五百拾弐文山本勘兵衛を以被下、御黒印頂戴弐口合五貫弐拾七文之高罷成候。御当代始右御知行之通不相易被下置旨、寛文元年十一月十六日御黒印頂戴仕候。先祖之儀は山内万六可申上候。以上

延宝五年三月廿七日

15　小和田弥平次

一　拙者父方之祖父安部対馬と申者、伊達御譜代之筋目御座候て、信夫之内戸屋野村居住仕御奉公仕候。貞山様御当地へ御取移被遊以後伏見御定詰被成置候節も、対馬儀御知行高六拾貫文被下置、忍之者六拾人被預置致支配、伏見相詰御奉公仕候由承伝候。拙者亡父小和田弥平次事、右対馬三男に御座候処、拙者母方之祖父小和田美濃と申者、会津譜代之者御座候。会津落城已後屋代勘解由を以、貞山様へ被召出、御知行高七貫百八拾三文被下置、御奉公仕候。然処右弥平次聟名跡に仕度旨、貞山様御代奥山出羽を以願申上候付て、願之通被仰付、美濃家督無御相違弥平次に被下置、大坂御陣へも御供仕引

続御奉公仕候。然処寛永年中、
公義御普請被成置儀御座候付、諸侍衆御知行高之内三箇二御借上被遊之由御座候。其節右弥平次儀も高七貫百八拾三文之内三ヶ二差上申候て、残弐貫三百五拾五文にて御奉公仕罷在候。其以後諸侍衆以連判訴訟申上候付て、何も御上地之分被返下候。弥平次儀は其節病気にて、在所に引込罷在候付て、連判へ相加不申訴訟不申上候付、御上地不被返下候。已後野谷地拝領仕切起申候て御竿被相入、高壱貫三百九文罷成候処に、
貞山様御代奥山古大学を以御加増に被下置、御本地取合三貫六百六拾四文被成下御奉公仕候処、病人罷成候故、拙者兄小和田文平嫡子に御座候付家督被下置度由、古大学を以
貞山様へ願申上候処、願之通家督無御相違被下置、文平儀改名弥平次に被仰付、御奉公仕候。
義山様御代寛永十七年御領内へ御竿被相入候節、二割出目之通御加増被下置、御本地取合四貫三百八拾四文被成下候。然処拙者兄弥平次儀も病人罷成御奉公不罷成候付、拙者に家督被下置度旨、
義山様御代正保二年成田木工を以願申上候処、願之通兄弥平次家督無御相違拙者被下置候。類名御座候付披露申上、拙者儀も改名弥平次に被仰付、
義山様御代御鳥遣御用九ヶ年致勤仕候。寛文元年より御村御本穀請取御用被仰付相勤申候。
御当代寛文八年、野谷地七反歩致拝領起申候て同十一年御竿被相入、高百三拾三文之所御加増に被下置候段、同十三年六月十八日柴田中務・小梁川修理を以被仰付、御本地取合五貫拾七文被成下於于今御本穀請取御用引続当年迄十七ヶ年致勤仕候。拙者儀八歳に罷成候節、亡父弥平次病死兄弥平次も長病にて死去仕候付、先祖之様子委細不奉存承伝を以若是御座候。以上

延宝五年二月十一日

16　菊地甚兵衛

一　拙者親菊地清兵衛儀、国分下中御座候処、
義山様御代寛永十八年成田木工を以御不断組に被召出、御切米壱両八匁・三人御扶持方被下置候て、同年より江戸御作事御用被仰付慶安三年迄相勤申候。同四年より御郡方御普請上廻御用被仰付相勤申候。明暦三年真山刑部・山口内記を以御不断組御免被成下御国御番被仰付、木村久馬御番組にて、右御役目相勤申候処、名取郡杉ヶ袋村・同郡下増田村右二ヶ所にて野谷地新田拝領仕、自分にて開発仕候。其節年号等勿論御申次不承伝候。右二ヶ村へ同年に御竿被相入、右杉ヶ袋村にて起目高壱貫五百四拾九文、下増田村にて起目高四百五拾壱文、右両取合弐貫文之所同年拝領仕候。其節之御申次不承伝候。同年九月廿九日国分之内竿沢村にて、野谷地新田真山刑部・山口内記を以拝領仕、自分にて開発仕候。万治二年御竿被相入、起目高五百三拾八文之所同年拝領仕候。其節之御申次不承伝候。右御用相勤申内、同年に江戸小石川御普請に付、上廻御用被仰付罷登、同三年罷下、則
義山様御霊屋御取立被遊付、御作事御用被仰付相勤申内、右御切米壱両八匁・三人御扶持持添之分は、惣侍衆御知行に被直下候節、本吉郡哥津村にて高壱貫九百七拾九文被直下、奥山大学を以寛文元年拝領仕候。右御霊屋御用同三年迄相勤仕廻申候処、同四年より御金山御用被仰付相勤申候。同八年二月十五日本吉郡哥津村にて野谷地新田六反歩鴇田淡路・田村図書を以拝領仕、自分にて開発仕候内、同年四月十日右清兵衛儀病死仕候。跡式私被下置度旨願申上候処、無御相違右知行高四貫五百拾七文之所、同年七月十三日原田甲斐・古内志摩を以被下置候て、

佐々織部御番組被仰付御国御番相勤申候。右清兵衛拝領仕候六反歩之新田、同十一年御竿被相入、起目高五百文之所柴田中務・小梁川修理を以、同十三年六月十八日拝領仕候。都合五貫拾七文之御黒印頂戴仕候。以上

延宝五年三月廿七日

17 須田次郎右衛門

一 拙者祖父須田清文儀梁川御譜代御座候故、貞山様御代御茶道に被召出、御知行五貫五文之被下置、御奉公相勤、寛永五年十一月清文病死仕候。已後父次郎右衛門跡式無御相違被下置候。年号・御申次は不承伝候。然処父次郎右衛門儀寛文四年十二月病死仕候。跡式無御相違、同五年四月廿二日原田甲斐を以拙者被下置、五貫五文之御黒印頂戴仕候。以上

延宝五年二月廿二日

18 丹野文左衛門

一 拙者祖父丹野刑部儀、米沢にて御奉公仕候由承伝候。何様之品に御座候哉進退断絶仕候。拙者親丹野文蔵六歳之時、右刑部病死仕候故、先祖之儀委細不承伝候。右文蔵元和八年に、貞山様御代笹岡備後・伊藤対馬を以御不断与被召出、御切米五切・三人御扶持方被下置候処、寛永十一年義山様御部屋へ大立目市兵衛を以御大所衆に被仰付御奉公仕候処、寛永十三年御加増御切米四切・壱人御扶持方被下置、御切米九切・四人御扶持方被成下候由に御座候得共、御申次は不承伝候。然処病人罷成役目之御奉公不罷

成候故、寛永十八年之比木幡古作右衛門を以、古田内匠御番組被仰付候。寛文四年三迫有壁村にて野谷地七町歩致拝領開発仕、同七年に御竿被相入五貫壱文之所、寛文八年三月三日古内志摩を以被下置候。文蔵儀寛文十一年隠居願申上候処、願之通隠居被仰付、家督無御相違寛文十一年十一月十八日、柴田中務を以拙者に被下置候。当時拙者知行高五貫壱文と御切米弐両壱歩・四人御扶持方に御座候。以上

延宝五年二月廿九日

19　黒沢彦右衛門

一　拙者儀黒沢甚右衛門二男御座候。親甚右衛門儀義山様御代蒙御勘当他国へ御追放被仰付牢人之内病死仕、拙者儀慶安年中中島監物を以被食返、御知行五貫文被下置候旨、同三年三月十六日古内古主膳を以被仰付、御国御番被仰付、御次之間御番帳に相付、御番相勤申候。先祖より之品々は、兄同姓甚右衛門方より具に書上仕候間、若是御座候。以上

延宝五年四月十六日

20　黒沢五郎右衛門

一　拙者儀黒沢甚右衛門三男御座候。親甚右衛門儀、義山様御代蒙御勘当他国へ御追放被仰付、牢人之内病死仕、拙者儀慶安年中中島監物を以被召返御知行五貫文被下置候旨、同三年三月十六日古内古主膳を以被仰付、御国御番に被仰付、御次之間御番帳に相付、御番相勤申候。

先祖より之品々は、兄同姓甚右衛門方より具書上申候間、若是御座候。以上

延宝五年四月十六日

21 武田忠左衛門

一 拙者曽祖父武田太郎左衛門儀

稙宗様・晴宗様御代御奉公仕候由申伝候。進退高之儀、且又太郎左衛門より已前は誰様御代被召出候哉不承伝候。右太郎左衛門米沢にて相果申候。嫡子石見儀幼少御座候付て、進退不被相立、牢人にて米沢罷在候。其以後右石見子忠左衛門御当地へ罷越、貞山様御代慶長八年牧野古大蔵御取次を以被召出、御切米弐両弐歩・御扶持方五人分被下置候。貞山様御代には江戸御番相勤申候。義山様御代御国御番被仰付候。然処正保三年不慮之儀を以進退被召放、慶安二年被召返同三年茂庭古周防を以御知行高五貫文被下置候。同年三月十六日御日付にて御黒印頂戴仕候。親忠左衛門儀寛文三年霜月十三日病死仕候。跡式無御相違拙者に被下置旨、同四年二月十八日柴田外記を以被仰渡候。当御知行高五貫文御座候。以上

延宝五年三月十五日

22 姉歯忠左衛門

一 拙者儀、

義山様御代拙者兄姉歯和泉野谷地申請切起申候。新田之内高五貫文拙者に被分下度由願申上候処、願之通被仰付、右知行高五貫文慶安五年四月六日山口内記を以被下置候付、右内記を以御奉公申上度由申上、承応三年より御国御番相付、御番等之御奉公相勤申候。拙者儀当年迄廿四ヶ年御奉公仕候。先祖之儀惣領筋目姉歯八郎右衛門申上候。以上

延宝五年三月廿九日

23　内ヶ崎作右衛門

一　私父内ヶ崎作内儀

貞山様御代松坂日向を以被召出御切米四切・御扶持方五人分被下置、御勘定方御用致勤仕候。何年に被召出候哉、年号は不承伝候。

御同代御買野谷地申請自分開発、高四貫七百三拾五文之所拝領仕候。是又年号・御申次不承伝候。

義山様御代寛永廿一年惣御検地二割出目九百四拾文被下置、都合五貫六百七拾文被成下候。

御同代御下中御知行へ御切米持添申候分、地形に被直下候砌、並を以右御切米御知行に被直下、七百文之所被下置、取合六貫三百七拾五文と御扶持方五人分被成下候。年号・御申次不承伝候。

御同代右御知行高之内五貫文嫡子拙者被分下、残壱貫三百七拾五文と御扶持方五人分は二男同氏三太郎に被下置度由、山口内記を以拙父作内奉願候処、願之通被成下、承応三年五月廿九日右内記を以五貫文拙者被下置、相残知行御扶持方は三太郎に被下置候。右五貫文之御黒印拙者奉頂戴候。以上

延宝七年三月八日

24 志賀七之丞

一 私先祖岩城譜代拙者祖父志賀但馬儀、貞山様御代茂庭石見を以被召出、御知行五貫文被下置、御奉公相勤申候。其以後御加増拾五貫文右石見を以被下置、弐拾貫文に被成下候。年号は不承伝候。且又義山様御代寛永年中惣御検地、二割出目四貫百文被下、弐拾四貫百文被成下尤御黒印所持仕候。慶安四年五月五日右但馬病死、跡式無御相違嫡子拙者親同名茂兵衛に、茂庭佐月を以被下置候。勿論御黒印所持仕候。被仰渡候年号は不承伝候。承応二年右茂兵衛病死、跡式御知行高弐拾四貫百文之内、拙者三歳之時五貫文被下置、家督被仰付、残所は幼少付て被召上之段、古内古主膳を以被仰渡候。其後御黒印頂戴所持仕候。仰渡之年号は右申上通私幼少之時分故分明に不承伝候条不申上候。以上

延宝五年二月廿五日

25 横尾長三郎

一 拙者儀横尾長門甥に御座候処、長門儀実子無之、秋保刑部二男八郎左衛門を養子に仕度由願上候時分、長門知行高三拾七貫九百文之内五貫文拙者に被分下、御奉公仕候様被成下度由申上候処、願之通寛文五年六月十九日茂庭中周防を以被仰渡、御黒印頂戴仕候。依之私知行高五貫文御座候。先祖之儀は同氏八郎左衛門方より可申上候。

以上

延宝五年四月十五日

26　菅野小太郎

一　拙者祖父菅野寿三儀、

貞山様御代御切米四両壱歩・御扶持方四人分被下置、

義山様御代迄引続御茶道御奉公仕候処、要山様へ被相付御奉公仕候。拙者親同氏甚右衛門儀寿三嫡子御座候処、要山様御小性之間へ被召出、御切米三両・御扶持方四人分被下置、御奉公相勤申候。要山様御遠行被遊則表へ被相出候。右寿三儀要山様御他界以後、又々

義山様へ御奉公仕候処、右京殿・式部殿・左兵衛殿・肥前殿・内匠殿御茶湯御指南可仕之由被仰付、江戸御番御免被成右之通御指南仕候。然処明暦二年隠居仕度旨申上候得ば願之通被仰付、二男久右衛門に右寿三進退被下置候。寿三隠居仕候て罷在候処、同三年御蔵新田起目五貫文遠田郡北浦村にて被下置、山口内記・山元勘兵衛を以被仰渡之趣年久御奉公仕、其上隠居仕子共進退相渡餓命にも逮(及)可申間、右御知行五貫文被下置之旨被仰渡、拝領仕候。

御当代寛文八年右寿三願申上候は、五貫文之御知行惣領甚右衛門に被下置、甚右衛門御切米・御扶持方三男同氏六太夫に被下置度之旨申上候得ば、願之通被成下之旨同八年六月十九日古内志摩を以被仰渡候。且又拙者親甚右衛門寛文十年病死仕候。拙者名跡被下置度段申上候得ば、願之通被成下之旨、同十一年五月十五日富塚内蔵丞を以

被仰渡御黒印頂戴仕候。以上
延宝五年二月十五日

27 笹原覚之助

一 拙者養祖父笹原鹿之助儀は
義山様御幼少より御口取之御奉公被食出、御切米壱両三歩と銀弐匁・四人御扶持方被下置、年久相勤候処、正保三年古内古主膳を以、御知行高五貫文被下置、其以後右主膳を以御口取御免、笹原之名字被下置由承伝候。鹿之助儀
義山様へ二世之御供仕、嫡子猪之助右五貫文万治元年十二月茂庭周防を以被下置、猪之助も鹿之助と改名仕、鹿之助年寄病人に御座候処、男子無御座候付、某は高野伊兵衛弟に御座候を聟名跡に願上、寛文十年四月十一日願之通被成下旨、原田甲斐を以被仰付、同年四月鹿之助病死仕候。跡式高五貫文之所被下置旨、同年八月朔日柴田外記を以被仰付御黒印頂戴仕候。以上
延宝五年二月九日

28 上坂安兵衛

一 拙者曽祖父上坂織部、伏見御時代
貞山様にて被召出、御知行拾六貫九拾七文被下置、伏見御屋鋪御留主居被仰付、其以後大坂御屋鋪御留守居被指置、

大坂御屋舗にて、
貞山様御代病死仕候。跡式無御相違中島監物を以、祖父織部被下置候由承伝候。年号は不承候。祖父織部儀、幼少之時上方にて大鼓稽古仕候処、能打申由にて、御雇分にて大鼓役目を以御奉公仕候由承伝候。
義山様御代寛永十八年惣御検地之砌、二割出目三貫弐百三文被下置拾九貫三百文被成下候御黒印所持仕候。祖父織部承応二年十月十一日病死仕候。跡式無御相違茂庭古周防・中島監物・山口内記を以同極月十三日亡父左平次被下置候。御黒印所持仕候。御番所右内記を以、虎之間被仰付御奉公相勤申候。
御当代罷成拙者七歳之時亡父左平次寛文元年四月廿四日病死仕候処、拙者幼少御座候由にて拾四貫三百文被召上、五貫文之所柴田外記・奥山大学を以同七月五日跡式被下置候。御黒印所持仕候。以上
延宝五年二月五日

29　坂左内

一　拙者祖父坂対馬儀会津浪人之節御奉公仕度願之趣、従柳生但馬守殿茂庭佐月を以
貞山様へ被仰上候付被召出御番所中之間被仰付、御国御番五・六ヶ年致勤仕之由申伝候。被召出候年号、何程進退被下置候哉伝承不申候。

義山様御代右佐月を以御知行弐拾貫文被下置、右御知行如何様之被仰立を以、何年被下置候哉不承伝候。其以後惣御検地被相入候刻二割出目四貫文拝領仕、都合弐拾四貫文被成下候。拙者親同名又左衛門儀右対馬御番代相勤申候処、万治元年六月廿九日病死仕付、対馬儀御番致勤仕候処、寛文二年三月廿二日病死仕候。拙者儀嫡孫御座候

得共、幼少候間、右知行高之内五貫文被下置、拾九貫文被召上候由、奥山大炊方より申来之由、同年九月廿八日柴田外記・大条監物・富塚内蔵丞を以被仰渡候。拙者知行高五貫文、御当代御黒印頂戴仕候。幼少にて名跡相続仕候故委細は承伝無御座候。以上

延宝七年二月廿九日

30 高城忠兵衛

一 拙者儀高城助兵衛弟に御座候て、無進退にて罷在候処、寛文六年二月右助兵衛并親類共願を以助兵衛知行高之内新田五貫文拙者に被分下度旨、古内志摩を以願申上候処、願之通無御相違拙者に被分下置之由、同年八月十七日右同人を以被仰付候。御黒印奉頂戴候。以上

延宝五年四月十四日

31 丹野与平太

一 拙者儀丹野古源右衛門二男御座候。笠原出雲与力親に幼少より相頼罷在候処、出雲隠居被仰付引続内記相頼罷在候。然処寛永九年閏十月廿四日拙者儀右之品々委細内記方より申上、且又内記知行付にて拝領仕候新田起目高之内五貫文被分下、如何様之御奉公をも被仰付被下置候様にと、右内記願指上申候処、御前相調、内記願之通被成下之由、同十年二月廿三日原田甲斐を以被仰渡、同年同月同日御黒印頂戴仕候。以上

延宝五年正月廿五日

32
若生半右衛門

一　拙者先祖御譜代之由申伝候。祖父同氏次郎左衛門と申者、伊達河内殿へ奉公仕之由、河内殿御跡式相禿申候已後被召仕候衆、仙台へ被召出候節、右次郎左衛門老衰無間も病死仕候。私亡父同氏彦左衛門儀は二男御座候故、河内殿へも従不申、其上耳遠御座候て御奉公可仕躰無之故、一世無進退にて死去仕候。拙者儀は義山様御代明暦二年三月廿六日早川淡路与御歩小性に古内古主膳を以被召出、御切米壱両・御扶持方四人分被下置、江戸御国共に御奉公相勤申候処、万治二年柴田外記手前物書役被仰付、御当代万治四年二月三日奥山大炊を以、組御免、御切米弐両・御扶持方四人分新規被下置、其以後役目勤仕之年数御定にて、御当代寛文三年十一月五日富塚内蔵丞・外記を以、御切米三両・御扶持方三人分御加増被下置、取合御切米五両・御扶持方七人分に被成下、右役目相勤申、外記死去以後柴田中務手前へ引続被相付、当年迄十九ヶ年致勤仕候処、延宝三年中務知行高之内五貫文拙者に被分下度由願被申上、於江戸小梁川修理・大条監物方御披露之上右如願之被分下置之由にて、同年六月四日拙者には中務被申渡候。右之通拙者進退知行高五貫文、御切米五両・御扶持方七人分拝領仕候。以上
延宝七年二月十一日

33
岡本正兵衛

一　拙者儀同氏竹庵三男に御座候。無足にて兄同姓吉太夫所に罷在候付、吉太夫知行高之内五貫文之所拙者に被分下、

御奉公為仕度旨、延宝三年吉太夫方より願申上候付、願之通右五貫文拙者に被下置之旨、同年九月朔日柴田中務を以被、仰渡御番所御次之間相勤可申由被仰付、御奉公仕候。親竹庵儀は吉太夫申上候。以上

延宝四年十二月廿四日

34 新田市兵衛

一 拙者儀新田市兵衛二男御座候処、市兵衛隠居分に被下置候御切米弐両・弐人御扶持方拙者に被下置度由、市兵衛願申上候処、願之通寛文九年十二月廿二日古内志摩を以拙者に被下置候。然処拙者儀少進にて御奉公続兼申躰御座候付、大立目隼人拝領野谷地拙者に被分下度旨右隼人願申上候処、願之通出入司衆書付を以、寛文十年に被分下、自分開発高五貫文之所、延宝六年四月廿二日黒木上野を以被下置候。御切米弐両・弐人御扶持方知行高五貫文御座候。御黒印は于今頂戴不仕候。先祖之儀は拙者兄同氏藤右衛門方より申上候。以上

延宝七年八月六日

35 上田金之助

一 拙者祖父上田帯刀事、
義山様御代御小性被召出、御知行四拾八貫文被下置候。誰を以被召出候哉、年号委細之品不承伝候。其以後御加増之地拾弐貫文拝領、且又
御当代知行所之内切添之地七百拾六文被下置、都合六拾貫七百拾六文之高に被成下候。右三通之御黒印所持仕候。

帯刀儀不調法之儀在之、寛文五年二月進退被食上、同六年四月祖父帯刀病死仕候。同七年八月廿七日柴田外記を以、養父上田平左衛門に御知行弐拾貫文被下置被召出、且又御黒印頂戴仕候。平左衛門儀痳疹之上病気差重、実子無之付て、延宝五年極月廿八日拙者を家督に被成下度由奉願候処、翌日相果申に付、平左衛門知行御減少、拙者に五貫文を以跡式被下置之旨、同六年十二月十八日黒木上野を以被仰渡候。拙者実父は祖父帯刀実弟上田弥五左衛門に御座候。拙者儀福原主税組、御番所虎之間御座候。以上

延宝七年八月廿五日

侍衆

御知行被下置御牒（四十八）

四貫九百五十五文より
四貫六百三文迄

1　鈴木彦左衛門

一貞山様御代拙者曽祖父鈴木彦左衛門無足にて高麗御陣へ御供被仰付、首尾能相勤被遊御帰陣候て、茂庭石見・佐々若狭を以、御知行五貫文
貞山様御代被下置、御奉公仕候。其後河内殿へ被相付御奉公仕候処、右彦左衛門病死仕、嫡子彦三郎に家督無御相違被下置、其以後彦三郎病死仕、嫡子拙者親辰之助に家督無御相違、大和田佐渡を以被下置候。彦三郎と改名被仰付、御奉公相勤申由承伝候。河内殿御遠行被成置候付、津田豊前を以
義山様御代被召返、則右御知行五貫文之所無御相違被下置御奉公仕候。年号不承伝候。然処右五貫文之内弐貫百三拾弐文、桃生郡中津山村にて洪水仕候て、久荒に罷成、寛永十八年之御検地之時分御竿不被相入、右高不足に罷成、弐貫八百六拾八文と被成下候。其以後野谷地申請開発、新田高弐貫八拾七文山口内記を以被下置、都合四貫九百五拾五文被結下候由年号等不承伝候。親彦三郎儀久々中気相煩御立申儀一切不罷成候付て、寛文七年十一月

十一日古内志摩を以、親彦三郎隠居之願申上候処、同年極月四日右同人を以拙者に家督無御相違被下置御黒印頂戴仕候。親彦三郎于今残命仕候得共、無言尤筆取申儀不罷成候故、品々如何様に御座候哉一円不奉存候。当時知行四貫九百五拾五文に御座候。以上

延宝五年三月廿日

2　真柳十助

一　拙者先祖六代以前結城上野と申者、元来関東結城浪人に御座候。輝宗様御代父子共に米沢へ罷越候処、下永井之内深沼と申所にて御知行拾町余、伊達之内舞柳と申所壱在家被下置被召抱候。其節結城重代備前兼光之太刀差上申之由御座候。右上野儀於米沢病死仕候。五代以前結城対馬と申者、右結城上野嫡子御座候。親上野病死以後跡式無御相違、家督対馬に被仰付由御座候。対馬儀於米沢に病死仕、跡式嫡子次郎右衛門に無御相違被下置候処、次郎右衛門儀も年若御座候て、幼少之男子壱人所持相果候付、跡式不被相立、段々家督被仰付候年号・御申次等不承伝候。四代以前舞柳十助と申者、右対馬五男御座候。貞山様御幼少より御奉公仕、高麗御陣にも御供仕、殊壱人にて三ケ年不寝之御番迄相勤申に付、御帰朝以後御知行弐拾貫文并先祖差上申候結城重代備前兼光之太刀被指添被下置、其上改名対馬に被仰付、慶長拾九年迄江戸定詰仕、色々御役目被仰付相詰申内、遠江守様予州宇和嶋被遊御拝領候付、御国受取に予州へ被遣、其上宇和嶋御城御普請奉行被仰付相勤申内、於宇和嶋頓死仕候。三代以前真柳半平儀右五代目結城対馬四男弥市と申者之嫡子に御座候。右弥市儀、年若御座候て、半平幼少之時分病死仕、跡式不被相立候付、右四代以前舞柳対馬介抱仕差置

申、於江戸

貞山様へ鈴木和泉を以御目見為仕候処、親相果不便に被思召候間、伯父対馬養子に可仕由被仰付、則於御前右半平儀河内殿へ被遣御奉公相勤申内、慶長拾四年に従

貞山様鈴木和泉を以、御知行三貫文被下置、改名次左衛門に被仰付候。河内殿御死去以後、則佐々若狭を以被召返、右御知行三貫文被下置候。其後寛永弐十年惣御検地之砌二割出目共三貫六百文に被成下候。右次左衛門儀承応三年七月十四日病死仕候。二代以前真柳十助と申者、右次左衛門嫡子御座候。御二之丸御取立之時分無足に御座候得共、惣役人に被仰付無恙相勤申に付、部屋住分に御切米壱両・三人御扶持方、寛永拾七年四月十一日鴇田駿河・和田因幡を以被下置候。親次左衛門儀如申上候承応三年七月十四日病死仕候付、其節寄親茂庭周防所迄申達候所、其砌

義山様江戸に被成御座候付、周防所より古内主膳所迄、書状指添右十助為相登申候処、主膳披露之上御切米は被召上、三人御扶持方は三貫六百文之御知行に被差添、同年八月右主膳を以於江戸に被下置候。其後寛文元年、

御当代御知行御扶持方持添之分御知行に被直下並を以、四貫九百五拾文に被成下候。十助儀寛文七年四月十三日病死仕候。十助嫡子半平儀別進退被下、鴇田淡路手前物書御用相勤申候。拙者儀は半平嫡子右十助嫡孫に御座候付、拙者九歳に罷成候時、祖父十助跡式四貫九百五拾文之所、同年七月十三日柴田外記を以拙者に被下置候。舞柳之舞之字を改申儀

義山様御代真之字に改可申由、五代以前結城対馬次男同氏掃部子真柳左兵衛に被仰付、親類共皆以真之字に改申候。拙者儀延宝六年正月改名被仰付十助に罷成候。以上

延宝七年八月十八日

一　拙者先祖伊達御譜代筋目之由承伝候。
貞山様御代伏見に御詰被成候時分、拙者祖父菅野次左衛門儀被召出、御知行壱貫弐百四文之所、并御切米弐両壱分・御扶持方五人分被下置候由承伝候。右次左衛門誰を以被召出、右進退被下置候哉年号も不承伝候。

御同代江戸御奥方御作事御用被仰付、江戸定詰仕候。

義山様御代寛永年中惣御検地之節、弐割出目弐百文被下置、都合壱貫四百三文と御切米弐両壱分・御扶持方五人分之進退被成下、慶安五年右次左衛門老衰仕、其上実子持不申候付て、拙者親同氏善左衛門次左衛門甥に御座候を養子仕家督被仰付、次左衛門は隠居被仰付被下度由願申上候処、右知行高并御切米・御扶持方之通右善左衛門に被下置之旨、同年三月廿三日成田木工を以被仰渡候。

御当代寛文元年知行へ御切米・御扶持方持添之者御知行に被直下候節、御知行三貫五百三拾六文に被直下、都合四貫九百三拾九文之高に被成下、右善左衛門儀承応弐年より御塩噌御用被仰付、寛文拾弐年迄江戸定詰仕相勤申候処に、歳罷寄候付て、御役目致訴訟御免被成下、延宝弐年御国へ罷下、同三年閏四月より御国御番相勤申候処、同四年五月廿七日病死仕候。右善左衛門跡式知行高之通拙者に被下置之旨、同四年九月六日小梁川修理を以被仰渡候。引続御国御番相勤申候。以上
延宝五年五月三日

3　菅野丹右衛門

4 藤間甚九郎

一 拙者儀藤間左馬之丞次男御座候て、無進退にて罷在候処、義山様御代寛永拾五年三月十九日古内先主膳を以被召出、御切米弐両・四人御扶持方被下置御奉公相勤罷有候。然処義山様御部屋住之節深谷新田御取立に付、御新田所へ取移、拙者自力を以切起高四百六文御座候付、其内弐百三文拙者に被下置候由、寛永弐拾壱年八月十四日奥山大学・富塚内蔵丞を以被仰付候。其以後野谷地申請自分開発、高壱貫四百四拾八文慶安三年四月廿五日和田因幡・山口内記を以被下置候。右起残之野谷地開発仕、高三貫八拾弐文同五年四月六日右内記・真山刑部を以拝領仕候。明暦三年地形に願申上候処、山口内記を以御切米・御扶持方三貫弐百文被直下、右之高取合七貫九百三拾三文被成下御黒印頂戴仕候。然処右高之内三貫文婿藤間九助に被分下度由、寛文九年四月願申上候処、願之通被成下之段、同年七月二日柴田外記を以被仰付候。拙者儀正保三年二歳駒御用被仰付、当年迄三拾弐ヶ年無恙右御用相務御奉公申上、当時御知行高四貫九百三拾三文に御座候。以上

延宝五年二月六日

5 犬飼平兵衛

一 私曽祖父犬飼越後、同祖父同苗修理と申候。先祖より伊達御譜代に御座候。越後・修理代迄米沢にて御奉公仕候。右修理子同苗越中私親に御座候。右越後親同苗肥前と申者御奉公仕候節、伊達之内犬飼手戸沢・下長井北条と申所、御知行に被下置、修理代迄引続御奉公仕候と越中申伝候へ共、御知行高証拠所持不仕候。

誰様御代先祖御知行拝領仕御奉公仕候哉、其段不承伝候。
貞山様御代米沢より岩出山へ御移被成候時分、越中御供仕罷越候節、右越中御知行三貫文被下置候。
義山様御代寛永十八年御検地之砌弐割出目六百文被下置候。外壱貫三百三拾弐文右三貫文之所より御竿打出目御座候を、越中先祖より其身代迄御奉公仕候品々、
義山様御代山口内記披露を以、右出目之通弐割出目共に御加増に被下置、越中御知行高四貫九百三拾弐文に被成下候。越中儀御役人之御奉公仕候処、正保三年五月病死仕候付、
義山様御代山口内記御申次を以、右同年に家督無御相違拙者に被下置御黒印頂戴仕候。私儀も引続御役人之御奉公三十壱ヶ年相勤申、年寄役目勤兼申に付、去々年春中御出入司衆方へ書物を以訴訟仕、右同年に役目御免被下候。私御知行高四貫九百三拾弐文に御座候。以上
延宝五年二月十七日

6　大内作左衛門

一貞山様御代私祖父大内右近、寛永年中佐々若狭を以被召出、伊達筑前殿へ被相付、御知行被下置候。其後上伊沢六原御新田御取立被遊候付、御役人に被仰付、御新田開発仕候付、御新田起目之内三貫七拾五文被下置候。右御知行は右近嫡子大内清作に被下置、苗跡に被立下、御新田三貫七拾五文は次男私父同氏甚右衛門被下置候。然処六原遠方と申、少進にて御奉公相勤兼申躰に御座候間、御知行替被成下度由、佐々若狭を以申上候得ば、牡鹿郡於蛇田村御知行替被成下候。寛永廿一年惣御検地之砌二割出致拝領、三貫六百七拾五文に被直下候。私父同氏甚右

衛門年罷寄候間隠居仕度旨申上候得ば、寛文三年十一月廿二日に原田甲斐を以、願之通苗跡御知行共に無御相違拙者に被下置候。且又
御当代寛文三年に野谷地弐町拝領仕、此起目壱貫弐百五拾壱文小梁川修理を以被下置、都合四貫九百弐拾六文に御座候。以上
延宝五年二月十日

7 島貫正右衛門

一 拙者先祖永井御譜代と申伝候。誰様御代被召出候哉、其品不奉存候。祖父島貫土佐儀貞山様御代御切米壱両四人御扶持方被下置、御奉公相勤申候由承伝候。右土佐次男拙者親島貫正右衛門儀、其節無足にて罷在候処、大町駿河を以御歩小性衆に被召出、御切米壱両四人御扶持方被下置御奉公相勤申候。然処右正右衛門舅大沼大炊助と申者、男子無御座候付て、大炊助進退御切米五切・六人御扶持方を聟正右衛門に被下置度旨、貞山様御代湯村勘左衛門を以奉願候処、正右衛門御切米・御扶持方へ大炊助進退御取合御知行に被直下、三貫九百四拾壱文之所右正右衛門に被下置、御歩小性組御免被成下之旨湯村勘左衛門を以被仰渡候由承伝候。其後惣御検地之節二割出目共四貫九百弐拾六文に罷成候。明暦元年五月廿五日親正右衛門病死、跡式無御相違拙者に被下置之旨、同年九月茂庭大隅を以被仰渡候。右四貫九百弐拾六文之御黒印頂戴仕候。親正右衛門被召出、且又大炊助

進退御取合御知行被下置候年号承伝不申候付、書戴不申候。以上
延宝五年二月廿六日

8　森万右衛門

一　拙者祖父森八兵衛儀は武藤浪人に御座候由承伝候。
貞山様御代に被召出、御知行弐貫五百弐拾文被下置御奉公仕候処、実子無御座候て、同名八左衛門甥に御座候、養子仕、右御知行被下置候。
義山様御代に八右衛門野谷地拝領、起目弐貫三百八拾弐文御加増に被下置、都合高四貫九百弐文被成下候。御申次衆并年号等覚不申候。八左衛門儀男子無御座候付て、拙者聟名跡に御座候間、右御知行寛文九年九月古内志摩を以被下置候。其後八左衛門儀同年極月五日病死候。以上
延宝五年二月十四日

9　森三右衛門

一　拙者親森田五郎兵衛儀伊達御譜代、伊達河内殿にて御知行壱貫弐百文被下被召使候処、河内殿御死去以後親寛永拾五年に
義山様御代被召出、本地三百文并野谷地古内故主膳を以被下置切起、御知行高に可仕由被仰付候得共、人少にて起兼申候て、漸七百八拾六文切起、本地御取合壱貫八拾六文右主膳を以被下置候。且又拙者儀河内殿御小性に被召

使御仕着被下、親より分進退にて御奉公仕候付、右之品々
義山様代右主膳を以申上候処、右御仕着を御切米六切・四人御扶持方被結下、又候哉親より分進退にて、
義山様へ御奉公仕候処、慶安五年親五郎兵衛に被下置候壱貫八拾六文之御知行拙者に被下置、其上親は隠居被仰付
被下度旨、親願申上候付て、願之通御切米・御扶持方御知行共に被下置之旨右同年に古主膳を以被仰付候。且又
寛文元年御切米・御扶持方御知行に被直下並を以、御切米・御扶持方御知行弐貫六百五拾七文に被直下候。其以
後野谷地申請、右之起目新田八百五拾弐文御加増被下之旨、寛文拾三年六月九日小梁川修理を以拝領仕候。其上
除屋敷壱軒先年より拝領持来申候処、右屋敷へ御竿被相入被下度段願申上、御竿相入高三百文之所延宝三年九月
朔日柴田中務を拝領仕候。都合知行高四貫八百九拾五文に御座候。拙者親名字森田と申候得共、拙者は森に可罷
成由河内殿被仰付、于今森にて罷在候。以上

延宝四年十二月十五日

10 柴田九郎兵衛

一 拙者先祖四保助兵衛儀
貞山様御代御知行四貫八拾弐文被下置候。年久敷儀に御座候故、誰を以被下置候哉、年号承伝不申候。実子持不申、
伊藤修理次男拙者親九郎兵衛右助兵衛養子に仕家督に申立、
御同代に助兵衛跡式御知行、無御相違茂庭石見を以被下置候。年号は承伝不申候。
義山様御代惣御検地之時分、二割出目八百文被下置、四貫八百八拾弐文之高に被成下候。

御当代寛文四年二月廿八日右九郎兵衛隠居被仰付、跡式御知行無御相違拙者に被下置之旨、柴田外記を以被仰付候。
且又四保之名字柴田に相改申候儀慶安四年
義山様為御意、四保之字響悪敷候間、柴田に相改可申由、茂庭先周防を以被仰付候。右助兵衛先祖被召出候儀は、
拙者親九郎兵衛幼少之時分助兵衛家督に被仰付候故、承伝不申候。以上
延宝五年四月十一日

11　紺野又右衛門

一　拙者先祖大崎譜代に御座候。祖父紺野伊賀儀、
貞山様御代に被召出、知行高三貫文致拝領御奉公仕候内、伊達河内殿へ給主に被相付候処に、如何様之品に御座候
哉、進被召放御国浪人仕候由承伝候。委細之儀は幼少之時分にて覚無御座候。拙者親又右衛門儀
義山様御代寛永十九年被召出、御扶持方四人分・御切米六切古内主膳を以被下置候。万治弐年二月又右衛門儀病死
仕候付て、
綱宗様御代同年十月古内主膳を以家督無御相違被下置候。
御当代野谷地新田申請自分開発、起高弐貫弐百弐拾文被下置、其上右御切米・御扶持方被相直、高弐貫六百五拾七
文都合四貫八百七拾七文之所、寛文元年十一月十六日奥山大学を以被下置御黒印頂戴仕候。以上
延宝五年二月十一日

12 伊藤次郎吉

一 拙者親伊藤甚左衛門儀御切米拾切銀五匁三分・御扶持方三人分被下置、承応三年義山様御代氏家主水を以被召出、御番所御広間御国御番相勤申候処、流之内にて新田野谷地五町拝領自分開発御竿入、高弐貫七百八拾七文之所、寛文十一年古内志摩を以被下置旨被仰渡候。二迫之内にて野谷地七町拝領仕自分開発御竿入、高壱貫百四拾七文之所、同十三年柴田中務・小梁川修理を以被下置旨被仰渡候。右弐口高合三貫九百三拾四文右両度に被仰渡候処に、延宝四年右甚左衛門病死仕候。跡式無御相違拙者に被下置旨、同五年柴田中務・小梁川修理・大条監物を以被仰渡候。右之外甚左衛門存命之時分、加美郡内野谷地弐町拝領仕自分開発御竿入、高九百四拾六文之所延宝五年柴田中務を以拙者に被下置候。惣高合四貫八百八拾文・御切米拾切銀五匁三分・御扶持方三人分に御座候。以上

延宝七年七月九日

13 千葉権作

一 貞山様御代拙者養曽祖父千葉正三郎御切米三両・御扶持方六人分にて、御納戸御役目相勤申候。如何様之品にて被召出候哉委細不承伝候。右正三郎病死仕候節、実子持不申候間、拙者祖父千葉善左衛門右正三郎弟に御座候付跡式申立候処に、右之進退御減少御切米壱両・御扶持方三人分山岡志摩を以、元和元年に右善左衛門に被下置、御国御番被仰付候。尤如何様之品にて御減少被成下候哉不承伝候。義山様御代野谷地新田申請開発、高弐貫九百五拾壱文之所正保三年に鴇田駿河を以、右善左衛門に被下置候。

御当代御知行御切米・御扶持方持添惣並に被直下候節、右御切米・御扶持方壱貫九百弐拾壱文に奥山大炊を以寛文元年に被直下、都合四貫八百七拾弐文に被成下候。右善左衛門儀老衰申に付て隠居願申上候処、寛文七年原田甲斐を以隠居被仰付、御知行無御相違拙者父善九郎に被下置候。右善九郎延宝五年正月十日病死仕に付右之跡式知行高四貫八百七拾弐文之所、無御相違同年六月三日に柴田中務を以、右善九郎実子拙者に被下置候。拙者儀若輩に御座候故、先祖之儀委細不承伝候。以上

延宝七年二年廿八日

14　木村源右衛門

一　拙者親木村惣左衛門儀

貞山様御代御不断御奉公仕候。誰を以被召出候哉、御切米・御扶持方之儀何程被下置候哉、不奉存候。義山様御代御大所衆に被相付、御切米拾切・四人御扶持方被下置候。寛永十八年六月十六日要山様御大所衆に被相付、山口内記を以金四切御加増に拝領仕候。本御切米合金子拾四切・四人分之御扶持方被成下御奉公仕候処、要山様御遠行以後御国御番被仰付候。明暦二年十二月廿二日真山刑部・山口内記を以野谷地拝領仕、万治三年御竿入新田壱貫六拾五文に罷成候。誰を以被下置候哉覚不申候。

御当代寛文元年十一月十六日右御切米・御扶持方惣並に、御知行高三貫八百文に被直下、右合御知行高四貫八百六拾五文に御座候。然処親惣左衛門延宝三年六月病死仕候。同年十一月十九日に跡式無御相違拙者に被下置之旨、大条監物を以被仰渡候。御黒印于今頂戴不仕候。以上

延宝五年二月二日

15 大立目与右衛門

一 拙者祖父大立目古与兵衛儀
義山様御代志田郡飯川村にて、田村隠岐守殿御拝領之野谷地之内拾町、右与兵衛被下置度旨、山本勘兵衛を以隠岐守殿より御願にて、右拾町被下置之由御座候て、開発之代高九貫七百拾壱文に罷成候処、右与兵衛病死仕候。拙者兄同氏三三郎儀右与兵衛孫に御座候て、無進退にて罷在候付、右知行高之通被下置度旨是又隠岐殿以御願、
綱宗様御代古内中主膳を以被下置之旨、万治三年被仰渡由承候。右三三郎儀、寛文拾壱年三月病死仕、実子就無御座候。実弟拙者に家督被下置度由奉願候処、御条目之通進退半分を以跡式被直下之旨、同年六月十九日片倉小十郎を以被仰渡候。当知行高四貫八百五拾六文御黒印頂戴仕候。先祖之儀同苗与兵衛書上可仕候条不申上候。以上
延宝七年三月七日

16 平吹弥惣右衛門

一 私曽祖父平吹宮内と申候。祖父も同苗宮内と申候。伊達御譜代
晴宗様御代より御奉公相勤、刈田郡関村・渡瀬村御知行四貫五拾五文被下置、御奉公仕候由承伝候。先祖
誰様御代被召出候哉不奉存候。
貞山様御代祖父宮内、寛永拾弐年病死仕候付て、中島監物を以御披露申上候得ば、跡式無御相違右監物を以親惣内

に被下置、御奉公仕候由承知仕候。拙者幼少之時分にて委細不奉存候。寛永弐拾一年惣御検地之節二割出目共に四貫八百五拾五文拝領仕候。親同苗惣内寛文十年七月廿三日病死仕候付、砂金佐渡を以家督奉願候処、同年九月晦日古内志摩・柴田外記を以、跡式無御相違拙者被下置、御黒印頂戴仕候。以上

延宝五年正月廿三日

17　片平四右衛門

一　拙者祖父片平新兵衛儀、伊達所生之者に御座候。伊達河内殿へ被召出、御知行三貫文被下御奉公仕候内病死仕、跡式無御相違実子三右衛門に被立下候。右被召出候年号・御取次并家督被仰付候年号・御取次不承伝候。河内殿御遠行以後、

義山様御代三右衛門被召出、桃生郡中津山村御新田右之高被下置候処、壱貫弐百九拾九文荒所に罷成、残壱貫七百壱文之所御知行高に被成下候由承伝候。

御同代御国定御供御奉公仕候。右被召出候年号・御申次等并御新田拝領仕候年号・御申次等不承伝候。

御当代延宝元年七月病死仕候。子共無御座候付て、拙者依実甥に、跡式御知行高壱貫七百壱文之所、無御相違同年八月廿八日柴田中務を以被下置、御国御次之間御番相勤罷在候処、拙者兄石田与兵衛延宝六年四月廿四日病死仕、跡式御知行高九貫百五拾文之地与兵衛実甥同苗三郎兵衛に、無御相違被下置之旨、同年九月十一日黒木上野を以被仰渡候。然処右三郎兵衛御知行高之内、拙者に被分下度之旨、追て三郎兵衛願上候付て、右九貫百五拾文之内三貫百五拾文之所、拙者に被分下、取合四貫八百五拾壱文之高に被成下之旨、同年十一月廿二日右上野を以被仰

渡候。於于今宮内権十郎御番組御次之間御番致勤仕候。以上

延宝七年六月十八日

18 泉田吉左衛門

一 拙者先祖泉田隼人其実子勘四郎苗跡拙者相続仕候。其以前は、誰様御代に誰を被召出、御知行何程被下候哉、委細之儀相知不申候。右隼人儀は、性山様御代に被下置候哉、御知行四拾貫文拝領御奉公相勤申候処に、右勘四郎生子之時分、隼人病死仕に付進退被召上、後家扶助分に弐貫百六文被下置候。後家病死仕、其時分勘四郎成人仕、後家跡式右弐貫百六文被下置候処、勘四郎実子無之病死仕付、貞山様御代拙者儀は菊地勘右衛門実次男にて、右勘四郎には甥に候条、苗跡之儀寛永八年に奥山古大学を以申上候処、家督無御相違被下置候。其後寛永拾七年に野谷地開発、高弐貫三百拾文本地弐割出四百弐拾壱文三口合四貫八百三拾七文之所、寛永廿一年に右古大学を以被下置、義山様御黒印頂戴仕候。右勘四郎以前段々家督被下置候年号・御申次不承伝候。以上

延宝四年十二月十九日

19 桜田正兵衛

一 拙者先祖伊達御譜代之由承伝候得共、

誰様御代に私先祖誰を初て被召出候哉、高祖父以前之先祖は、名本も相知不申候。高祖父桜田豊前儀、先祖より御知行被下成、
御先祖様へ於伊達御奉公仕、実子私曽祖父同氏式部家督相続仕由承伝得共、御知行高・年号・御申次等も不承伝候。式部儀は、
貞山様御代岩出山へ被遊御移之節、御供仕御当地へ罷越御奉公相勤、嫡子私祖父同氏彦作家督相続仕由に御座候得共、何年誰を以跡式被仰付候哉其段相知不申候。其砌彦作御知行高は四貫廿九文御座候。寛永元年七月三日病死仕、実子次郎助弐歳に罷成候節同年に跡式被下置候。御中次不承伝候。
義山様御代惣御検地之刻、弐割出目八百六文拝領仕、本高合四貫八百三拾五文に罷成、寛永廿一年八月十四日御黒印頂戴仕候。右次郎助儀万治元年七月十二日に病死仕、拙者五歳に罷成候節、
綱宗御代奥山大学御披露を以跡式無御相違拙者に被下置旨、同弐年三月十四日津田玄番を以被仰渡候。寛文元年十一月十六日御黒印頂戴仕候。右之通幼少にて苗跡相続仕候故、先祖之儀委細不存粗承伝を以書上申候。以上
延宝七年四月廿七日

20　八島九左衛門

一　拙者祖父八島九左衛門十七歳にて御切米銀百匁・四人御扶持方被下置、
貞山様へ御歩行御奉公仕、高麗御陣迄御供仕、其以後御歩行御番頭被仰付相勤申候内、蒙御勘当奥山出羽へ被預置候処、出羽死去付て、奥山古大学右九左衛門御奉公之品々

貞山様へ被申上候処に、御勘当御免被下、久荒四貫弐拾三文被下置候。年号不承伝候。其節名取中より被召出候新御給主三拾人、右九右衛門に被預置御奉公相勤申候。其以後古内故主膳岩沼拝領被申付候て、右三拾人之御給主古主膳へ被相付候。九左衛門年罷寄候間、寛永十四年右大学を以、
義山様御代隠居願申上候得ば、無御相違嫡子九郎左衛門に家督被下置、御国御番相勤罷在候。寛永廿一年惣御検地之節二割出目拝領仕、四貫八百弐拾七文に被成下、御黒印頂戴仕候。親九左衛門年罷寄申候間、奥山大炊を以、御当代隠居申上候得ば、無御相違、願之通右大炊を以、寛文元年十月拙者に家督被仰付、御黒印頂戴仕、御国御番相勤罷在候。以上

延宝四年十二月廿日

21 遊佐七兵衛

一 拙者親遊佐小兵衛儀

貞山様御代御買新田致拝領、起目四貫弐文被下置被召出候。何年右御知行誰を以被下置被召出候哉不承伝候。

義山様御代惣御検地之節御竿被相入、弐割出目八百文寛永廿壱年被下置、都合四貫八百弐文之御知行高に被成下候。右小兵衛寛文三年四月病死仕、同年八月十九日に奥山大学を以、跡式無御相違拙者に被下置、四貫八百弐文之御知行高に御座候。以上

延宝五年二月九日

22　飯沢五兵衛

一　拙者祖父飯沢主膳米沢より、
貞山様御供仕罷越、其節主膳進退高四貫文に御座候由承伝候。
誰様御代先祖誰を被召出候哉、祖父より先之儀不奉存候。然処伊達河内殿へ右主膳被相付御奉公仕候処、主膳寛永弐年八月相果、右嫡子市右衛門家督被下置、引続河内殿へ御奉公仕候。河内殿御遠行以後御跡式相禿申付て、拙者親市右衛門も無足に罷成居申候故、其以後佐々若狭を以、
貞山様御代右御知行被返下置度旨申上候処、無間も
貞山様被遊御遠行、
義山様御代に罷成被召出、右四貫文之御積に御金にて、壱貫文に四切宛四貫文に拾六切四・五ケ年被下置、市右衛門に御番被仰付相勤罷在候処に、寛永弐拾壱年御検地之砌、右四貫文之積に被下置候。御金御知行被直下其上弐割出目共に四貫八百文に被成下引続市右衛門も御番相勤罷有候。年寄御奉公不罷成候付て、隠居之願申上候処、寛文八年五月七日如願隠居被仰付、家督無御相違拙者に被下置之旨古内志摩を以被仰付、勿論御黒印頂戴仕御奉公相勤罷在候。親代に御知行拝領仕候年号、誰を以被下置候哉、其段は不奉存候。以上
延宝五年四月廿五日

23　遠藤所左衛門

一　拙者祖父遠藤対馬嫡子同苗平右衛門、仙道より浪人にて御当地へ罷越候。

貞山様御代、右対馬願申上候嫡子平右衛門被召出、少御扶持をも被下置度由申上候付て、御知行四貫文被下置被召出候。年号誰を以被下置候哉不承伝候。

義山様御代惣御検地之節二割出目八百文拝領仕四貫八百文に被成下候。右平右衛門男子持不申候付て、拙者儀斎藤筑後次男に御座候。右平右衛門養子に罷成候。

御同代承応三年八月十五日平右衛門病死仕候。同年極月十八日山口内記を以、平右衛門跡式無御相違拙者に被下置候。此外承伝不申候付て、如此御座候。当時知行高四貫八百文に御座候。以上

延宝五年四月廿七日

24 御歩小性 奈良坂半助

一 拙者先祖葛西譜代に御座候。私親奈良坂治助儀、貞山様御代御歩小性之御奉公に罷出、大坂へ御供仕罷下候以後、拙者儀も、御同代御歩小性御奉公小田辺主膳御披露を以、寛永九年八月十七日に罷出、御切米壱両・四人御扶持方被下置父子面々に御奉公相勤申候。

貞山様御代寛永十一年に御買新田申請、同拾五年に御竿相入、高四貫三百四拾六文之所奥山古大学以御披露、右同年に拝領仕候。

義山様御代惣御検地相入弐割出被下、高四貫八百文に被直下、右御切米・御扶持方共に綱宗様御代・御当代引続拝領仕、江戸御国共に色々御奉公相務申候。以上

延宝五年三月六日

25 中川正右衛門

一　古中川正右衛門儀
貞山様御代被召出、段々御奉公仕候処、要山様御部屋へ被相付、数年江戸定詰仕致御奉公、正保元年に要山様御入部之御供仕罷下、翌年御供仕罷登候処、無間も於江戸要山様就御遠行罷下、正保弐年九月廿三日於松嶋追腹仕候。拙者未生以前御座候故、右正右衛門進退之員数は品々委細に不承置候。右正右衛門妻子無之付、苗跡実弟正右衛門に被立下、御切米五両・七人御扶持方にて、江戸御国共に御奉公仕候処、万治三年六月十三日病死仕候。是又苗跡之子共無御座候故、拙者儀は故正右衛門之従弟に御座候付、右正右衛門殉死仕候御首尾を以、苗跡拙者に被立下、御切米五両・七人御扶持方御番所中之間に被成下由、同年七月十九日奥山大学を以被仰渡候。且又故正右衛門存生之内内々新田取立指賦申候之処、要山様御遠行付て、其身追腹仕候刻、右之新田所叔父及川甚之丞に相譲、成就仕候はば末々苗跡之者に為分取養育相頼候由遺言仕候。仍右新田所甚之丞致開発拝領仕候条、中比之正右衛門に分譲申度と奉存候得共、甚之丞少分之造作をも仕候間、小進と申手前困窮仕候故、とやかく相控申内、右正右衛門儀病死仕、苗跡拙者に被立下候。然ば拙者儀数年御役目相勤致困窮候条、右新田所貫高之内四貫七百七拾四文拙者に被分下度奉存候由、品々覚書を以、右甚之丞親子奉願候付て、甚之丞願之通為御加増拙者に被分下由、延宝四年三月廿八日小梁川修理を以被仰渡、御知行四貫七百拾四文并御切米五両・七人御扶持方に御座候。

以上

延宝五年三月廿六日

26　鈴木新右衛門

一　拙者親鈴木次郎右衛門儀大崎家中に御座候処、
貞山様御代御歩行衆に被召出、御切米弐両・四人御扶持方被下置御奉公仕候。其節之御申次は失念仕候。
義山様御代に罷成寛永十八年三月十三日に鴇田駿河・和田因幡・武田五郎左衛門を以宮城之内岡田村に野谷地鍬先新田に拝領仕、四年荒谷に起申候付、正保弐年に御竿被相入、起目高四貫七百六拾弐文之所御加増に被下置御奉公相勤申候処、慶安元年五月朔日御歩之間御免被成下、御国御番被仰付笠原出雲御番組にて相勤申候。
綱宗様御代右次郎右衛門儀年至極仕候に付て、隠居願申上候処、御前相済、如願被成下候由、万治三年三月七日古内中主膳を以被仰付、同日私に継目右同人を以被仰付候砌、右御知行斗被下置、御切米・御扶持方は被召上候。其段無拠存、如何様之儀を以被召上候哉と主膳へ承候得ば、品一円に被仰付も無御座候由挨拶に御座候。其以後御訴訟申上度奉存候得共、三月廿一日に
綱宗様江戸へ被遊御発駕候故、無是非罷有候。拙者儀御国御番相勤申候処、寛文元年霜月十二日に江戸御進物番被仰付、同拾壱年迄相勤申候。病人に罷成右御奉公御訴訟申上候へば、同年極月廿一日に古内志摩を以御免被成下、御国御番笠原内記御番組にて相勤申候。然処同拾弐年九月十日に田村図書を以、御国御納戸御役被仰付、御用相勤申候。延宝三年三月廿日に橋本善右衛門を以江戸御召料御役被仰付、引続御奉公仕候。尤四貫七百六拾弐文之所御黒印頂戴仕候。以上

27 松木百之助

延宝五年正月廿八日

一 私継祖父松木戸兵衛事御切米八切被下置、貞山様御代御歩行之御奉公仕由承候。右戸兵衛儀誰を以被召出、進退被下置候哉不承伝候。其後義山様御代御国御番相勤申候。御歩行組何年に御免被成下候哉不承伝候。戸兵衛儀男子無之に付て、拙父半助事今村惣兵衛実弟に御座候処、御同代に右半助を苗跡に仕度段奉願候処、願之通被仰付候。戸兵衛儀寛文元年に病死仕、跡式無御相違同年六月古内中主膳・奥山大炊・富塚内蔵丞を以拙父半助に被下置、御国御番相勤申候内、御切米八切之内御扶持方・御切米両様に被相直被下度旨願申上候処、銀四匁八分御加増被下置、御切米弐切弐人御扶持方に被成下旨、富塚内蔵丞・柴田外記を以寛文四年閏五月被仰付候。其以後野谷地拝領開発、高四貫七百六拾弐文寛文十一年正月廿五日片倉小十郎を以被下置候。同年五月八日之御黒印所持仕候。右半助儀延宝六年八月病死、跡式御知行高四貫七百六拾弐文と御切米弐切・弐人御扶持方之所、無御相違同年極月黒木上野を以拙者に被下置候。以上

延宝七年四月廿九日

28 伊藤太郎左衛門

一 拙者親伊藤彦作儀貞山様御代山岡志摩を以被召出、御切米五切・御扶持方五人分被下置御歩行御奉公仕候。御腰物持之御役目被仰付、

大坂御陣両度御供仕候。其後御同代御切米・御扶持方御知行に被直下、高弐貫五百弐拾五文に被成下候。寛永三年今市御足軽指引佐々若狭を以被仰付、相勤申由承候。右御切米・御扶持方御知行に被直下候儀誰を以被直下候哉年号覚不申候。寛永十二年国分之内松森にて、御買新田弐町拝領仕開発仕候。同十八年に御竿被相入、高四貫七百四拾八文に被成下、右御足軽指引御用相勤申候処、慶安五年に其身老衰仕候故御赦免被成下度旨以山口内記申上候処、願之通御免被成下候。右彦作右同年に彦右衛門に改名仕度由、以木村久馬申上候処則彦右衛門に被成下候。寛文弐年に彦右衛門隠居之願申上候処、願之通同年五月奥山大学を以被仰付、跡式無御相違拙者に被下置候。当時拙者知行高四貫七百四拾八文に御座候。尤御黒印奉頂戴候。以上

延宝五年二月十三日

29 挽地正左衛門

一 拙者親挽地左馬丞と申者、貞山様御代御歩小性組之御奉公に御座候処、大坂御陣以後より御割屋方御用数年相勤申付、御歩小性之御奉公御免被成置、尤右組之御切米・御扶持方御知行に被直下、高四貫七百三拾弐文に御座候。義山様御代迄右御用相勤申候内、慶安四年に右左馬丞病死候。其刻拙者八歳に罷成候。家督之儀山口内記を以右御知行高無御相違拙者に被下置、十五歳より御国御番相勤、寛文十弐年より江戸御進物番被仰付、只今に右御用相勤申事に御座候。幼少に御座候て親死去仕候故、委細之儀不奉存候。以上

30　栗野三右衛門

延宝四年極月十三日

一　拙者祖父栗野治部左衛門儀

貞山様御代御知行壱貫五百文被下置、御給主組に被召出、大坂御陣へも御供仕御奉公申上候由承伝申候。誰を以、何年に被召出候儀は承伝不申候。治部左衛門病死仕、跡式無御相違嫡子拙父同氏長右衛門に、青木下野・秋保善太夫を以被下置候。年月は相知不申候。右御知行壱貫五百文之所、

義山様御代御組一同に御扶持方・御切米に被相直、御切米三切銀拾弐匁八分・御扶持方三人分に罷成候。長右衛門儀隠居仕、跡式無御相違承応元年に小野弥左衛門を以拙者に被下置、右御組之御奉公仕候。同三年に御城御賄方御役目被仰付、数年相勤申に付、

御当代寛文七年五月廿九日本御切米三切銀拾弐匁八分、御扶持方三人分被下置、御組御免、御番組に被成下旨、柴田外記を以被仰付候。拙者儀家督之子無御座、女子持申に付、横沢清兵衛次男七右衛門に、右清兵衛新田七百五拾文指添、拙者聟養子に仕度旨双方願申上候得ば、

御当代寛文十三年正月十八日に、柴田中務を以願之通被仰付候。大塚善内儀拙者親類御座候付、右之通小身に御座候故、善内知行高之内新田三貫九百七拾三文拙者に被分下度之旨、善内願申上候得ば、延宝三年十二月十一日小梁川修理を以願之通被仰付候。右三口合知行高四貫七百廿三文・御切米三切銀拾弐匁八分・御扶持方三人分にて、右御役目御奉公仕候。以上

延宝五年二月十五日

31　円城寺権六

一　拙者先祖関東相模之内小田原氏政譜代に御座候。曽祖父円城寺弾正儀
貞山様御代奥山出羽を以被召出、御知行五貫文被下置候。被召出候年号不承伝候。右弾正病死、跡式無御相違茂庭
石見を以嫡子同氏伊兵衛に被下置、御書物御用被仰付候。是年号相知不申候。祖父伊兵衛病死仕、嫡子同氏孫惣
に跡式無御相違被下置候。御申次・年号不承伝候。右孫惣病死、嫡子五歳に罷成候付、跡式御知行被召上候。拙
者親伊兵衛儀は右孫惣弟に御座候。無足にて罷在候得共、寛永四年二月吉田仲兵衛を以被召出、奥山大学御番組
被仰付、同四年より拾弐年迄江戸御国御作事御用被仰付、九ヶ年相勤申候処、
貞山様御意被遊候は、無進退にて御奉公相勤奇特に被思召由にて、寛永拾三年二月右大学を以、御知行三貫文拝領
仕候。
義山様御代寛永廿一年和田因幡・奥山大学を以、切添三拾八文被下置候。
御同代惣御検地之砌弐割出目六百文被下置、三貫六百三拾八文に被成下候。且又野谷地拝領起目六拾六文寛文元年
十一月内馬場蔵人・奥山大学を以被下置、其後黒川郡大谷中村在郷屋敷へ延宝三年に御竿被相入、高九百九拾文
之所、延宝五年三月十日柴田中務を以被下候。都合四貫六百九拾四文に被成下候。拙父伊兵衛儀同五年九月病死
仕、跡式無御相違拙者に被下置候旨、同年極月廿五日小梁川修理を以被仰渡候。当時拙者知行高四貫六百九拾六
文に御座候。于今御黒印は頂戴不仕候。御下書は所持仕候。以上

延宝八年三月朔日

32　塩松正兵衛

一　拙者高祖父塩松久義儀仙道塩松之城主に御座候。名は相知不申候。本苗石橋氏に御座候。曽祖父玄蕃は久義為には弟に候得共、男子無之付家督相立申由承伝置候。
貞山様伊達仙道御陣御取合之砌、彼玄蕃儀御味方仕付御加恩賞可被下旨御約束之御朱印天正十三年九月十七日被下置、于今持拝仕候。右玄蕃被召抱御知行弐拾五貫文被下置候処、
貞山様伏見に被成御座、於岩出山屋代勘解由御留主居仕候時分、御下中より御知行被為借候節、玄蕃知行も弐拾弐貫文借し上三貫文被下置罷在候。其以後本領之通被返下候様に可申上之処、無間も玄蕃病死仕不申上候。三貫文之跡式
貞山様御代祖父内蔵丞被下置候。年久儀に御座候間、右段々年号・御申次不承伝候。
義山様御代寛永年中惣御検地之時分二割出目被下、高三貫六百弐拾三文に罷成候。承応元年八月十日に右内蔵丞病死仕、拙者親木工之丞に跡式無御相違、
義山様御代同元年に被下置候。年久儀御座候間、御申次不奉存候。杢之丞代志田郡下伊場野村野谷地五町、
御同代に山口内記を以、明暦三年五月廿九日に拝領開発仕候内、寛文元年八月十八日木工丞病死仕候間、拙者家督之儀奥山大学を以奉願候処、
御当代柴田外記を以跡式無御相違寛文元年十一月十六日拙者被下置候。右新田起目之所申上候処。寛文十弐年四月

二日御竿被相入、起目高壱貫六拾七文之所同十三年六月十八日に、以小梁川修理被下置、本地新田取合四貫六百九拾文之高に罷成御黒印頂戴仕、御番所御広間黒木上野御番組に御座候。以上

延宝七年七月廿五日

33 佐藤源右衛門

一 拙者儀佐藤故長左衛門嫡子に御座候処に、

義山様御代拙者十三歳に罷成候節、高橋万五郎申分御座候て、脇指を以拙者を四ヶ所切申候処、右脇指奪取万五郎を弐ヶ所切申候得ば、万五郎又刀を抜拙者腕を切落、腕共に弐ヶ所被切申候。右万五郎は切腹被仰付候。拙者には山下玄察・中条宗閑に療治被仰付、手所平癒仕、鈴木主税・内馬場蔵人を以於御座之間御目見仕候処、首尾能仕奇特に被思食候。右長左衛門嫡子にも候間、弥以跡目に可被仰付候得共、御鷹師頭は手不自由にて如何被思召候間、次男を跡目に可被相立候間、拙者儀は別て進退被下置、可被召使之旨、御直に被仰付候処、無間も御他界被遊、無足にて罷在候。然処親長左衛門所持仕候新田四貫六百八拾四文之所

綱宗様御代、親長左衛門拙者に被分下置度之旨古内中主膳を以申上候処、万治三年三月十八日願之通右主膳を以被下置候。勿論

御当代御黒印頂戴仕候。以上

延宝四年十二月十七日

34　樋渡甚之丞

一　私祖父樋渡駿河儀仕芦名修理太夫盛氏、会津之者御座候。天正七年六月廿四日
貞山様会津へ御打入被遊候処、
大閤様小田原御発向之時分、会津被指上御本国へ御引取被成置候砌、御供仕罷除御家中に罷在、駿河事
貞山様へ被召出御奉公申上、御知行六貫文拝領仕候。何年に誰を以被召出候哉承伝不申候。駿河事隠居之願申上候
節、右高之内三貫九百拾七文之所嫡子但馬に為分取、弐貫八拾三文之所は隠居分に被下置度由申上候得ば、願之
通被仰付候。年号・御申次承伝不申候。駿河儀元和八年正月九日病死仕候付、拙者兄同氏市右衛門儀実父は黒沢
久左衛門三男、駿河為には孫に御座候付、右跡式無御相違市右衛門に被下置候。年号・御申次不承置候。市右衛
門儀、
義山様御部屋住之時分、御右筆御用被仰付相勤申候付て、御切米弐両・御扶持方四人分為御加増被下候処、市右衛
門事寛永八年四月十七日病死仕、実子無御座候故、拙者儀市右衛門実弟に御座候付て、右迹式無御相違拙者に被
下置之旨、同年六月十三日津田近江を以被仰渡候。同廿一年御検地之節二割出目被下之、并右御切米弐両を御家
中並有之節壱貫四百文に被直下、都合三貫八百八拾三文之所御黒印頂戴仕候。其以後野谷地拝領開発、高百八拾
九文之所万治三年二月十日茂庭故周防・富塚内蔵丞を以被下置、且又寛文弐年御家中並御座候時分御扶持方四人
分壱貫八百文に被直下、都合五貫八百七拾弐文之所御黒印頂戴奉所持候。右御知行高之内壱貫弐百文之所、拙者
実次男同氏平右衛門に為分取申度趣、延宝六年正月申上候得ば、願之通被成下旨、同年三月廿七日に小梁川修理
を以被仰渡、当時四貫六百七拾弐文所奉拝領之候。以上

延宝七年三月廿二日

35　薄権之丞

一　拙者先祖会津譜代に御座候て、盛氏へ奉公仕候処、貞山様御代祖父薄伊右衛門被召出、御知行弐貫五拾文被下置候。誰を以被召出候哉、其段は不承伝候。其後伊右衛門儀隠居被仰付、家督無御相違嫡子拙者親茂兵衛に被下置候。誰を以被下候哉、年月も不承置候。伊右衛門隠居仕候以後、御花壇へ被相付、御切米五切・四人御扶持方被下置候処、伊右衛門老後御奉公不罷成候付て、義山様御代右御切米・御扶持方は次男坂元左伝次に被下置候。茂兵衛儀義山様御代新田開発仕、弐貫六百弐拾壱文之所正保三年和田因幡を以被下置、本地取合四貫六百七拾壱文に被成下候。御黒印致頂戴候。然処茂兵衛事寛文十二年七月廿九日病死仕、跡式之儀願申上候処、無御相違拙者に被下置之旨同年十月廿八日古内志摩を以被仰付、右御知行四貫六百七拾壱文之所拝領仕候。以上

延宝五年二月廿六日

36　谷津正右衛門

一　拙者親谷津隠岐儀米沢御譜代之由承伝候。貞山様御代屋代勘解由を以於岩出山被召出、御知行三貫文被下置御奉公仕候処、何年に被召出候哉不承伝候。義山様御代寛永廿一年惣御検地之節弐割出目拝領仕、三貫六百文に被成下候。

御同代野谷地拝領自分開発、高壱貫五拾三文之所正保四年十二月廿五日に山口内記を以拝領仕、取合四貫六百五拾三文之高に被成下候。隠岐儀年罷寄候付て拙者其節は善吉と申御番代相勤申候処、明暦弐年に黒川中御鳥見御用内馬場蔵人を以被仰付、八箇年相勤申候内、同三年三月三日に義山様御鷹野に御出之砌、御野之御供に罷出候処、其身儀年比にも御座候間親隠岐儀は致隠居美濃と改名可仕候。家督無御相違拙者に被下置候間、隠岐に罷成、引続御奉公可仕旨吉岡御仮屋へ被為入候節、其砌之御鷹御申次鈴木主悦を以被付、引続御奉公申上候。尤御黒印頂戴仕候。以上

延宝五年正月廿五日

37　御歩小性　平山与左衛門

一義山様御代拙者儀寛永十七年五月石母田筑後を以御歩小性組に被召出、御切米五切・四人御扶持方被下置、同拾八年より御村御米御用并御代官役目共に三拾五ヶ年相勤申内、寛文十二年江刺郡にて野谷地拝領、開発之高四貫六百五拾五文延宝六年十月十九日黒木上野を以被下置、当時拙者進退四貫六百五拾五文と御切米五切・四人御扶持方御座候。右新田被下置候御黒印は、于今頂戴不仕候。以上

延宝七年四月二日

38　斎藤久右衛門

一拙者祖父斎藤休右衛門

貞山様御代御奉公に罷出、御知行三貫八百文被下置、数年御奉公相勤申候処、寛永十六年十一月十七日に病死仕候付て、同十七年三月廿三日拙者親久右衛門に右御知行高古内伊賀を以無御相違被下置、其以後寛永廿年御検地之節弐割出目被下置、四貫六百文に被成下候。其後切添新田拾文拝領仕、惣高四貫六百拾文に罷成候。寛文三年に野谷地新田弐町分拝領仕候。同四年に親久右衛門儀隠居願申上候処、同年九月廿二日奥山大炊を以、右御知行高拙者に被下置候。右野谷地新田弐町之所同六年御竿入、高壱貫七百九拾壱文に罷成候。拙者実弟同苗佐五右衛門無足にて罷在候付、右壱貫七百九拾壱文佐五右衛門に被下置度由、同七年に願申上候処、同年十月廿五日古内志摩を以、願之通被仰付、御番等相勤申候。先祖之儀年久儀にて、委細に不奉存候。以上

延宝五年二月七日

39　下市右衛門

一　拙者儀

貞山様御代寛永九年御木断衆に被召出、三人御扶持方・御切米弐切ト今代八百文被下置御奉公仕候処、同十一年御上洛に付、右之御奉公御免被成下、

義山様へ御歩行衆に被為進、四人御扶持方に御切米三切に今代弐百文被下置候由、古内故主膳を以被仰付候。然処同十三年に

義山様御代三切と今代八百文御加増被下置、御切米七切に被成下、同十四年要山様へ従

義山様被為進御奉公仕候処、同十六年に後藤上野・古内故主膳を以壱切之御加増にて、御切米八切に被成下御奉公

仕候処、要山様御遠行に付て、正保四年に中島監物・茂庭周防・古内故主膳を以、御国御番入可仕由被仰付候。其以後野谷地五町六反申受開発、高壱貫六百六拾七文万治元年三月廿八日山口内記・真山刑部を以被下置候。其上持添之御扶持方・御切米御家中御知行被直下候節、拙者に被下置候御切米・御扶持方御知行弐貫九百四拾三文に被直下旨、寛文元年十一月十六日に奥山大学を以被仰付候。拙者御知行高都合四貫六百拾文に御座候。以上

延宝四年十二月十六日

40　斎　源内

一　拙者祖父同氏源内儀飯坂左近太夫殿へ奉公仕候処浪人仕罷在、貞山様御代大条薩摩を以被召出、御知行三貫五百文被下置、御奉公仕候。被召出候年号相知不申候。御同代伊達河内殿へ被相付候。寛永七年に病死、同子次兵衛苗跡相続、源内と改名仕候。同拾壱年河内殿御死去、同拾五年

義山様御代親源内被召出、桃生郡中津山村にて右高四分一上納、四分三野谷地にて古内故主膳を以被下置候処に、同年五月右源内病死仕候付、跡式無御相違同年右主膳を以拙者に被下置候。其節孫市と申候源内に改名仕、同十六年津田近江を以、

義山様へ御目見仕候。同拾九年右新田御竿入、高四貫六百三文に罷成、同廿一年に御黒印を以被下置候。寛文元年御当代之御黒印致頂戴、知行高四貫六百三文に御座候。以上

延宝七年十二月十三日

41　宮崎太兵衛

一　拙者先祖御譜代に御座候由承伝候得共、誰様御代に先祖誰を初て被召出候哉、曽祖父以前之儀不承伝候。性山様御代曽祖父宮崎土佐と申者被召出、馬上にて御奉公仕候由承伝申候得共、御知行程被下置候哉、委細之儀不承伝候。嫡子祖父同氏飛驒儀、米沢にて御知行四拾三在家被下置御奉公仕候処、貞山様御時代に不慮之儀御座候て、進退被召上候。以後岩出山御在城之砌右飛驒無間も被召返、御知行三貫八百四拾三文大条薩摩を以被下置候。右飛驒儀寛永八年九月三日病死仕候。跡式嫡子拙者親同氏太兵衛義山様御代中島監物を以寛永九年三月五日被下置候。寛永拾八年惣御検地之節二割出目七百六拾文拝領仕、本高合四貫六百三文に被成下候。右太兵衛儀寛永廿一年四月廿八日に隠居被仰付、跡式無御相違拙者に被下置之旨中島監物を以被仰付、御黒印頂戴仕候。以上

延宝五年三月五日

侍衆

御知行被下置御牒（四十九）

四貫六百文より
四貫弐百六文迄

1　貝山三郎左衛門

一　拙者曽祖父貝山主計儀田村御譜代御座候処、田村様御遺跡無御座候付て、陽徳院様御頼に申上御当地へ罷越候処、貞山様より御知行四貫三百弐拾文被下置御奉公仕候。主計病死、跡式拙父貝山三郎左衛門に家督無御相違被下置、御肴役被仰付相勤申候付、義山様御代為御加増壱切と銀拾三匁被下置候。然処拙父三郎左衛門明暦元年十二月十日病死仕、跡式無御相違拙者に被下置之旨、山口内記を以被仰渡候。御当代寛文元年奥山大炊御用相足被申候節、惣御下中衆御知行へ取添候御切米・御扶持方之分御知行に直可被下由御触に付、拙者儀も右御加増之御切米壱切と銀三匁之所書上申候付、御知行弐百八拾文に直被下、取合四貫六百文之高に被成下候。以上

延宝五年正月十五日

2 大童九右衛門

一 拙者親大童九右衛門、貞山様御代被召出、御切米弐両・四人御扶持方被下置、勘定方御奉公仕候。年号・御申次承知不仕候。右御切米・御扶持方御知行三貫弐百六拾四文に被直下、奥山大学を以被下置候。寛永十二年九月十六日之御下書取持仕候。同十三年御買新田五百六拾六文致拝領候由承伝候。年号・御申次承知不仕候。

義山様御代御領内中御竿被相入候時分、二割出目七百六拾六文被下置、高四貫五百九拾六文に被成下候由承及候。委細に承知不仕候。明暦元年に右御役目御免被成下候刻、久御奉公仕、其上頭取をも被仰付候間、御番所御次之間に被成下之由、山口内記を以御番入被仰付、無懈怠相勤申候。

御当代寛文二年右九右衛門病死仕候。同年拙者に家督無御相違柴田外記を以被仰付、同年より九ヶ年御村御用相足、其内御番をも致勤仕候。同十一年より延宝四年迄六ヶ年、江戸御番組御進物御役目相勤申候。同年七月江戸御番組二番被相減候砌、拙者をも右御役目御免被成置、御国御番被仰付致勤仕候。拙者知行高四貫五百九拾六文に御座候。以上

延宝五年二月廿二日

3 高成田半助

一　拙者先祖伊達御譜代之由承伝候得共、
誰様御代先祖誰を被召出候哉、分明に不承伝候。
晴宗様御代先祖高成田左馬丞と申者、伊達高成田に御知行六拾貫文之所拝領仕候由承伝候。右左馬丞嫡子修理拙者
には養高祖父、親子共に何方之御陣に御座候哉一度に討死仕、右修理嫡子弥太郎と申者御座候得共、幼少故進退
断絶仕候由承伝候。右弥太郎儀成人仕、右親子御奉公仕候由品々申上候付、
輝宗様御代被召出御奉公仕、小斎之御陣にて本御知行高之儀申上候得共、拾弐貫文之所被下置候。其以後、
貞山様御代伊貢之内金山御陣にて、右弥太郎討死仕候付、嫡子修理に跡式知行高無御相違被下置御奉公仕、其後小
手森御陣にて修理討死仕候付、嫡子孫市郎に跡式御知行高無御相違被下置候。右段々家督被仰付候年号・御取次
不承伝候。孫市郎儀十五歳より
貞山様へ御奉公仕、伊達御国替之時分、葛西大崎御陣へ御供仕罷下、於岩出山、伊達にて拝領仕候御知行高之儀申
上候得共、右之通御供にて罷下候内、上衆押陣にて罷下候節、
御先代より拝領仕候御朱印等乱取に罷成所持不仕、其上御国替之砌に御座候付御知行三貫百壱文之所松木伊勢を以
被下置候。年号は不承伝候。孫市郎儀男子持不申候付、拙者儀大内掃部と申者二男に御座候を、聟苗跡に仕度由、
義山様御代寛永年中津田豊前を以奉願候処、願之通被成下、
御同代寛永廿一年惣御検地之砌二割出目共、高三貫七百弐拾壱文に被成下候。
御同代慶安二年正月養父孫市郎隠居願申上候処、願之通被仰付、跡式無御相違拙者に被下置之旨、同年三月津田豊
前を以被仰渡候。且又

御当代黒川之内鶉崎村除屋敷へ御竿被相入、高八百六拾四文之所寛文十一年柴田中務を以被下置、都合四貫五百八拾五文之御黒印頂戴仕候。以上

延宝七年四月九日

4 奈良坂正悦

一 拙者先祖葛西譜代に御座候。私親奈良坂藤右衛門儀、貞山様御代元和五年に御不断衆に罷出、御切米三切・三人御扶持方被下置候由承候。御申次不承伝候。寛永元年二月廿日より御歩行衆に被召使、御加増被下御切米弐両・四人御扶持方に被成下候由承候。御申次は不承伝候。同八年より御酒奉行被仰付四ヶ年相勤、御歩行組御免被成、御国御番被仰付候。寛永十年に御買新田申請、同十五年に御竿相入、高壱貫三百三拾弐文之所拝領仕候。御申次は不承伝候。義山様御代惣御検地之時分二割出被下、高壱貫五百九拾九文直被下候。御当代寛文元年霜月十六日に右御切米弐両・四人御扶持方を御知行弐貫九百四拾三文に奥山大学を以直被下、取合四貫五百四拾弐文に被成下候。寛文五年三月親藤右衛門病死、跡式無御相違柴田外記・古内志摩御披露を以、同年八月十三日拙者に被下置、医道之御奉公相務申候。以上

延宝五年三月六日

5 松野伝兵衛

一　拙者儀松野十郎兵衛二男御座候。十郎兵衛御知行高拾弐貫五百九拾九文と四人御扶持方被下置候内、弐貫五百九拾九文と四人御扶持方拙者に分被下度旨申上候処、願之通被成下由、明暦二年三月廿七日山口内記を以被仰付、綱宗様御部屋住之時分定御供に被召出、同年四月四両四人分之御積金子壱切御足目に被下置候。寛文元年惣御下中持添之分直被下候節、金子壱切四人御扶持方御知行直被下、高壱貫九百四拾三文之所奥山大学を以被下置、都合四貫五百四拾弐文に被成下御黒印奉頂戴候。拙者先祖之品に拙者兄松野権平申上候間如此御座候。以上

延宝五年四月晦日

6　前田河勘右衛門

一　拙者先祖仙道御譜代に御座候て、尚宗様御代前田河右馬丞後豊後と申者被召出候由申伝候。右豊後嫡子右馬丞是も後豊後と申、進退之儀六拾貫文被下置候と承伝申候。誰を以被下置候哉、尤年号承伝不申候。先祖之儀は委細前田河太兵衛申上候。拙者祖父前田河平内儀は右二代目之豊後三男に御座候て、輝宗様御代十一歳より御小性に被召出、引続貞山様にて被召使、御知行別て六拾貫文被下置候。然処於伏見不慮之儀に付て進退被仰付、御国へ被相下、其後片倉故備中を以被召出、御知行弐拾五貫五百文被下置候。嫡子同苗清作親に先達相果申以後右平内寛永十五年六月十六日病死仕、右清作実子伊之助に跡式無御相違、成田木工を以被下置候得共、其身不届故右進退被相禿候。拙者親は右平内二男にて、同苗孫左衛門と申、

貞山様御代より御奉公仕、御切米・御扶持方被下置并右平内御奉公申上候内、取立を以野谷地拝領仕、高三貫五百九拾文之所、平内願を以右孫左衛門に被下置候。年月・御申次尤被召出候儀も、勿論右御扶持方・御切米高も委細不承伝候。

義山様御代正保三年・慶安五年両度に野谷地申受、自分開発之高六貫百弐拾壱文之所、為御加増拝領仕候。是又誰御申次を以被下置候哉承伝不申候。寛文二年御知行に御切米御扶持方持添之衆、何も御知行に直被下候砌、右御扶持方御切米直高三貫八百七拾壱文に直被下、奥山大学を以被仰渡候。都合高拾三貫五百八拾弐文之所被下置、御黒印頂戴所持仕候。寛文四年四月廿八日右孫左衛門病死仕、嫡子拙者兄同苗甚九郎に跡式無御相違、同年七月五日に被下置旨、富塚内蔵丞を以被仰渡候。右甚九郎儀も寛文九年七月六日病死仕、跡式実子正太郎に同年十月廿二日古内志摩を以被下置候。右正太郎儀も延宝二年七月十五日に十一歳にて病病仕候故、勿論子共弟も無御座候付、正太郎為には伯父御座候故、拙者に右御知行高拾三貫五百八拾弐文之所、四貫五百弐拾七文之所三箇一を以被下置旨、延宝二年十一月六日小梁川修理を以被仰渡、于今御黒印は頂戴不仕候。以上

延宝五年三月廿六日

7　木村才兵衛

一貞山様御代拙者祖父木村長作に御知行高四貫五百拾弐文之所被下置長作病死仕、実子長十郎に、貞山様御代家督被下置候。其以後

義山様御代右長十郎実子持不申候付、拙者儀長十郎甥に御座候間養子に仕、以来跡式被下置度由故内主膳を以申上

候処、如願被成下候。長十郎承応三年四月病死仕付、跡式無御相違拙者に被下置旨、同年七月右主膳を以被仰付候。先祖

誰様御代より被召出候哉、且又祖父家督被仰付候年号・御取次不承伝候。拙者御知行高四貫五百拾弐文に御座候。

御黒印頂戴仕候。以上

延宝四年極月廿日

8　柴田権三郎

一　拙者祖父柴田源兵衛儀名取譜代に御座候処、

貞山様御代被召出、御切米弐両・四人御扶持方被下置、御奉公仕候。如何様之品を以何年に誰を以被召出候哉、其段は不承伝候。然処祖父源兵衛儀病死仕候付、嫡子拙者親与惣兵衛に跡式無御相違被仰付候。右家督被仰付候年号・御申次不承伝候。与惣兵衛代に野谷地新田に拝領仕開発、高壱貫五百四拾六文之所、正保三年三月七日に山口内記・真山刑部・和田因幡を以被下置、

義山様御黒印頂戴仕候。然処親与惣兵衛儀、万治元年霜月三日病死仕候。跡式拙者に被下置度由、山口内記を以申上候処、大条兵庫御披露之上、願之通跡式無御相違拙者に被下置旨、同年閏極月廿二日右内記を以被仰付候。然処寛永元年九月惣直に罷成、右御切米・御扶持方御知行に直被下、直高弐貫九百四拾三文、合高四貫四百八拾九文に被成下、

御当代御黒印頂戴仕、御広間御番相勤申候。以上

延宝五年三月廿六日

9 平七兵衛

一 拙者御知行拝領仕候儀は、兄平次兵衛寛文十一年流之内西長井村にて、野谷地拾町新田に申受開発仕、起目高四貫四百八拾八文之所拙者に被下置度段申上候処、願之通被下置之旨、延宝元年六月九日小梁川修理を以被仰渡、右御知行高四貫四百八拾八文之所拝領仕候。以上

延宝五年三月十三日

10 瀬戸勘三郎

一 拙者先祖伊達御譜代之由承伝候得共、誰様御代被召出御奉公仕候哉不承伝候。曽祖父瀬戸豊後儀、貞山様御代屋代勘解由指引御給主に被仰付、御知行六貫文被下置御奉公仕候処、勘解由進退中絶仕時分、豊後儀も浪人に罷成候。其後茂庭石見寄子に罷成、無足にて御奉公仕度旨奉願候処、貞山様へ右石見遂披露、御広間御番所被仰付、御番併御村御用相足申由御座候。年数は不承伝候。豊後子勘三郎に石見を以四人御扶持方被下置、大坂御陣へ御供仕、大町刑部手前御歩小性被仰付、御陣中御切米御扶持方被下候由に御座候。員数は不承伝候。御帰陣以後右御切米御扶持方御知行弐貫六百六拾四文に直被下候。右御切米御扶持方何様之品を以、何年に誰を以直被下候哉、不承伝候。右勘三郎其以後御買野谷地申請、此起目弐貫四百文、

寛永三年に拝領仕候。誰を以被下候哉不承伝候。

義山様御代野谷地拝領自分開発、高弐貫四百拾四文正保二年四月十七日古内故主膳を以被下置、都合七貫四百七拾八文に被成下候。正保三年六月廿三日御黒印頂戴仕候。右御知行高之内四貫四百七拾八文嫡子左太郎に被下、家督に被仰付、残三貫文は聟同氏弥兵衛に分被下度由、主膳を以右作右衛門願申上候処、如願分被下、組御免左太郎は作右衛門家督に被仰付、其上御番所御次之間へ上ヶ被下、弥兵衛儀御歩小性組に被仰付、御広間御番所被仰付旨、慶安三年右主膳を以被仰付候。同年三月廿八日之御黒印頂戴仕候。右作右衛門改名長門、左太郎儀作右衛門に罷成御奉公仕候。寛文四年右長門隠居願申上候処、如願隠居被仰付、跡式無御相違、作右衛門に同年七月廿五日柴田外記を以被下置候。御黒印所持仕候。右作右衛門儀延宝六年二月十日に病死仕候付、跡式無御相違同年八月廿二日黒木上野を以拙者に被下置、四貫四百七拾八文之御黒印頂戴仕候。以上

延宝七年三月五日

11　大沼彦惣

一性山様御代某祖父大沼因幡御奉公仕、従先祖御譜代に御座候由承伝候。進退は何程致拝領候哉不承置候。因幡子大沼彦惣儀拙者実父に御座候。彦惣儀

貞山様御代御奉公仕候。然処元和六年鈴木利右衛門苗跡弥吉幼少中為養育後家妻女に仕之段相達御耳申之処、末々は御加恩も可被成下之条、先以右利右衛門跡式御知行三貫弐百拾弐文之所、当座被下置之旨被仰出、其上其身持来御扶持方・御切米御知行被直下、弐貫百四拾文、両合五貫三百五拾弐文之所拝領仕御奉公相勤、元和九年より

病気指出引籠罷在候。其砌
貞山様御意に、大沼彦惣御目見不申候儀如何仕之由被仰出候。其刻豊島半十郎御小性仕御前に相詰、彦惣病気之品申上候得ば、無油断養生可仕之由被成下御意之段、右半十郎申聞、有難仕合奉存、猶以取詰療治仕候得共、段々指重、寛永十年三月年五十九にて病死仕候付、跡式之品々願上申之処、
義山様御代蟻坂丹波・松本左兵衛遂披露御前相済、寛永十三年九月右御知行高之内三貫弐百拾弐文之所、鈴木利右衛門苗跡同子弥吉に分取下、弐貫百四拾文之所亡父彦惣苗跡無御相違拙者に被下置、兄弟面々御奉公仕、寛永十八年惣御検地之砌二割出目四百弐拾文御加増被成下、弐貫五百六拾文致拝領、同廿一年八月十四日之御黒印頂戴仕、正保三年江戸御納戸御用被仰付数年相勤、小進に御座候て進退困窮仕候段、其節之御納戸頭衆大和田四郎右衛門・大浪十太夫を以訴訟申上候処、
義山様御代氏家主水・成田木工遂披露、明暦三年極月廿九日四人御扶持方御加増被下置、
御当代、寛文元年御家中御知行取衆壱貫文以上持添御扶持方・御切米御知行に被相直付、右四人御扶持方高壱貫八百文に直被下、都合四貫三百六拾文拝領仕、同年十一月十六日之御黒印致頂戴候。是又右知行所切添起目御座候間、致拝領度之由願上候処、寛文十一年御竿被相入、九拾七文之所御割奉行衆書出之通、於江戸小梁川修理・黒木縫殿被遂披露御前相済、御加増被下置之旨、延宝元年十月廿九日大条監物を以被仰渡、只今四貫四百五拾七文之知行高に被成下候。仍拙者儀笠原内記御番組に御座候。当時加美郡軽井沢境横目御用相勤罷仕候。以上
延宝五年二月九日

一貞山様御代拙者曽祖父横田丹波、慶長十三年鈴木和泉を以被召出、御知行拾三貫八百三拾三文被下置候由承伝申候。
被召出御知行被下置候品承伝不申候。丹波儀寛永十七年十二月廿三日病死仕、跡式無御相違嫡子同氏右馬助に被
下置候由に御座候。跡式被仰渡之年号・御取次承伝不申候。右右馬助儀、
貞山様御代御納戸御奉公被仰付候付、御仕着物被下置候由承及申候。且又
義山様御代惣御検地弐割出目を以、御知行高拾六貫六百文に被成下候。然処右右馬助
義山様御代迄引続御納戸御奉公相勤申に付、御仕着物御金壱分判八切に直被下、拾六貫六百文と壱分判八切之高に
御座候。右右馬助儀明暦元年七月廿九日病死仕候。右右馬助跡式無御相違嫡子同氏助三郎に被下置由、明暦元年
十一月廿三日に山口内記を以被仰渡候。然ば先年御下中持添之御切米・御知行に直被下時分、助三郎御切米壱分
判八切御知行高壱貫百四拾三文に直被下、都合拾七貫七百四拾三文に被成下由承伝申候。右之御黒印頂戴所持仕
候。右助三郎儀寛永五年四月廿七日病死仕候。右助三郎儀男子無御座候付、実弟万作右御知行高半分八貫八百七
拾壱文を以跡式被仰付由、同年七月六日富塚内蔵丞を以被仰渡候。万作儀寛文七年御小性組に被召出候処、延宝
五年五月廿九日病死仕候。右万作儀子共無御座候故、拙者儀君ヶ袋五左衛門二男にて、万作実甥に御座候間、跡
式被下置度由親類共願申上候付、右御知行高半分、四貫四百三拾六文を以、跡式被下置由、延宝六年二月六日柴
田中務を以被仰渡候。先祖委細之儀は惣領筋に御座候間、山内万六申上通に御座候。以上
延宝七年七月廿九日

12　横田十之丞

13 大石新右衛門

一 拙者先祖伊達御譜代之由承伝候。親大石新右衛門儀貞山様御代被召出、御切米拾切・四人御扶持方被下置御奉公仕候処、慶安三年七月十六日親新右衛門病死仕候。跡式無御相違同年九月、義山様御代成田木工を以拙者に被下置段被仰渡候。御同代桃生郡深谷之内広淵村にて、野谷地伊藤新左衛門拝領申候内、三町拙者に譲申候処、起目壱貫百八拾九文万治三年二月十日茂庭周防・富塚内蔵丞を以被下置候。御当代惣御下中持添之御扶持方・御切米御知行に直被下候並を以、拙者に被下置候御切米拾切・御扶持方知行三貫弐百弐拾八文に直被下之旨、寛文二年三月十八日奥山大炊を以被仰渡候。右新田取合都合知行高四貫四百拾八文に御座候。以上

延宝五年三月二日

14 浦川五右衛門

一 拙者伯父同氏宇兵衛、伊達河内殿にて御知行三貫七百文被下、御小性之間にて被召使候処、河内殿御他界之節右宇兵衛は殉死之御供仕候。御子様無御座候付、義山様へ被召出、跡式立被下時分、宇兵衛実子持不申に付、古内故主膳を以右宇兵衛弟に御座候拙者親同氏五右衛門に跡式無御相違被下置候。年久儀に御座候間、年月覚不申候。其以後惣御検地之砌、御家中一篇に二割御加増

被成下、当時進退四貫四百拾六文にて、御代々御奉公仕候。然処右五右衛門年寄御番等不罷成に付、寛文十三年に其身は隠居被仰付、跡式拙者に被下置度由申上候付、願之通隠居被仰付、跡式無御相違拙者に被下置旨、同年四月廿九日柴田中務を以被仰付候。以上

延宝五年二月廿一日

15　小原助左衛門

一　拙者先祖伊達御譜代之由承伝候得共、誰様御代に被召出候哉、曽祖父以前之儀不承伝候。代々苅田郡小下倉村知行仕、曽祖父小原縫殿助代迄御奉公仕候処、右縫殿助死去仕候節家督相禿、如何様之品にて被相禿候哉不承伝候。実子同苗助左衛門貞山様御代被召出、御切米御扶持方何程被下候哉、御不断御奉公仕、大坂御陣両度御供仕罷上候由承伝候。元和七年宮城之内余目村・小鶴村野谷地御蔵新田に取立可申由、蟻坂善兵衛を以被仰付、右之御新田起申に付、寛永元年に御竿被相入節、右両所起目にて、右之御切米御扶持方御知行三貫六百七拾三文に直被下、右善兵衛を以拝領仕候由承伝候。其後祖父助左衛門年寄御奉公不罷成候付隠居仕、拙者親助五郎に家督被下置度由、誰を以願申上候哉則家督助五郎に被下置候。御黒印御座候。其後助五郎、助左衛門に改名仕候。右家督被仰付候年号不承伝候。義山様御代惣御検地被相入節、二割出拙者親助左衛門に被下置、四貫四百八文之高に直被下候。然処助左衛門年寄御奉公不罷成候付隠居仕、拙者に家督被下度由、古内志摩を以、寛文拾二年に願申上候得ば、則右之御知行四貫四百八文無御相違右志摩を以、同年十月廿八日に被下置候。親助左衛門には隠居可仕由被仰付候。右助左衛門同

年霜月二日病死仕候。其後拙者も助左衛門に改名仕候て、御奉公相勤申候。以上

延宝五年四月十四日

16 二瓶甚左衛門

一 拙者実父二瓶市左衛門野谷地新田拝領仕自分致開発、高四貫四百三文罷成候を、拙者儀は実次男に御座候付、右四貫四百三文之所被下置、似合之御奉公被仰付被下候様に、右市左衛門願之書物指上申候得ば、延宝六年十月十八日黒木上野を以、願之通被成下之由被仰渡、御番所御広間被仰付候。先祖之儀は右市左衛門方より申上候。以上

延宝七年九月十六日

17 内田五右衛門

一 拙者儀内田三左衛門次男に御座候故、兵部殿在世之時分別て奉公仕候。然処兵部殿御改易に付、寛文十二年六月廿三日に被召出、古内志摩を以御知行四貫四百文被下置、御番入被仰付候。以上

延宝五年二月四日

18 池田久三郎

一 私祖父池田八郎兵衛儀、会津浪人御座候。

義山様御代寛永十七年山口内記を以被召出、御切米八両・御扶持方拾人分被下置、御国御番被仰付候。拙父池田半之丞儀右八郎兵衛実二男御座候。右半之丞無進退にて罷在候付、伊達兵部殿へ被召出、右筆役目相勤、切米壱枚・扶持方四人分被下候。其後知行百石被下候て、右筆役目御免被成、物頭役目相勤申候内、兵部殿流人被仰付、以後寛文十二年六月廿三日、御当代古内志摩を以被召出、御知行四貫四百文被下置、御国御番相務罷在候。父半之丞儀延宝三年正月廿三日病死仕、同年三月十四日跡式無御相違拙者に被下置之旨、柴田中務を以被仰渡候。御黒印は于今頂戴不仕候。以上

延宝五年三月十日

19　小山長兵衛

一　私父小山長左衛門儀兵部殿奥方由緒御座候付、先年兵部殿御介抱にて御在所へ罷下、知行百石被下奉公仕候。然処兵部殿流人被仰付候以後、御当代寛文十二年六月廿三日古内志摩を以被召出、御知行四貫四百文被下置、翌年之七月より御広間御番被仰付、鮎貝太郎平御番組に罷成御国御番相務申候。以上

延宝五年三月八日

20　斎藤善五郎

一　拙者先祖

誰様御代被召出候哉、不承伝候。祖父斎藤久助儀は、貞山様御代御知行高三貫四百九拾七文被下置、御不断組御奉公相勤申候。義山様御代津田故豊前を以御大所衆に被召出、其節右豊前を以御扶持方弐人分御加増被下置、御奉公相勤申候処、御大所組御免被成下、御国御番被仰付候。寛文元年御下中並に御扶持方御知行に被直下、高四貫三百九拾七文に罷成候。御奉公相勤申候処、寛文七年三月十五日古内志摩を以隠居被仰付、跡式拙者親善兵衛に被下置候。引続御国御番相勤申候処、江戸御金小役人被仰付、壱ヶ年替罷上、道中にて延宝二年六月廿八日病死仕、同年十月廿八日小梁川修理を以跡式無御相違拙者に被下置候。拙者儀当年十一歳に罷成、先祖之儀具不奉存候。以上

延宝五年三月二日

21 遠藤甚右衛門

一 拙者親遠藤甚右衛門儀伊達御譜代に御座候。家督は兄同氏金右衛門に被下置、拙者儀は三男に御座候処、義山様御代御歩小性に山口内記を以被召出、正保二年より御奉公仕候。然処寛文四年に野谷地新田五町弐反分、柴田外記・富塚内蔵丞相談之上、鴇田淡路・和田半之助・木村久馬書付を以被下置候条、右新田起立似合之御奉公申上度奉存候間、御歩小性之組御免被成下、組付之御切米・御扶持方は弟分に御座候猪狩甚三郎に被下置度由、寛文六年に願書物和田半之助を以相出候処、外記・内蔵丞・志摩を以、同年極月廿日に組御免被成下、組付之御切米・御扶持方は右弟甚三郎に被下置候。右新田寛文七年御竿入、高三貫弐百弐拾三文に罷成候通、外記を以被下置候。其以後寛文八年野谷地新田四町分、外記・志摩相談之上、鴇田淡路・田村図書書付を以被下置候。起立

同十一年に御竿入、高壱貫百六拾九文に罷成候通、延宝元年六月十八日大条監物・小梁川修理を以被下置、右両度に被下置候。新田高合四貫三百九拾弐文之御黒印頂戴仕候。以上

御当代宮内権十郎御番組に被仰付候。

延宝五年正月廿三日

22　菅井弥五八

一　拙者先祖、米沢御譜代に御座候由承伝申候。私祖父菅井与左衛門儀、貞山様御代被召出、御知行九貫三百拾九文被下置御奉公仕候。実嫡子同苗弥五八儀慶長十六年中島左門を以御歩行に被召出、御切米銀百拾四匁・四人御扶持方被下置候。右与左衛門儀誰を以被召出候哉、年号等承伝不申候。大坂両度之御陣へも与左衛門儀は馬上、嫡子弥五八儀御歩行にて父子共御供仕候。右与左衛門寛永十二年六月廿六日病死仕候に付、跡式右弥五八に無御相違、同年中島監物を以被下置候。其以後御同代御知行三貫百六拾七文被下置、右御切米・御扶持方被召上候。本高合拾弐貫四百八拾六文同十三年三月十九日に被下置候。右御知行如何様之品にて誰を以拝領仕候哉不承伝候。

義山様御代右弥五八常陸御穀御用相務申候内、於彼地病死仕候。依之跡式拙者に被下置度由申上候処、拙者儀其節八歳に罷成、幼少に御座候得共、親弥五八神妙に御奉公申上候間、跡式御知行高拾弐貫四百八拾六文之所無御相違被下置之旨、寛永十七年八月十三日中島監物を以被仰渡、右御知行名取郡にて拝領仕候。其以後惣御検地之砌二割出目弐貫五百拾四文被下置、都合拾五貫文に被成下候。同廿一年八月十四日之御黒印頂戴所持仕候。惣御検

地之節右高之内拾貫六百八文之所、黒木主殿上地志田郡蒜袋村にて御割替被下候処、彼地毎年水損旱損仕、御役金程も物成所務不仕候に付、馬上役之御奉公御免被成下度由申上候処、承応三年より馬上之御奉公御免被成下候。然共引続毎年不作仕、五分一御役金も指上兼申候処、其節御家中より御手伝金指上申筈に被仰付候間、右之通にて御役金御手伝金指上可申様無御座候条、右悪地拾貫六百八拾文之所被召上、替金は野谷地にて成共被下置度由、綱宗様御代万治二年に覚書を以申上候得ば、被聞食届、右御知行拾貫六百八文は被召上、御役金御手伝金御免被成候。替地之儀は拙者見立次第野谷地を以可被下置由、大条兵庫・茂庭中周防・古内中主膳連判之書付を以、同三年二月十三日被仰渡、残四貫三百九拾弐文にて御奉公仕候。其以後野谷地見立申上候得共、御村障御座候由にて不被下置候。其外所々野谷地障御座候て相調不申候付、富塚内蔵丞宅へ出入司衆寄合之節、桑原覚左衛門を以右之品々申上候得ば、出入司衆へ野谷地御吟味之上替地可被下置旨、寛文四年に被仰渡候。然処拙者儀御金山御用相勤御訴訟申上、右御役目御免之以後、同役人不調法之段乍存知不申上儀不届に候間進退被召上之旨、御当代寛文五年二月廿九日大山三太左衛門・諏訪辺弥覚を以被仰付候。其後寛文十二年三月十八日被召出、右残御知行高四貫三百九拾弐文之所被返下之旨古内志摩を以被仰渡候。依之弥先年被仰渡候通野谷地新田被下置度旨、御奉行所へ申上候処、拙者見立次第障無之所可申上旨被仰渡候に付、所々見立申上候得共、何角つかへ共御座候て、干今相調不申候間、重て見立可申上候。先祖之儀は拙者八歳之節、親弥五八於常陸病死仕候故、粗承伝を以申上候。以上

延宝五年四月廿日

23 中沢伊兵衛

一　拙者曽祖父中沢備後と申者、稙宗様相馬御取合之時分、如何様之取違仕候哉、粟野大膳に被召預候て、大膳所に罷在候。其以後備後嫡子祖父中沢四郎左衛門、貞山様御代奥山出羽を以被召出、御知行被下置候。依之家督嫡子彦五郎に相渡候て、其身隠居仕候。以後彦五郎相果、無間も元和元年右四郎左衛門病死仕候。実子二人御座候得共幼少に御座候故、跡式相禿申候。其節之御知行高何程に御座候哉不奉存候。拙者親四郎左衛門儀浪人にて拙者幼少之時分相果申候。私儀無進退にて惣御米御勘定役被仰付、当座之御合力に壱箇年に壱分判弐拾切宛被下置、寛文二年より同六年迄五箇年無恙相勤申候。然処私親類三品金兵衛加美郡四竈村に野谷地新田致拝領候起日、同六年御竿入高四貫三百七拾九文に罷成候私に被下置度旨、同七年願指上申候得ば、於江戸古内志摩・古内造酒助披露を以、右四貫三百七拾九文之所拙者に被下置之旨、同年五月十三日原田甲斐を以被仰渡、御黒印頂戴仕候。其後御番所御広間被仰付候。以上

延宝五年四月五日

24 御歩小性 内海善兵衛

一　拙者先祖深谷譜代御座候。祖父内海新助貞山様御代御不断組に被召出候。進退何程被下置候哉不奉存候。御郡方諸役取納申役人に被仰付、右役御免被成下、御切米壱両・四人御扶持方被下置候由承伝申候。右新助隠居被仰付、跡式無御相違佐々若狭を以、拙者親新助に

被下置、御歩小性組に被仰付候。年号不奉存候。然処寛永十年に野谷地申請、開発之地八百四拾四文佐々若狭を以致拝領候。年号等は不奉存候。
御同代若林御城御取立之節、御普請方御作事方役人被仰付候。右御用相勤申に付、御知行可被下置由にて、御地形御割不被下内、御切米八切・御扶持方六人分被下置由、佐々若狭を以被仰付候。依之
義山様御代御知行三貫四百八拾八文寛永廿一年八月十四日致拝領、右御切米・御扶持方は被召上候。右御切米御扶持方被下置候時分被仰渡候故、御知行拝領之節は御申次無御座候。本地取合四貫三百三拾弐文之高に被成下候。
拙者親新助明暦三年八月朔日病死仕、跡式無御相違、同年霜月廿六日山口内記を以拙者に被下置候。当御知行高四貫三百三拾弐文之御黒印頂戴仕候。以上
延宝五年二月十四日

25 上野甚三郎

一 拙者養父先祖於米沢段々引続御奉公仕由に御座候得共、養父以前之名本等も相知不申候。勿論如何様之品に御座候哉、
貞山様代御当地にて養父上野九郎左衛門被召出、御切米弐両・御扶持方四人分被下置候由に御座候得共、年号・御申次等も相知不申候。
御同代奥山故大学・湯村勘左衛門・和田主水を以、右御切米・御扶持方三貫四百七拾壱文に被直下候。
御先代之儀年久敷儀に御座候故、何様之品にて御知行に被直下候哉、其品々委細不承伝候。

義山様御代寛永十八年惣御検地之砌、二割出被下置、四貫百六拾五文に被成下、九郎左衛門男子持不申候付、拙者儀は山崎彦兵衛次男に御座候。聟に仕家督仕度旨茂庭中周防を以御披露仕、承応元年二月十八日御目見仕候。九郎左衛門明暦四年四月廿六日病死仕候付、右周防を以披露仕、同年四月廿日に無御相違拙者に家督被下置候。御同代古内故勘之丞拜領新田之内野谷地壱町所望仕、自分開発仕候処、万治二年に御竿被相入、百六拾六文之所、綱宗様御代何もに被下置之由承候得共、被仰渡は無之、御当代四貫三百三拾壱文寛文元年十一月十六日に結被下候。御黒印にて拝領仕候。以上

延宝五年二月十八日

26　志村長蔵

一貞山様御代志村豊前弟養祖父志村休助被召出、進退何程被下置候哉不承伝候。高麗御陣御供仕以後、御知行三貫六百文被下置候由申伝候。

御同代祖父休助病死仕、亡父源左衛門に跡式御知行三貫六百文被下置候。年号・御申次不奉存候。寛永年中惣御検地之節二割出目共に四貫三百弐拾文之高に被成下候。父源左衛門儀実子源太郎病人故、拙者儀中山喜左衛門次男に御座候。右源太郎娘に取合苗跡に被仰付、勿論源左衛門隠居仕度段願申上候処、願之通被仰付、跡式無御相違拙者に被下置候旨、寛文十年七月廿七日柴田外記を以被仰渡、当時拙者知行高四貫三百弐拾文之御黒印頂戴仕候。先祖之儀は志村藤兵衛方委細申上候。以上

延宝五年三月二日

27　熊谷三右衛門

一　拙者祖父熊谷右馬丞葛西浪人に御座候。元和年中貞山様御代奥山出羽を以被召出、御知行三貫六百文被下置、右馬丞嫡子惣太郎儀御切米・御扶持方同年中被下置、別て御奉公仕罷在候。右馬丞病死、依之跡式次男拙者親三右衛門無足にて罷在候付被下置度旨、佐々若狭を以右惣太郎奉願候処、奇特成儀申上由御意之上、如願右馬丞遺跡之地三貫六百文拙者親三右衛門に被下由申伝候。年号は不奉覚候。
義山様御代惣御検地之上二割出目七百弐拾文被下置、都合高四貫三百弐拾文拝領仕候。御黒印所持仕候。其以後寛文三年十月拙者親三右衛門病死、跡式無御相違拙者に被下置旨、同年十二月十八日富塚内蔵丞を以被仰渡、当時御知行高四貫三百弐拾文被下置、御黒印頂戴仕候。以上
延宝七年二月廿九日

28　河野茂左衛門

一　拙父河野茂左衛門儀
貞山様御代御不断組佐々岡与兵衛を以被召出、御切米三切・三人御扶持方被下置候。其後伊藤肥前を以御不断組御免被成、御歩行組に被召使、御加増被下置、御切米弐両・四人御扶持方被成下候由承伝申候。

義山様御代年寄御歩行組御赦免、御広間御番被仰付候。正保三年宮城之内笠神村に野谷地拝領仕、起目高壱貫三百七拾五文山口内記を以被下置、右御切米・御扶持方御知行に何も被直下候並を以、寛文元年に弐貫九百四拾三文

に奥山大炊を以被直下候。弐口御知行高四貫三百拾八文之所被下置候。拙父茂左衛門儀、寛文八年霜月八日病死仕候。右跡式柴田外記を以、拙者に寛文九年二月廿日無御相違被下置、御黒印奉頂戴候。御番所御広間に御座候。以上

延宝七年八月八日

29　笠原長蔵

一　拙者伯父笠原弥右衛門、寛永十四年御勘定御奉公に被召出、御切米弐両・御扶持方四人分被下置候。義山様御代明暦元年極月御切米壱両・御扶持方三人分御加増に被下置、合御切米三両・御扶持方七人分に被成下候。綱宗様御代万治三年春御切米弐両御加増被下置、合御切米五両・御扶持方七人分に被成下候。御当代寛文四年に野谷地弐町五反分申請、開発仕候新田三貫八百五拾弐文へ、右御切米五両・御扶持方七人分指添被下置旨、寛文九年四月四日柴田外記を以被仰付候。右弥右衛門儀年罷寄御勘定御役目不罷成候付て、御訴訟申上、寛文五年春御免被成下御番入被仰付候。然処伯父弥右衛門儀実子持不申候付、拙者を養子に仕家督をも被下置、其上弥右衛門は隠居被仰付被下度段願申上候処、弥右衛門願之通隠居被仰付、家督無御相違拙者に被下置旨、寛文十二年六月六日古内志摩を以被仰付候。且又御当代寛文九年野谷地弐町七反分、右弥右衛門申請開発仕、右起目新田四百六拾六文之知行高に被成下之旨、延宝三年九月朔日柴田中務を以被仰付、都合知行高四貫三百拾八文と御切米五両・御扶持方七人分被下置候。以上

延宝四年十二月十三日

30　増沢太兵衛

一　私儀増沢権右衛門次男に御座候。無進退にて罷在候付、承応三年野谷地申請、明暦四年御検地被相通、八貫弐百九拾七文之所親権右衛門拝領仕候内、四貫弐百九拾七文之所拙者に被下度段、津田玄番を以親権右衛門申上候処、万治三年願之通被仰付候。御申次は失念仕候。尤御黒印頂戴仕、御番入被仰付候。委細之儀は兄伊兵衛方より申上候。以上

延宝五年三月十八日

31　笠原長次郎

一　拙者親笠原加兵衛寛永三年に御不断御奉公に被召出、御切米弐切代七百文・御扶持方三人分被下置候。寛永十一年御歩行御奉公被仰付、度々御加増被下置、御切米弐両・御扶持方四人分被下置候。義山様御代正保三年より御側小性衆御横目被仰付、其後明暦二年に御国御番入被仰付相勤申候。然処伊達上野殿先年拝領被成候野谷地之内三町八反分、拙者親兼て御出入仕候御首尾に被分下度旨上野殿より被仰上、拙者親に被分下自分開発仕、起目新田弐貫九百八拾壱文被下置旨、寛文十二年正月廿五日柴田中務を以被仰渡候。御当代延宝二年親加兵衛隠居被仰付、家督拙者に無御相違被下置度段親願申上候処、願之通被仰付被下置旨、延宝二年八月八日に大条監物を以被仰付候。拙者知行高弐貫九百八拾壱文と御切米弐両・御扶持方四人分被下置候。以上

延宝四年十二月十三日

32　樋渡二兵衛

一　拙者曽祖父樋渡民部と申者、元来相馬譜代一族並之奉公仕候由、然処浪人仕、法躰一休と致改名、輝宗様御代御当家へ伺公仕候処、兼日軍法武道達者之者にて、日比貞山様にも御存知被遊候由、依之可被召抱旨御意被成候処、御相談を以亘理元安へ被召出、知行七拾貫文余被下御奉公仕候内、於所々勲功之働仕候故、貞山様御前へも数度被召出、色々有難御意共御座候由承伝候。祖父同氏伊豆儀、伏見御時代、鈴木和泉を以、貞山様被召出、為御切米三貫文之地并御扶持方拾人分被下置、御前近被召使節々有難御意には、右一休儀直々可被召使処、元安にて被召抱候故、無是非其通にて被指置候。右筋目之者にも候条、末々は宣御加恩をも可被成下候得共、先以右之通被下置之由為御意馬上並之御奉公申上候由、然処伊貢郡丸森村・伊達相馬両所御境目之儀に御座候故、大事に被思食、御加勢為警固十騎被指遣候付、右伊豆儀も被仰付、於彼地数年御奉公仕候処、其比上意御不勝手に付、拾貫文より以下之衆進退三ヶ二被召上候。依之小進に罷成、弥以勤兼申候者勝手次第望之品可申上由依被仰出、御暇之願申上、親類中村対馬在所へ引移扶助相受罷在候。其以後親同氏源兵衛儀貞山様御代茂庭周防を以被召出、御知行壱貫弐百七拾三文御切米壱両・御扶持方四人分被下置候。以後畠新田御礼金指上、起目三百四拾弐文佐々若狭を以拝領仕、義山様御代迄御奉公申上候処、惣御検地以後、寛永廿一年に二割出三百文被増下、且又御当代寛文元年十一月十六日に右御切米・御扶持方御知行弐貫三百七拾弐文に被直下、取合四貫弐百八拾七文之高に被成下候。右源兵衛儀同三年四月廿五日に隠居被仰付、家督右知行高之通無御相違拙者に被下置之旨奥山大学

を以被仰渡、勿論親代より拙者代迄致拝領候御黒印三通所持仕候。右之外委細之儀年号等相知不申候。以上

延宝五年四月廿二日

33 跡部仲左衛門

一 拙者祖父跡部仲右衛門儀、黒川譜代に御座候。

貞山様御代御不断組被召出、御切米金子壱両・三人御扶持方被下置、大坂御陣へも御供仕候。年号・御申次は不奉存候。寛永二年に野谷地新田申請、起目壱貫文同六年拝領仕候。御申次不奉存候。寛永四年蟻坂丹波を以、右御不断組御免被成下候。御番所御広間被仰付候。寛永十三年野谷地新田申受開発仕内、寛永十八年惣御検地相入、前之壱貫文之二割出目共に本地壱貫弐百文に被成下、其節右野谷地起目壱貫三拾五文被指添、且又御切米壱両を七百文御知行に被直下、都合弐貫九百三拾五文之高に被成下、右御切米如何様之品にて御知行に被直下候哉、御申次は不承伝候。二割出目被下置候節、右御知行高之御黒印頂戴仕候。正保四年霜月十一日右仲右衛門病死仕、父仲右衛門に跡式無御相違、

義山様御代成田木工を以、慶安元年四月九日被下置候。先祖之儀は委細不承伝候。寛文元年父仲右衛門隠居願天童内記を以指上申、於江戸隠岐守殿へ柴田外記・富塚内蔵丞申上、同二年三月六日奥山大学を以隠居被仰付、跡式無御相違拙者に被下置候。寛文二年六月十日御扶持方御知行に何も被直下候並を以、三人御扶持方御知行高壱貫三百五拾文に被直下、当時御知行都合四貫弐百八拾五文に御座候。御黒印頂戴仕候。以上

延宝五年四月十五日

34　薄木長五郎

一　拙者先祖薄木道閑儀柴田郡之内薄木村と申所遺所之地に御座候て、代々住居仕候処、
晴宗様御代遠藤山城を以被召出、柴田郡之内にて在家七軒被下置之由承伝候。右道閑嫡子私高曽祖父同氏駿河、同
嫡子高祖父同氏三河迄右御知行引続被下置、
貞山様御代迄御奉公仕由承伝候得共、何年に右先祖死去仕、右御知行段々被下成候年号・御申次等承伝不仕候。右
道閑に被下置候御知行御判物は、三河住宅出火之砌焼失仕之由承伝候。右駿河次男は出家仕、薄木村之内月蔵寺
に住持仕候。然処
貞山様白石御陣之節、落城之品々、
権現様・台徳院様へ御註《ママ》進被遊度被思食之由御座候処、常之御使者にては往還途中敵地にて不成自由に付て、右月
蔵寺被仰付、
両公方様宇津宮・小山迄御出駕被遊に付て、右両所にて御註進之御書指上之申由承伝仕候。右三河跡式別て被下候
哉、又御知行被召上歟、其間断絶之品分明不承伝候。右三河実子私曽祖父同氏修理、
貞山様へ被召出、蟻波丹波を以伯父右月蔵寺御奉公申上之趣御覚被遊之旨被仰出、御知行三貫五百八拾五文被下置
之由承伝候。何年に被召出、御知行被下置候年号不承覚候。
義山様御代寛永廿一年惣御検地二割出目七百文之所被下置、都合四貫弐百八拾五文之地高に被成下候。修理隠居願
申上、同年八月山口内記を以跡式無御相違私祖父蔵人に被下置候。寛文二年に右蔵人病死仕、跡式無御相違
御当代同年十一月十六日柴田外記を以、私父同氏三右衛門に被下置候。御黒印奉頂戴候。延宝四年に私父三右衛門

病死仕、跡式知行高無御相違同年十月十六日柴田中務を以拙者に被下置候。曽祖父修理代より引続御国御番致勤仕候。以上

延宝七年三月二日

35 大内甚右衛門

一貞山様御代拙者祖父大内喜右衛門伊達御譜代にて、御知行三貫五百六拾文被下置被召出候。御申次并年号は覚不申候。

義山様御代祖父喜右衛門寛永十九年十二月病死仕、跡式親喜右衛門に無御相違被下置候。御申次は覚不申候。惣御検地被相入候節二割出目被下置、都合四貫弐百七拾壱文之高に被成下、御黒印親喜右衛門頂戴仕候。万治二年八月親喜右衛門病死仕、跡式同年極月廿五日富塚内蔵丞を以、家督無御相違拙者に被仰付、御黒印頂戴仕候。

御当代之御黒印は于今頂戴不仕候。以上

延宝五年二月十三日

36 古内甚左衛門

一拙者儀古内平右衛門三男に御座候処、実兄小島伊左衛門知行高之内壱貫九百弐拾六之被分下、御奉公為仕度由右伊左衛門寛文六年古内志摩を以願申上候処、同七年閏二月廿三日に如願、右知行高拙者に被分下之旨、右志摩を以被仰渡、中之間御番被仰付致勤仕候。且又叔父古内主殿下中屋敷所望仕御竿相入、起目高弐貫三百弐拾七文に

罷成候を、拙者に被下候様に仕度由願申上候処、寛文十三年六月廿八日小梁川修理を以拙者に被下置、都合四貫弐百五三拾文之地高に被成下、御黒印奉頂戴候。先祖之儀惣領筋目に御座候間、古内勘之丞方より可申上候。以上

延宝五年四月七日

37 曽根清右衛門

一　拙者祖父曽根九右衛門儀越後より御当所へ罷越候由承伝候。私親二歳に罷成候節、右九右衛門儀相果申候も、委細之儀は不承伝候。拙者実父祐斎儀は
貞山様御代に御坊主衆に被召出、御切米三両・三人御扶持方被下置、御奉公仕候之処、
義山様御代御加増被下置、御切米四両壱分・四人御扶持方に被成下、御茶道に被召使候。右被召出候節、御加増拝領之年号・御申次は承置不申候。右祐斎儀数年御奉公首尾能仕候段被仰立、
御当代に罷成、御切米御扶持方御知行に被直下、四貫貫弐百弐拾九文に被成下旨、柴田外記を以被仰渡、引続右御奉公仕候。且又拙者儀は虎之間御小性に被召使被下度旨奉願候処、茂庭故周防を以願之通被召出、無足にて江戸御国共に御奉公相勤申候処、江戸在番之刻御人多にも御座候条、拙者共並之無足者被召使間敷由、高泉故長門を以被仰渡、御国元へ被相下候。其以後も御馬買衆御宮仕等は度々相勤申候。然処祐斎儀年罷寄申に付隠居被仰付、跡式四貫弐百弐拾九文之所実子拙者に被下置、御番衆に被成下度旨奉願候処に、願之通祐斎跡式無御相違拙者に被下置、御番入被仰付之旨、寛文六年六月九日に渋川助太夫を以被仰渡、江戸御国共に御奉公仕候。以上

延宝七年十一月三日

38 秋山宗斎

一貞山様御代拙者親永休寛永八年八月被召出、御切米拾七切・御扶持方四人分被下置候処、御当代に罷成江戸御番宇治御用等相勤、非番之節は御目付衆へ引続六度迄被相付候付、度々拝借仕候故、右御切米皆々指上申候ても不足に御座候に付、御切米・御扶持方知行に被直下、半分を以拝借何年にも被召上、残地形手作等にも仕御奉公相勤申度由、願書物を以、各務采女・渋川助太夫・大町権左衛門・渡辺金兵衛方迄申上候処、願之通御切米・御扶持方御知行四貫弐百弐拾九文に被直下之旨、寛文六年八月十三日右四人衆被申渡候。同年同日に御黒印頂戴仕候。永休病気に付て役目御免被成下度段奉願候処、各務采女・渋川助太夫・油井善助・鈴木主税を以御免被成下候。延宝二年二月十三日右御役目之番代奥村瑞庵を以拙者に被仰付候。延宝二年に隠居願申上、同年十一月十六日柴田中務・小梁川修理・大条監物を以願之通被仰付候。同年十二月十二日拙者家督右御老中を以被仰付候。以上

延宝五年二月十九日

39 里見藤右衛門

一貞山様御代寛永八年十月十日私儀御割屋御勘定衆に被召出、御切米弐両・御扶持方四人分奥山故大学を以被下置候。然処在郷屋敷拝領仕度候間、右御切米弐両を御知行所に被直下度由、故大学を以申上候得ば、寛永十年二月

御知行弐貫文に被直下候。其後御国中御一同之御検地被相入候付、寛永廿一年より二割出目致拝領、弐貫四百弐拾文に被成下候。私儀寛永八年より承応三年迄二十二ヶ年右御奉公相勤申候間、御免被成下度由、義山様御代訴訟申上候得ば、山口内記を以御免被成下、明暦元年より到只今御国御番致勤仕候。且又御当代寛文元年惣侍衆知行持添之御切米・御扶持方取衆之分、御知行に被直下付、右四人分之御扶持方を壱貫八百文に奥山大炊を以被直下、私拝領之御知行高四貫弐百弐拾文に御座候。以上

延宝四年十二月廿二日

40　草刈長左衛門

一　拙者祖父草刈与五左衛門儀

貞山様御代御不断組御奉公に被召出、御切米三切・御扶持方三人分被下置候。其後伊藤肥前を以御不断組御免、御歩行組に被成、御切米弐両・御扶持方四人分被下置候。

義山様御代年寄申候故御歩行組御赦免御番衆に被成下候。正保三年宮城之内笠神村野谷地新田に申受、此起目壱貫弐百六拾八文之所山口内記を以被下置候。年号は存知不申候。承応三年右与五左衛門病死仕、拙者親同苗長左衛門に、右御切米・御扶持方御知行共に無御相違、同四年被下置候。御取次衆不奉存候。長左衛門儀は原清左衛門手前小役人に寛文元年に被仰付、同二年於江戸病死仕候。右苗跡拙者に被下候砌、御切米・御扶持方弐貫九百四拾三文何も並に被直下、右御新田合四貫弐百拾壱文之所、奥山大炊を以同年十月六日拝領仕候。拙者幼少之時分之儀に御座候故、先祖品々分明に不奉存候。以上

41　小野孫市

延宝五年四月五日

一　拙者親小野吉兵衛儀、貞山様御代御切米六切・御扶持方四人分被下置、御大所衆に内馬場弥惣右衛門を以被召出御奉公仕候。年号は不承伝候。野谷地申受開発、高壱貫五百五拾五文に被成下候。年号・御申次衆は不承伝候。義山様御代に罷成、山口内記・古内故主膳を以右之新田御切米・御扶持方取合、高四貫弐百六文に被直下候。年号は不承伝候。尤何様之品を以御扶持方・御切米を御知行に被直下候哉不承伝候。其以後御大所奉公御免被成、御国御番被仰付候。

御当代罷成、右吉兵衛儀実子持不申候故、弟小野源内二男拙者を養子に仕、吉兵衛儀は老衰仕御奉公相勤兼申に付隠居被仰付、家督無御相違拙者に被下置度旨、寛文九年十二月十日鴇田淡路を以願之覚書指上申候処、右之高四貫弐百六文之所、寛文十年三月十五日古内志摩・原田甲斐を以、右之高無御相違拙者に被下置候。御黒印頂戴仕候。以上

延宝五年四月廿八日

侍衆

御知行被下置御牒（五十）

四貫弐百文より
三貫九百文迄

1　松川吉右衛門

一　拙者先祖葛西譜代御座候。拙者親松川善右衛門と申者、貞山様御代御歩行之御奉公被召出、其後御村御横目被仰付、御代官之積に御用相勤申候。然処寛永十三年四月貞山様江戸へ御登被成候節、郡山御寓にて奥山故大学被申上候は、松川善右衛門儀、数年御村御用首尾能相勤申候。進退小進に御座候て困窮仕候段御披露被申上候処、御尤に被召置候間、先以御知行五貫文被下置、重て御覚可被成置由被仰出由に御座候。然処に同年五月於江戸御遠行被遊候故、右五貫文之御知行も拝領不仕候。其後新田所拝領仕、起目被下置候節、故大学より田中勘左衛門を以、先年貞山様御意被成置候趣、義山様へ御披露被仕候得ば、従貞山様五貫文可被下置由御意被成上は無御相違五貫文之所被下置、尤新田起目之所九貫弐百文都合十四貫弐百文之所寛永十六年八月故大学を以拝領仕候。承応元年七月親善右衛門儀病死仕候に付、右御知行高之内十貫文は家督同氏百助に被下、残四貫弐百文之所拙者に被分下度由、親善右衛門存生之内願申上候付、承応元年十月右四貫弐百文之御知行拝領仕　御黒印頂戴仕候。右之外新田起目にても無御座候。以上

延宝五年正月十一日

2　伊藤佐五右衛門

一　拙者先祖伊達米沢迄代々御扶持被下置候処、輝宗様御代拙者祖父山上今兵衛其身無調法御座候て進退被召上浪人仕罷在候処、貞山様御代於岩出山御勘当御免被成下、右今兵衛被召出候。其刻刈田郡白石御陣に御供仕、御奉公相勤申に付、則於白石御知行三貫五百文被下置、御不断衆惣組頭被仰付候。其以後改名仕伊藤平右衛門に罷成、無間も病死仕付、同子拙者親六右衛門六歳罷成候時右御知行無御相違被下置、其以後義山様御部屋へ御歩行衆に被相付候節御扶持方四人分御加増被成下、且又寛永年中惣御検地之時分四貫弐百文に被成下御奉公相勤申候処右六右衛門年罷寄隠居仕、拙者儀承応三年三月七日於江戸、成田木工を以六右衛門跡式無御相違被下置引続御奉公仕候。当時拙者儀御知行四貫弐百文・御扶持方四人分に御座候。右先祖之儀は亡父六右衛門申伝承如此申上候。以上

延宝四年十二月十一日

3　小沢助之丞

一　拙者儀田村御譜代小沢六右衛門次男御座候処、寛永七年
貞山様御代御歩小性組に牧野大蔵を以被召出、御切米六切・四人御扶持方被下置、御国・江戸御番相勤申候。其節江戸御番仕候御歩小性衆には御加増被成下に付、並を以同十年為御加増、御切米五切・御扶持方壱人分佐々若狭を以被下置、取合御切米弐両三分・御扶持方五人分被成下候。且又拙者儀寛永十壱年御上洛御供被仰付相勤御下向、則御歩小性組にて、定御供被仰付御奉公仕候。
義山様御代に罷成候ても、引続江戸御番仕候。寛永十五年に御蔵新田野谷地八町歩預ヶ被下置度段願申上候処、願之通被成下自分開発仕、惣御検地之砌御竿入、高壱貫八百八十七文罷成候。其時分は起目高之内御蔵入に被召上
御大法之様に御座候得共、
貞山様御代定御供相勤申候を御覚被成置者に候間、起目高無御相違被下置由、尤起残谷地自今以後も起目高を以可被下置候間、随分開発可仕由、
義山様御意之旨、寛永弐十年御申次田中勘左衛門を以被仰渡候故有難奉存、右起残之谷地開発仕、正保元年御竿入、高壱貫百八拾八文拝領仕度段申上候処、同三年山口内記を以被下置、取合三貫七十五文と御切米弐両三分・御扶持方五人分に被成下候。慶安弐年江州御代官役被仰付、寛文四年迄無間断他国御国共に、年数都合三拾五ヶ年相勤申候。
御当代寛文三年正月奥山大学を以御歩小性組御免被成下候。且又寛文七年同所知行切添起目へ御竿入、高壱貫百七文拝領仕度段願申上候処、延宝元年十月廿九日大条監物を以被下置、取合当時知行高四貫百八十弐文御切米弐両

三分・御扶持方五人分に御座候。以上
延宝七年六月十八日

4 御歩小性
四倉権右衛門

一 拙者親四倉善次、
貞山様御代牧野大蔵を以御歩小性組に被召出、御切米壱両・御扶持方四人分被下置御奉公仕候処、右御切米壱両は差上可申候間、宮城郡国分之内長喜城村に野谷地十弐町被下置度由願申上候処、元和九年に中島監物を以被下置、切起申候内親善次寛永三年に病死仕候。私儀幼少に御座候て、御奉公可申上様無御座候間、右之段中島監物を以遂披露拙者伯母聟に御座候猪狩平左衛門と申者御番代に立被下御奉公相勤申候故、右野谷地一宇起申儀不罷成指置申候処、寛永十八年に起目之分へ御竿被相入高四貫百七十文に被成下、残分は差上申候。其以後
義山様御代拙者を被召出、右親善次家督無御相違、御扶持方四人分右新田共に嫡子拙者に被下置旨、慶安五年十月三日に山口内記を以被仰渡、起高四貫百七十文之所御黒印頂戴仕候。以上
延宝五年三月廿九日

5
遠藤藤左衛門

一 拙者先祖伊達之内掛田御譜代之由承伝候得共、祖父以前之儀は一切相知不申候。永録年中名取北目城主粟野大膳へ御仕置被仰付候節、拙者祖父遠藤駿河儀名取に被指置、同郡川上村にて御知行被下置、数年住所仕候。以後北

目被相禿候時分如何様之品に御座候哉、本領中絶申候由承伝候。然処駿河嫡子拙者親藤左衛門と申者、前々之品々申立御奉公仕度旨大条薩摩を以慶長年中に貞山様へ申上候得ば、為御意名取中御蔵入御物成諸役等、其外万事毎年其身見当を以御割付仕、指上可申旨被仰付、数年無足にて御物成方首尾好上納仕申に付、其為御褒美、元和五年三月五日長尾主殿を以、名取之内にて新田四町歩御黒印にて被下置候。右新田起申候以後元和九年に御竿申受、三貫四百六十七文之所同年に奥山大学を以拝領、御黒印も被下置候。右主殿御改易以後為御意奥山大学を以御申次仕、御奉公可申上旨被仰付、御用相勤罷在候。

義山様御代引続右藤左衛門寛永十四年より同弐十年迄、所々御郡司衆へ被指添毎年御物成御用相勤罷在候。以後其身年罷寄申に付、寛永弐十壱年右藤左衛門願申上候は、子共を名跡相立被下置、隠居被仰付被下置度旨、右大学を以申上候得ば御前無御相違相済惣御検地之節二割出目六百八拾文被下置、四貫百四十七文之所同年に右大学を以拙者に被下置候。同年八月十四日御日付之御黒印拙者頂戴仕候。同年より毎年所々御村御用相勤、其以後承応三年二月奥山大炊を以御広間御番被仰付候。当時拙者御知行高四貫百四拾七文に御座候。以上

延宝五年正月廿三日

6　草刈源兵衛

一　拙者儀草刈雅楽助実三男に候て無進退にて罷在候処、

義山様御代明暦元年に山口内記を以御割衆に被召出、御切米壱両・御扶持方四人分被下置、同三年極月山口内記を

以御切米弐切御加増被下置、六切四人御扶持方に被成下候。
綱宗様御代万治三年二月木村久馬を以、御切米弐切御加増被下置、弐両四人御扶持方に被成下候。同年に御番所御広間被仰付、引続御用致勤仕候処に、
御当代寛文八年右御用統取役目被仰付、同九年四月柴田外記を以御切米壱両・三人御扶持方御加増被下置、三両七人御扶持方に被成下候。同十壱年十一月柴田中務を以御切米弐両御加増被下置、五両七人御扶持方に被成下、同十弐年に御番御次之間被仰付候。然処寛文十年に野谷地新田致拝領候起目へ、同十弐年に御竿入、高四貫五十壱文之所水入所にて普請等仕兼申候間、依親類に右高之内壱貫九百九十五文沼沢市左衛門、弐貫五十六文渡辺覚右衛門に被分下度由、拙者願申上候処、願之通被成下旨延宝元年に大条監物を以被仰渡候。然処大立目隼人方へ親代より出入仕候因を以、同人拝領新田起目之内四貫百七十四文之所被分下度旨隼人願申上候処に、願之通被成下旨延宝六年五月廿七日に黒木上野を以被仰渡、当時私進退御切米五両・七人御扶持方と四貫百七十四文御座候。御黒印は于今不奉頂戴候。以上

延宝七年九月十四日

7 今泉七郎右衛門

一 拙者亡曽祖父今泉舎䆬儀田村御譜代、貞山様御代に御知行三貫弐百弐十九文被下置被召出候。舎䆬儀南蛮へ御使者被仰付参候処、南蛮にて相果申に付、娘に今村長門次男惣吉取合、跡式無御相違被下置、御奉公相勤申候。祖父惣吉儀病死仕候付、跡式無御相違子惣

十郎に被下置御奉公仕候。

義山様御代寛永弐十壱年惣御検地之時分二割出目、六百四拾文被下置、右合三貫八百六十九文にて、御奉公相勤申候由承伝申候。何年何月に誰を以曽祖父舎痞被召出、祖父惣吉・亡父惣十郎に跡式被下置候哉、拙者幼少にて承伝不申候。

綱宗様御代万治元年八月親惣十郎儀病死仕候付、跡式無御相違同年九月廿二日奥山大学を以拙者被下置、御奉公相勤申候。

御当代寛文八年二月野谷地拝領開発仕、起目弐百五十弐文寛文十三年六月十八日に小梁川修理・柴田中務を以被下置、都合四貫百弐十壱文に御座候。御黒印頂戴仕候。以上

延宝五年二月十七日

8　青木弥兵衛

一　拙者養父青木能登黒川浪人にて罷在候処、貞山様御代被召出、御知行壱貫八百文被下置御奉公仕候。何年誰を以被召出候哉不承伝候。然処能登実子青木清右衛門別て御知行拝領御奉公仕候付、拙者儀村上十右衛門次男に御座候を養子に仕度段願申上候処に、願之通寛永十三年三月十五日に中島監物を以被仰付候。右能登正保元年九月二日病死仕候付、跡式無御相違拙者に被下置旨同年極月廿二日中島監物を以被仰渡候。

義山様御代寛永弐十壱年惣御検地之時分二割出被下置、弐貫百九十五文之高被成下候。且又拙者兄村上十右衛門御

知行高十八貫弐百文之内、拙者に壱貫文分被下度旨願申上候処、願之通分被下、右御知行に御取合三貫百九十五文之高被成下候旨、右監物を以慶安元年四月廿三日被仰渡候。其以後野谷地拝領仕御竿入、起高九百十七文之所山口内記・真山刑部を以、承応三年十月十三日に被下置候。都合四貫百十弐文之御黒印頂戴仕候。以上

延宝五年五月三日

9 草刈佐左衛門

一 私父草刈右馬丞儀最上浪人に御座候。義山様御部屋之節年号は承伝不申候。津田豊前を以被召出、御切米小判三両銀十五匁三分・御扶持方十壱人分被下置、御馬被預置御奉公相勤申処に、寛永十九年四月病死仕候。拙者儀右右馬丞三男御座候付、諸進退御切米右之高一宇御扶持方右之内五人分、山口内記・成田木工を以、同年七月拙者被下置候。残御扶持方六人分は、右馬丞嫡子同氏太郎右衛門別進退へ被相添被下置候。勿論拙者儀御馬御用相勤申候。去年七月富田二左衛門を以御厩頭被仰付候節、右御切米・御扶持方御知行四貫百二文に被直下、為御役料壱ケ年に玄米五拾石宛被下置候。知行高四貫百二文玄米五拾石宛拝領仕候。以上

延宝七年六月十七日

10 浅山伊兵衛

一 拙者曽祖父赤井沢掃部・祖父同氏掃部助名取北目粟野大膳家老職仕、大膳病死家督粟野清蔵進退相禿、家中何も

御所浪人に罷成申由承伝申候。私儀は幼少より母方之叔父浅山次郎右衛門と申者致扶助、寛永年中義山様御代御検地之砌より、御村御普請方御郡司衆手前御物成極御用十ヶ年余無進退にて相勤、慶安三年に御郡司衆手前御役人に被召出、山口内記・和田因幡を以御扶持方四人分・御切米弐両被下置、且又明暦三年に野谷地三町山口内記・真山刑部書付を以拝領、此起目高壱貫百四十五文万治弐年十二月富塚内蔵丞を以被下置、以後御家中持添之御扶持方・切米御知行に被直下並を以、右御切米・御扶持方弐貫九百四十三文に被直下、都合四貫八十八文寛文元年十一月十六日奥山大学・鴇田次右衛門・和田織部・木村久馬・内場蔵人を以拝領仕、御当代御黒印頂戴仕候。以上

延宝五年三月七日

11　木村吉兵衛

一　拙者父菊田主水と申、菊田丹波次男御座候処、右丹波

貞山様御代伊達河内殿へ被相付候。右主水儀も河内殿より別て、高三貫六百文被下、小性頭役目相勤申候。然処貞山様御代右主水母方之祖父木村越後と申者御奉公仕候。伊達御譜代之由承伝候得共、誰様御代右越後先祖誰を初て被召出候哉、越後以前之儀は不承伝候。右越後病死仕、実子木村左七に家督被下置候。御知行迫之内鶯沢村に五貫文、御切米五両・御扶持方五人分之進退にて、中小性之御奉公相勤申候処、右左七妻子持不申病死仕候。左七事神妙御奉公申上候者に候間、跡式被立下度被思召候。筋目之者有之候はば可申上由、其節之御家老衆を以被仰出候。右主水事右左七甥に御座候。其外筋目之者無御座候間左七跡式に右主水を申上度

奉存候由、右品々河内殿へ親類共相達申候得ば、
貞山様為御意被相尋候上は、無異儀候条主水を可申立由被仰渡候。河内殿方は埒明申付、
貞山様へ右願之品々可申上処、寛永十一年七月河内殿御死去被成候。其節河内殿にて被召仕候衆之分、何も御帳に
て指上可申由、従
貞山様奥山故大学を以被仰付候。其砌右主水親類共大学方迄申達候は、先達木村左七跡式筋目之者有之候はば可申
上由御尋被遊候。菊田主水儀右左七甥に御座候間申上度由、河内殿へも相達埒明申候得共、右之仕合故延引仕候。
折節此度御帳より申儀に候間、菊田主水を木村左七苗跡に木村主水と御帳指上申度由願申候得共、大学自分にて
は遠慮之儀にて被得御意候処願之通木村主水と書上可申由被仰出、木村に改御帳指上申候。且又右左七進退跡式
之儀願可申上由親類共吟味仕候内、同年霜月右主水相果申候。拙者は其節四歳に罷成候付、遠慮仕不申上候由、
伯父菊田彦右衛門申候を承候。
義山様御代同十五年に古内故主膳を以、河内殿衆何も被召出、本進退四ヶ一之上納、桃生之内中津山村にて被下置、
其外右同所之野谷地被下置候間開発仕、本高に可仕由被仰付候。何も中津山村へ罷越候。拙者儀も親主水跡式を
以右同前に被仰付、四ヶ一之上納、其外野谷地にて右同所に被下置候得共、悴故十方無御座候付、伯父菊田彦右
衛門其身同前に才覚仕、開発之新田取合漸三貫四百八十弐文之高に仕、同十九年に
義山様より右主膳を以拝領仕候。進退は親主水跡式を被下置候得共、名字は右之品を以木村に罷成候。同十六年
義山様へ拙者九歳にて御目見仕候。正保四年津田故豊前を以御番願申上候処、親主水河内殿にて、小性頭役目相勤
候事候間、中之間御番所相勤可申由被仰付、御国御番相勤申候。

綱宗様御部屋住明暦元年に定御供被仰付、御奉公相勤申候。然処に先年定御供衆進退御切米四両・四人御扶持方之並に何も被成下候節拙者知行高右之並より不足に有之由にて、右四両四人御扶持方之御積を以、不足分御知行六百四文之所寛文八年に柴田外記を以足被下、都合四貫八十六文に御座候。先祖委細之儀は嫡子筋目に候間菊田喜内方より申上候。以上

延宝七年八月廿五日

12　大森彦兵衛

一　拙者曽祖父大森左馬丞儀黒川浪人にて御国に罷在、貞山様御代弐十五人衆に被召出、御知行七百文被下置御奉公仕候処、度々御加増を以五貫文に被成下候由、其後貞山様へ殉死之御約束申上候付て、御加増被成下知行高十弐貫文余に罷成候処、不幸にて、御遠行に先立病死仕候刻存命之内右御加増之地は指上申候。依之本地五貫文之所実子雅楽助に跡式被仰付候由、年号・御申次等不承伝候。其後義山様御代寛永年中御竿二割出目拝領、高六貫六十三文にて、御奉公仕候由に御座候。右左馬丞に段々御知行被下置候品、年号・御申次等承置不申候。右雅楽助儀万治三年奥山大学を以五十人組御免被成下候付て、右知行高之内弐貫文之所、雅楽助次男大森八右衛門と申者に被下、組頭に被成下度由申上候処、願之通被成下旨右大学を以被仰渡残四貫六十三文之所、雅楽助拝領仕則御広間御番所被仰付御番等相勤、寛文三年雅楽助病死仕候。跡式無御相違嫡子拙者親三郎左衛門に被下置旨同四年三月十五日大学を以被仰渡、引続御番等相勤右三郎左衛門儀延宝

四年病死仕候。跡式無御相違実子拙者に被仰付候旨同五年二月六日柴田中務を以被仰渡候。祖父・亡父共御黒印頂戴仕候。拙者儀は于今頂戴不仕候。以上

延宝五年三月廿八日

13 松木正左衛門

一 拙者祖父松木次郎左衛門儀筑前殿へ被相付由御座候。同苗親正左衛門儀は、右次郎左衛門子共御座候。貞山様御代に御割衆に被召出、御切米弐両・五人御扶持方被下置、御奉公仕候処、義山様御代寛永弐十壱年右御切米御扶持方寒（加美）郡於小泉村御知行四貫四十四文に被直下、慶安五年に国分小泉村へ御知行替被仰付候砌、壱文之御加増山口内記を以被下置、四貫四十五文之高被成下候。右親正左衛門明暦弐年二月病死仕、跡式無御相違同年三月廿二日に右内記を以被下置、四貫四十五文之御黒印頂戴仕候。以上

延宝五年二月六日

14 佐藤半平

一 拙者親佐藤半左衛門儀、貞山様御代御切米壱両・四人御扶持方被下置御歩小性に被召出、御奉公相勤罷在御同代御買新田起目三貫三百七十六文之所、寛永弐年五月伊場野外記を以拝領仕、同弐十壱年御竿にて二割出被下置、四貫三十六文に被成下候処、寛文三年に右御知行高四貫三十六文之所拙者被下置、御番組被成下、御切米・

御扶持方之所拙者弟同苗助之允に被下置、親代り之御歩小性御奉公為仕、隠居仕度由、於御国富塚内蔵丞・柴田外記・原田甲斐方迄右半左衛門願差上申候処、於江戸茂庭周防・大条監物披露之上、半左衛門願之通被成下御切米・御扶持方之所は右助之允に被下置、御歩小性被相入御知行高四貫三十六文之所は、無御相違拙者被下置之旨同四年正月原田甲斐を以被仰渡候。以上

延宝四年十二月廿一日

15　川田吉兵衛

一　拙者親川田織部と申、貞山様御代に被召出、御知行壱貫百六文被下置、御広間御番仕、惣御検地之節弐割出目弐百弐十文被下置、合壱貫三百弐十六文にて、年久敷御番相勤申候。親代之儀幼少故委細承知不仕候。拙者儀家督に御座候得共、親小進故親類之償を以御番相勤申躰に御座候付、拙者儀別て御奉公仕進退をも被下置候はば、親進退も少分御座候間、取合被下置儀も可有御座と奉存、折節御割屋に加勢入申候間、慶安弐年二月十日より罷出御奉公相勤申候処、同三年十月廿五日に御切米壱両・四人御扶持方、山口内記・和田因幡・真山刑部書付を以親規被下置御割衆に被召仕候。承応弐年極月廿九日相定、御加増弐切山口内記・真山刑部書付を以被下置、壱両弐分に被成下候。然処親織部承応三年正月廿四日に病死仕候付、親進退取合被下置度段、義山様御代に山口内記迄御割奉行衆を以申上候得ば、御目見仕候哉と御尋御座候儀に、病死仕候間、御目見不仕候由申上候得ば、少分に候得共、御目見不仕候間、取合被下置候事罷成間敷候。親進退に可仕候哉、御割屋進退に

可仕候哉と被仰付候条、御割屋進退は、弐両四人御扶持方迄には被成下候。親進退少分に御座候得共家督捨申儀無拠奉存新進退にて相勤可申由申上候得ば、御披露之上承応三年四月四日右内記を以、跡式知行高壱貫三百弐十六文へ御扶持方四人分添被下置御切米六切は被召上候。其以後

義山様御代明暦元年極月廿八日山口内記・真山刑部書付を以御扶持方壱人分、

綱宗様御代万治三年二月廿三日富塚内蔵丞・木村久馬書付を以御扶持方壱人分両度に弐人分御加増被下置、合六人分に被成下候。寛文弐年に御知行へ御切米・御扶持方持添之衆御知行に被直下候砌右六人分を御知行弐貫七百文に被直下都合四貫弐十六文之高に被成下候。御割屋御用慶安弐年より延宝弐年迄廿六ヶ年相勤、病人に罷成候付訴訟申上同年二月十七日に御免被成下、同三年三月より御広間御番被仰付候。以上

延宝五年三月十六日

16　摺沢新之丞

一　拙者祖父摺沢尾張葛西譜代葛西落城以後、拙者親同苗八左衛門

貞山様御代御割屋へ被召出、御知行拝領二割出共に高四貫十七文之御黒印、従

義山様頂戴仕候。右八左衛門儀何年何月誰を以被召出候哉不承置候。

御同代御作事御用被仰付相勤申内右八左衛門病死、拙者に家督慶安元年十月廿一日山口内記を以無御相違被下置、

御国御番相勤申節、明暦元年に

品川様御部屋へ定御供被仰付、引続

御当代迄御奉公仕候処、延宝元年に品川様へ被相付、右之御奉公于今致勤仕候。以上
延宝五年四月廿五日

17　大和田加右衛門

一　拙者元祖は岩城大和田にて御座候由申伝候

貞山様御代親与右衛門儀被召出、伊達河内殿へ被相付、御知行三貫文被下置御奉公仕候処、河内殿御遠行被遊御家督無御座候付浪人に罷成候。然処

義山様御部屋住之砌、桃生牡鹿中にて御新田御取立被成候付、古内主膳を以牡鹿蛇田村にて野谷地五町拝領仕自分入料を以開発仕候処、浪人之上進退不罷成開発仕兼、寛永十八年之御検地起目六百三十弐文罷成候。同弐十壱年八月御下書於御蔵被下置候。正保三年三月親病死仕候。継目御申次山口内記を以跡式無御相違拙者に被下置候。拙者儀寛永十九年より無足にて、御割御勘定所へ加勢罷出御用相勤申に付、慶安三年十月右同人を以御割御勘定衆に被召出、御切米弐両・四人御扶持方被成下候。承応四年三月十日御蔵新田久荒高四百四十壱文御座候を、山口内記・真山刑部を以拝領仕、右御知行へ取合高壱貫七十三文に被成下、明暦元年御黒印頂戴仕候。

御当代寛文元年御下諸侍衆、御切米・御扶持方へ御知行持添之衆、御知行に被直下候付、拙者御切米・御扶持方弐貫九百四十三文被相直合四貫十六文に被成下御黒印頂戴所持仕候。以上

延宝五年二月廿三日

18 小野二左衛門

一誰様御代拙者先祖誰を始て被召出候哉、養祖父以前之儀不承伝候。養祖父小野二左衛門貞山様御代従伊達御供仕罷越、御当地にて御切米弐両・四人御扶持方被下置御奉公相務申候処に、寛永三年霜月廿九日之御日付之御黒印を以野谷地拝領自分開発壱貫五十文之所被下置之由に御座候得共、右起目高何年に誰を以拝領仕候哉年号・御申次等も相知不申候。貞山様御遠行被遊付右祖父二左衛門殉死仕候。跡式無御相違養父二左衛門に被下置之旨奥山故大学を以被仰付候由承伝申候。然処御当代寛文元年惣侍衆持添之御切米・御扶持方御知行に被直下候節、右御切米・御扶持方弐貫九百五十文に被直下、都合四貫文に被成下候。右二左衛門延宝弐年三月廿七日に病死仕候付、跡式無御相違拙者に被下置之旨同年六月廿九日大条監物を以被仰付候。以上

延宝七年二月十五日

19 山田弥兵衛

一拙者儀兄山田吉之丞知行高四拾貫文之内四貫文被分下御奉公為仕度奉存候由、延宝弐年之春吉之丞願之覚書指上申候処、於江戸小梁川修理・古内造酒祐御披露之上、四貫文之所如願被分下旨御意之段、同年四月廿二日に於大

条監物宅被仰付候。以上
延宝五年二月九日

20　蓬田勘助

一　拙者先祖
誰様御代被召出、御知行何程被下置候哉、米沢御譜代にて、御代々御奉公仕候由御座候。祖父蓬田弥左衛門儀
貞山様御代御知行五貫六文被下置御奉公仕候処、正保四年に病死仕跡式嫡子勘七に無御相違、
義山様御代富塚内蔵丞を以被下置由に御座候。年月は承置不申候。右勘七儀改名弥左衛門と被仰付候。且又寛永弐十壱年惣御検地之砌二割出を以六貫六文被成下候。右弥左衛門儀万治三年に病死仕候付て、跡式無御相違同年霜月廿三日に富塚内蔵丞を以拙者に被下置候。然処に拙者儀不調法之儀御座候て、寛文六年に右知行被召上候。依之親類共
孝勝院様御法事之砌訴瑞鳳寺へ願申上候処、御慈悲を以　御城下御赦免被成下、其以後
義山様御法事之砌追て願申上候得ば、御知行四貫文延宝三年四月八日柴田中務を以被下置候。御黒印は于今頂戴不仕候。拙者儀幼少之時分親死去仕候付て、先祖之品々一円不承伝候。以上
延宝五年四月十三日

21　菅浪市郎左衛門

一　拙者儀岩城浪人に御座候。義山様御代慶安弐年七月五日和田因幡を以、御切米弐両・四人御扶持方被下置、新規に被召出御奉公仕候。拙者儀男子持不申候付、親類片寄次兵衛弟彦兵衛聟苗跡に仕度由願申上、且又次兵衛知行高之内切添新田四貫文彦兵衛に分為取申度段次兵衛願申上候処、両様御前相済願之通被成下之旨、延宝三年七月四日柴田中務を以被仰渡候。当時拙者進退高、御知行四貫文と御切米弐両・四人御扶持方に御座候。以上

延宝五年四月晦日

22　本郷喜兵衛

一　拙者祖父本郷五郎左衛門儀は、国分彦九郎殿御改易以後、伊達河内殿へ御奉公仕御知行被下候。河内殿御遠行以後、拙者親本郷越後寛永十四年義山様御代鴇田駿河を以右之品々申上御村御用十ケ年無足にて相勤申候処、正保三年三月廿日御切米壱両・御扶持方四人分田中勘左衛門を以被下置候。其後野谷地拝領開発仕、弐貫百弐十文慶安元年四月廿三日に木村久馬を以被下置候。

御当代御知行御切米・御扶持方持添は御知行に被直下候節、右御切米・御扶持方弐貫三百七十壱文寛文元年十一月十六日に被置下、高合四貫四百九拾壱文に被成下御番入被仰付候。然処寛文五年に親類菱沼半兵衛跡式願之儀申上候処、不調法之儀御座候て進退被召放候処、延宝三年三月四日に可被召出旨小梁川修理を以被仰付候処、同年

霜月右越後病死仕候付拙者被召出、御知行四貫文同年極月廿六日右修理を以被下置、御番入被仰付候。以上

延宝四年極月七日

23　佐藤源右衛門

一　拙者親佐藤筑後儀伊達右衛門殿より御知行三貫三百弐十四文被下置御奉公仕罷在候処、右衛門殿御遠行被遊候以後、貞山様御代寛永六年に右之御知行被下置、中島監物を以被召出、引続御国御用相勤申候。義山様御代御検地二割出六百六十文被下置、高三貫九百八十四文被下置候。然所親筑後慶安五年二月二日に病死仕候。拙者実子に御座候付跡式無御相違被下置旨、慶安五年四月六日山口内記を以被仰付候。拙者知行高三貫九百八十四文之御黒印頂戴仕候。以上

延宝五年正月廿二日

24　猪苗代権兵衛

一　拙者曽祖父猪苗代安房と申者、会津御陣以来貞山様へ召出、御供仕御当方へ罷越候処、飯坂御前へ被相付候由、然処に伊達河内殿を飯坂御前御養子分に被成進候付、引続河内殿へ奉公仕、同子大炊儀も右安房家督相続河内殿へ奉公仕候由承伝候。拙者親同氏伊右衛門儀は右大炊次男御座候。河内殿より知行三貫三百文之所被下被召仕候。然処河内殿御死去に付て、寛永十弐年

貞山様へ被召出右知行高之通三貫三百文石田故将監御申次にて拝領仕、御番所次之間被仰付御奉公仕候。義山様御代二割出を以三貫九百六十文之高に被成下候。右伊右衛門儀老衰仕候付、御番頭大内備前を以隠居願申上候処願之通隠居被仰付、拙者に右御知行高之通、無御相違被下置御番所不相替被仰付候旨御意之段、延宝弐年四月廿二日大条監物を以被仰渡則御書付申受候。当時知行高三貫九百六十文に御座候。于今御黒印は頂戴不仕候。拙者儀大立目隼人御番組に御座候。以上

延宝五年四月十六日

25 清野甚左衛門

一貞山様御代拙者親清野仲蔵、慶長十八年正月三日牧野大蔵を以御歩小性組に被召出、御切米壱両・御扶持方四人分被下置候。元和七年正月右御切米・御扶持方伊藤肥前を以、御知行高弐貫四百五十四文に被直下候。寛永四年佐々若狭を以若林御作事小役人被仰付候。然処寛永十一年庄子作十郎を以、御歩小性組御免被成下候。且又義山様御代御本丸御作事小役人に被仰付、妻子共に取移罷在候付、為御加増御扶持方三人分鴇田駿河を以被下置候。右之通親同氏仲蔵申伝候。右仲蔵儀承応三年七月病死仕、同年八月廿五日に奥山大炊を以右御知行高弐貫四百五十四文并御扶持方三人分無御相違拙者に被下置段被仰渡候。寛文元年に惣侍衆御知行御扶持方両様拝持仕候分、御知行に被直下候節、右御扶持方三人分高壱貫三百五拾文に被直下、都合三貫八百四文拝領仕御番所中之間御座候て、相勤申候。以上

延宝四年十二月廿五日

26　吉田覚左衛門

一　拙者儀親吉田伊予九男、先祖之儀嫡孫吉田勘右衛門委細申上候。寛永弐十年十月義山様親伊予所へ被為成候時分、拙者九歳にて始て致御目見、被召出度願於江戸戸田喜太夫披露、御在国之時分御小性組へ可被相加之由被仰出候処に、御下向被成御小性衆大勢表へ被相出候砌故、於虎之間可被召仕之旨慶安四年被仰付、依之兄吉田図書願、於江戸伯父吉田久馬助方より弓稽古も為仕、為致御供度由戸田喜太夫を以申上、拙者十七歳より毎年江戸御上下壱年詰之御奉公相勤承応弐年御切米四両・四人御扶持方被下候。明暦四年義山様御他界以後御国御番相勤、綱宗様御入国万治三年仙台御発駕之砌、如御先代之御供仕度由、奥山大学を以申上、江戸御奉公相勤、御隠居被成以後御国御番勤仕、至御当代桃生郡大田村之内山野新田開発之高三百九十五文寛文九年四月五日柴田外記被申渡致拝領、右同所野谷地開発、高三貫五百四拾九文延宝元年十月廿八日大条監物被申渡致拝領、取合三貫九百四拾四文と御切米四両・四人御扶持方被指加拝領御番所虎之間相勤申候。以上

延宝五年三月廿六日

27　新山八郎兵衛

一　私先祖葛西相伝之者に御座候て、東山之内新山と申所致知行候。曽祖父代に葛西没落仕、祖父より以来浪人罷成候。然処に私儀御郡方在々御用等相勤罷在候処、

御当代小梁川中務へ品川御家老職被仰付候砌、中務手前物書に被相付奥山大炊を以被召出、寛文二年八月廿三日に御切米弐両・四人御扶持方被下置候。其後延宝三年霜月十六日に為御加増御切米三両・三人御扶持方柴田中務を以被下置候。且又寛文九年に高城之内手樽村にて海新田拝領仕、右開発高三貫九百三拾文之所延宝三年霜月廿三日小梁川修理を以被下置候。当時私進退高右新田三貫九百三拾文と御切米五両・七人御扶持方にて御座候。御黒印は于今頂戴不仕候。以上

延宝七年三月十一日

28 富田平兵衛

一 拙者先祖伊達御譜代之由承伝候。祖父富田越中次男拙者親金平儀、貞山様御代黒川郡大谷山崎村にて、御売野谷地申受御竿入、高三貫九百八文被下置被召出御奉公仕候。何年に誰を以被下置候哉不承伝候。先祖之儀は嫡子同苗太兵衛方より可申上候間、委細不申上候。金平儀承応三年に病人に罷成候故、拙者御番代御奉公相勤申候。万治二年に江戸御進物番被仰付相勤申候。右金平儀歳六十八にて寛文元年に病死仕候。跡式三貫九百八文御知行無御相違同年に高泉長門を以拙者に被下置、右之御奉公十三ヶ年相勤申候処に、拙者儀歳寄其上病人に罷成候付、右御役目寛文十弐年に訴訟申上、延宝元年より御国御番相勤申候。以上

延宝五年三月四日

29　斎藤勘右衛門

一　拙者先祖同苗豊後其子高祖父豊後・曽祖父勘左衛門迄米沢にて御奉公仕候由、右勘左衛門小手森之御合戦にて討死仕候由、其節祖父勘左衛門幼少故進退断絶仕候。品々は不承伝候。尤先祖より被下置候御知行高等誰様御代に被下置候哉相知不申候。右祖父勘左衛門儀御当地にて、貞山様へ被召出御知行壱貫三百文被下置、御給主御奉公仕候、大坂両度之御陣に馬上にて御供仕御帰陣以後右之御組御免被成下、且又元和年中桃生郡深谷前谷地にて、野谷地十町申請開発之新田壱貫九百五十六文被下置候。右両度被下置候年号・御申次相知不申候。本地取合三貫弐百五十六文に被成下御国御番仕候。同九年に右勘右衛門病気指出候付、実子拙者親勘右衛門御番代被仰付、右勘左衛門儀は隠居被仰付候。御申次・年号は承伝無御座候。義山御代寛永年中惣御検地之節二割出目共に三貫九百七文に被成下候。御黒印所持仕候。寛文十一年親勘右衛門儀隠居仕、跡式実子拙者に被下置候様仕度旨申上候処、願之通被成下段同年五月十五日富塚内蔵丞を以被仰付候。

以上

延宝五年正月廿九日

30　鹿又喜平次

一　拙者親同苗勘三郎義山様御代御切米弐両・御扶持方四人分、寛文十三年に鴇田駿河を以被下置御奉公に被召出候。以後御買新田田畑五町申請候処、同十四年之洪水に一宇河原罷成、漸三百七十九文起目御座候通、右駿河を以被下置候由承伝候。

年号等は覚不申候。然処親勘三郎承応二年五月病死仕、跡式山口内記を以同年九月十日拙者に被下置候。其以後野谷地田畑二町五反、柴田外記・古内志摩を以寛文八年被下置、右新田起目高三貫五百弐十七文御当代小梁川修理を以同十三年六月十八日被下置、取合三貫九百六文と御切米弐両・四人御扶持方に御座候。以上

延宝五年三月廿日

31 宮崎勘右衛門

一 拙者先祖

御先祖様へ代々御奉公仕候由承伝候得共、拙者幼少にて親相果申候故委細不奉存候。祖父同苗勘右衛門儀同苗飛驒次男にて、無進退にて罷在候処、

貞山様御代佐々若狭を以江戸御勘定方役人に被召出、御知行六貫弐百五拾壱文被下置、御奉公仕候処右勘右衛門病死仕候。其砌拙者親勘太郎幼少に御座候付、右知行高之内三貫二百五拾壱文之所勘太郎に被下置、残三貫文は勘右衛門後家隠居分に被下置候。年月・御申次衆不承伝候。勘太郎歳比にも罷成御奉公之勤功により、無御相違可被下置之由、佐々若狭を以被仰付候由御座候処、勘太郎若輩にて勘右衛門後家相果申に付、右隠家分三貫文は被召上候て、其後

義山様御代惣御検地二割出目被下置、三貫九百壱文親勘太郎寛永弐拾壱年八月十四日御黒印奉頂戴候。承応弐年正月廿四日親病死仕候。其砌拙者幼少に御座候得共拙者祖父宮崎勘右衛門小進にて大坂御陣へ馬上にて御供仕、首をも取申候条其忠義被思召、跡式無御相違被下置旨、承応弐年四月廿一日成田木工を以被仰付、御知行右高之通

引続拙者被下置、御黒印奉頂戴候。先祖之儀は惣領筋目に御座候間宮崎太兵衛方より可申上候。以上

延宝五年三月廿三日

32　斎藤伊織

一　拙者祖父斎藤三右衛門儀最上浪人にて罷在候処、義山様御代被召抱御切米十三両・五人御扶持方古内故主膳を以被下置候様に承伝候。追て為御加増十一両五人御扶持方被下置、取合弐十四両十人御扶持方に被成下候由承伝候。右何品を以被召抱尤御加増被下置候哉、御書付等焼失仕候条、如何様之品に御座候哉不奉存候。右三右衛門儀正保四年六月廿九日病死仕候。拙者親同苗三郎左衛門儀実父岡本喜左衛門と申、公方様与力御奉公仕罷在候。三郎左衛門儀は右喜左衛門次男御座候処、三右衛門実子無御座候付、右喜左衛門に遠親類に御座候条、次男三郎左衛門家督仕度旨義山様御代奉願候処に、為御意願之通被仰付罷下候。然処義山様為御意、御小性組に可被召仕旨被仰付、御切米六両・四人御扶持方津田近江を以被下置候。三右衛門死去仕候以後、右三郎左衛門に跡式無御相違、正保四年十月六日成田木工を以被下置候。且又三郎左衛門に被下置候御切米六両・四人御扶持方は、三郎左衛門を家督に申合候以後、三右衛門実子斎藤武右衛門出生仕候付て、右武右衛門に被下置度旨奉願候処、願之通同年同月成田木工を以被仰付候。御書付所持仕候。右三郎左衛門儀六十六歳に罷成候条、隠居被仰付被下置度旨

御当代奉願候処、寛文十二年四月廿三日古内志摩を以願之通被仰付、実子拙者に家督被下置候。拙者甥山村久七新田起目伊沢郡六原村にて、三貫九百六文之所拙者に譲被下度旨奉願候処、延宝六年十月十八日黒木上野を以願之通拙者に被下置、御切米弐十四両・十人御扶持方并御知行三貫九百六文に御座候。右御知行之御黒印は未頂戴仕候。以上

延宝七年八月十四日

33 星市之助

一 拙者先祖御家御譜代之由承伝候得共、先祖誰を誰様御代に被召出候哉不承伝候。曽祖父土佐儀貞山様御代御知行三貫文被下置御奉公相勤病死仕、跡式嫡子九郎右衛門に無御相違被下置候由申伝候。年号・御申次承伝無御座候。寛永廿壱年御検地二割出目を以、御知行高三貫九百文に被成下、御黒印奉頂戴候。義山様御代に右九郎右衛門儀、慶安四年に病死仕、跡式嫡子親九郎右衛門に無御相違右御知行被下置之旨、富塚内蔵丞を以被仰渡候由承伝申候。拙者未生以前之儀御座候故年号委細不奉承知候。承伝を以如斯御座候。御当代に親九郎右衛門儀延宝四年に病死仕候付、跡式之儀親類共願申上候処、同年十一月九日に小梁川修理を以、跡式無御相違右御知行拙者に被下置之旨被仰渡候。御書付被下置御黒印は未頂戴仕候。以上

延宝五年四月廿二日

34　湯村長説

一　拙者曽祖父湯村図書岩出山御時代備前と改名仕、子共図書家督相続仕、為隠居分御知行高三貫弐百十五文、従貞山様備前に被下置候。拙者親主計儀後之図書次男に御座候付、右隠居之跡目亡父主計に被下置候。年号・御取次不承伝候。

義山様御代寛永年中惣御検地二割出目被下置、三貫九百文に被成下候御黒印頂戴仕候。亡父主計儀、年若時分より連々目医師心懸申に付衣躰被仰付、御下々療治等をも仕度之由願、寛永十八年義山様へ津田豊前を以申上候処、願之通被仰付、衣躰仕厚安に罷成候。

御当代右厚安老衰仕に付、寛文十年隠居之願各務釆女・大町権左衛門を以申上候処、願之通被仰付、無御相違私に家督被下置之旨、同年九月十七日右権左衛門を以被仰渡、同年十月廿三日継目之御黒印頂戴仕、引続目医師仕候。

先祖之儀惣領筋目に御座候同苗吉右衛門方より可申上候。以上

延宝五年二月三日

編著者紹介

相原 陽三（あいはら ようぞう）

昭和8年（1933）仙台市生まれ。

『仙台藩家臣録』全5巻を佐々 久先生とともに編集。

元 仙台市立川平小学校校長

仙台市史編さん室嘱託

仙台郷土研究会理事

宮城歴史教育研究会員

仙台藩家臣録 第四巻

1978年11月30日 初刷発行

2018年12月7日 第二刷発行

定 価──（全六巻揃）本体25、000円＋税

編著者──相原陽三

発行者──斎藤 勝己

発行所──株式会社東洋書院

〒160−0003 東京都新宿区四谷本塩町15−8−8F

電 話 03−3353−7579

FAX 03−3358−7458

http://www.toyoshoin.com

印刷所──株式会社平河工業社

製本所──株式会社難波製本

ISBN978−4−88594−524−3